KB043278

사회적경제의 혼종성과 다양성

사회적경제의 혼종성과 다양성

초판 1쇄 발행 2016년 11월 30일

지은이 김의영·구양미·권헌익·안도경·안상훈·이준웅·이옥연·최인철·한신갑

펴낸이 김선기
펴낸곳 (주)푸른길
출판등록 1996년 4월 12일 제16-1292호
주소 (08377) 서울시 구로구 디지털로 33길 48 대륭포스트타워 7차 1008호
전화 02-523-2907, 6942-9570~2
팩스 02-523-2951
이메일 purungilbook@naver.com
홈페이지 www.purungil.co.kr

ISBN 978-89-6291-371-2 93330

• 본 단행본은 2013년도 정부재원(교육부)으로 한국연구재단의 지원을 받아 연구되었습니다 (NRF-2013S1A5A2A03044417).
• 본 단행본은 2016년 서울대학교 사회과학연구원의 지원을 받아 수행된 연구 결과물입니다.

서울대학교 사회과학연구원 학제간연구총서 01

사회적경제의
SOCIAL ECONOMY
혼종성과 다양성

김의영·구양미·권현익·안도경·안상훈·이옥연·이준웅·최인철·한신갑 지음

푸른길

사회적경제(social economy)는 경제적 목적과 사회적 목적을 동시에 추구하며 연대에 기초하여 특정 재화나 서비스, 지식을 생산하는 기업이나 조직을 의미한다. 사회적경제의 본고장이라 할 수 있는 유럽에서는 일반적으로 협동조합, 공제회, 결사체, 재단, 사회적기업 등을 지칭하며, 한국의 경우 주로 사회적기업, 협동조합, 마을기업, 자활기업 등을 대표적인 사회적경제 조직으로 간주하고 있다.

그러나 개념적으로 사회적경제는 국가, 시장, 시민사회의 중첩적 영역에 속하는 다양한 조직 및 결사체를 포함하며 그 속성상 공공과 민간, 공식과 비공식, 영리와 비영리의 원리와 가치가 혼재되어 나타난다. 사회적경제의 혼종성(混種性, hybridity)과 관련하여 일찍이 폴라니(Karl Polanyi)는 사회적경제를 단순한 시장의 원리를 넘어 상호배려의 정신에 입각한 호혜성의 원리(시민사회/공동체)와 나눔을 원칙으로 하는 재분배의 원리(국가)가 작동하는 영역으로 보았다. 오늘날 사회적경제에 대한 관심도 새로운 복잡·다양한 사회·경제적 문제의 해결 및 효과적인 사회서비스 전달에 있어 국가(정부)와 시장(기업)의 한계를 넘어 시민사회(민간조직)의 잠재력에 주목하고 있기 때문이다.

이러한 사회적경제의 다측면적이고 혼합적인 성격을 온전히 이해하기 위해서는 사회과학의 학제적 접근이 필요하다. 이 책은 사회적경제의 혼종성과 다양성에 대한 서울대학교 사회과학대학 소속 교수들의 학제간 연구 결과이다. 총 9개의 장을 통하여 정치학(김의영, 사회적경제의 혼종성에 대한 정치학적 연구의 가능성), 조직경제학(안도경, 협동조합과 조직경제학), 사회학(한신갑,

협동조합 만들기), 인류학(권헌익, 사회적경제에서 '사회적'이란?), 사회복지학
(안상훈, 한국형 복지국가 전략과 사회적경제의 역할), 심리학(최인철, 인간의
이타성과 사회적경제), 언론정보학(이준웅, 언론인의 자율성), 지리학(구양미,
사회적경제와 지리학적 사고), 지역학(이옥연, 유럽 사회적경제와 한국 모델에
주는 함의)의 입장에서 사회적경제 연구의 어젠다와 방향을 모색한다.

　서울대학교 사회과학대학 교수들의 학제간 사회적경제 연구는 2013년 9월
부터 시작된 한국연구재단 일반공동연구 프로젝트, '협동조합의 정치경제: 협
동조합의 혼종성에 대한 학제간 연구'에 기원을 두고 있다. 한국연구재단의 3년
지원을 받아 출범한 협동조합 연구는 이후 자연스럽게 사회적경제 전반에 대한
연구로 발전하였다. 공교롭게도 사회과학대학 40주년이었던 2015년에 구성된
사회과학대학 발전위원회에서 사회과학대학 발전을 위한 기획 연구주제로 사
회적경제를 선정하게 된다. 이는 사회적경제가 주요 사회적 이슈로 부상하면서
사회과학자라면 당연히 관심을 가져야 할 시대적 과제이기도 했지만, 사회과학
대학 입장에서 보았을 때 모든 전공이 참여하여 지속적으로 같이 연구할 수 있
는 좋은 학제간 연구주제였기 때문이다. 2015년 10월에 개최된 사회과학대학
40주년 기념 학술회의에서 '사회적경제의 혼종성과 다양성'을 주제로 이 책의
집필진인 9명의 교수가 각자 전공의 시각에서 사회적경제에 대한 논문을 발표
하였고, 이제 그 논문들을 묶어 서울대학교 사회과학연구원 학제간연구총서의
첫 도서로 출판하게 된 것이다.

　이 책은 서울대학교 사회과학대학 교수들의 사회적경제 공동연구의 첫 시작

으로서 이제 막 걸음마를 시작한 정도이며, 아직 부족한 점이 많고 향후 보다 체계적인 학제간 연구가 필요한 것이 사실이다. 다행히 이 책을 준비하면서 사회과학연구원 '사회적경제 포럼'이 조직되었고, 이 책의 집필진뿐 아니라 다른 사회과학대학 교수들도 참여하여 후속 연구를 진행 중이다. 2016년 12월에는 서울대학교 70주년 기념 학술회의를 조직하여 연구 결과를 발표할 계획이기도 하다. 이 책의 출판을 계기로 사회과학대학 차원에서 보다 본격적인 사회적경제 연구가 시작될 수 있기를 바라 마지않는다.

　이 책이 출판되기까지 많은 분들의 도움이 있었다. 우선 집필진으로 참여한 9명의 사회과학대학 동료 교수들께 감사한다. 처음 협동조합의 혼종성에 대한 학제간 연구를 시작할 때 비록 필자가 연구책임자를 맡았지만 안도경 교수가 협동조합 주제를 꺼냈고, 한신갑 교수가 혼종성 개념을 제안했으며, 인류학자인 권헌익 교수가 참여함으로써 인문사회과학 학제간 일반공동연구로 한국연구재단에 지원하여 선정될 수 있었다. 이후 안상훈, 최인철, 이준웅 교수는 필자와 운동을 같이하면서 앞으로 연구와 운동을 함께 해 보자는 꾐(?)에 넘어가 생소한 연구에 합류하였지만, 필자가 보기에 결국 각자의 전공에서 '새롭게 길을 트는(path-breaking)' 사회적경제 연구를 제시해 주었다. 특히 연구년에도 불구하고 논문을 작성해 준 이준웅 교수께 감사한다. 작년 10월 사회과학대학 40주년 기념 학술회의 발표 때 "주말에도 어린 아기를 집에 맡기고 학교에 나와 발표 논문을 작성하면서, 아마 사회적경제는 이런 '희생적인'(필자의 해석) 마음으로 하는 것인가 보다"라고 느꼈다는 구양미 교수의 소회는 생각하면 아직도 마음이 짠하다. 이옥연 교수 역시 필자와의 개인적 친분 때문에 거절 못하고 들어와 지금도 부학장직을 맡아 눈코 뜰 새 없이 바쁘면서도 계속 연구에 동참해 주고 또 항상 격려의 말을 해 주어 고마운 마음이다.

이미 밝혔듯이 이 연구는 한국연구재단 일반공동연구 지원을 받아 시작되었다. 또한 연구 과정에서 아시아연구소(강명구 소장) 민주주의와 경제발전 프로그램의 지원도 받았다. 사회적경제를 사회과학대학 연구주제로 지지해 준 2015년 사회과학대학 발전위원회 이봉주 위원장과 위원들께 감사하며, 사회과학대학 40주년 기념 학술회의 조직을 전적으로 지원해 준 박찬욱 전 사회과학대학 학장(현 서울대학교 교육부총장)께도 감사드린다. 사회과학연구원의 사회적경제 포럼과 관련 연구 및 행사에 대한 지원을 아끼지 않은 홍기현 현 학장께도 아울러 감사의 마음을 전한다.

2016년 11월
집필진을 대신하여
사회과학연구원장 김의영

차례

1 / 장

사회적경제의 혼종성에 대한
정치학적 연구의 가능성:
조직지형, 국가 간 비교, 민주주의

1
들어가면서: 사회적경제의 혼종성

사회적경제(social economy)는 경제적 목적과 사회적 목적을 동시에 추구하며 연대에 기초하여 특정 재화나 서비스, 지식을 생산하는 기업이나 조직을 의미한다. 사회적경제의 본고장이라 할 수 있는 유럽에서는 일반적으로 협동조합, 공제회, 결사체, 재단, 사회적기업 등을 지칭하며, 한국의 경우 주로 사회적기업, 협동조합, 마을기업 등을 대표적인 사회적경제 조직으로 간주하고 있다. 그러나 현재 사회적경제의 개념과 조직 유형 및 특성에 대한 구체적이고 충분한 합의가 있다고 말하기는 어렵다. 〈표 1.1〉에서 볼 수 있듯이 기존 연구들은 서로 다른 방식으로 사회적경제를 개념화하고 있다.

그럼에도 불구하고 모든 개념 정의는 공통적으로 경제적 가치뿐 아니라 다양한 사회적·정치적 가치들—공동체, 민주, 시민, 자율, 참여, 협력, 연대, 호혜, 대안 등—을 언급하고 있는 것을 알 수 있다. 사회적경제 개념 연구에 자주 등장하는 다음의 〈그림 1.1〉에서 볼 수 있듯이 사회적경제는 국가, 시장, 공동체/시민사회의 중첩적 영역에 속하는 다양한 조직 및 결사체를 의미하며, 따라서 그 속성상 공공과 민간, 공식과 비공식, 영리와 비영리의 원리와 가치가 혼재되어 나타난다(Pestoff, 2005). 이러한 사회적경제의 혼종성과 관련하여 일찍이

〈표 1.1〉 사회적경제의 개념

연구	개념 정의와 특징
Defourny and Develtere (1999, 15-16)	• 사회적경제 조직의 개념: "기업, 협동조합, 결사체, 공제회가 추진하는 모든 경제활동으로서 다음 4가지 윤리적 원칙을 가진다." 1. 회원이나 공동체에 이윤보다 서비스를 우선, 2. 자율적인 운영, 3. 민주적 의사결정 과정, 4. 수익의 배분에서 자본보다 사람과 노동을 우선.
EU (2012, 17-18)	• 사회적경제 조직의 개념: "자본 투자자의 이익이 아니라 사람들의 수요를 충족시키는 것을 주된 목적으로 운영되는 인적 결합체로서 다음 7가지 특징을 공유한다." 1. 공공섹터에 속하거나 통제를 받지 않는 사적 조직임, 2. 법적 근거 등을 가진 형식적 조직임, 3. 설립과 해산, 조직 구조나 활동 내용의 결정 등에 관해서 완전한 자기 결정권을 가짐, 4. 가입과 탈퇴의 자유가 보장됨, 5. 수익이나 잉여금을 분배할 경우, 각 조직 구성원의 출자금이나 회비의 차이가 아니라 활동 참여나 이용고를 기준으로 함, 6. 자본의 축적이 아니라 사람들의 수요를 충족시키기 위해 스스로 경제활동을 수행하는 인적 결합체임, 7. 일부 자선단체를 제외하여, 주로 기층 수준의 조직 구성원에 의한 '1인 1표'의 민주적 의사결정 구조로 운영됨.
ILO (2011, iv)	• 사회적 연대경제 조직의 특징: "경제적 목적과 사회적 목적을 추구하여 연대를 깊게 하면서 특정한 재화나 서비스, 지식을 생산하는 기업이나 조직이며, 주로 협동조합, 공제회, 결사체, 재단, 사회적기업으로 대표됨."
장원봉 (2007, 299)	"자본과 권력을 핵심으로 하는 시장과 국가에 대한 대안적인 자원분배를 목적으로 하며, 시민사회 혹은 지역사회의 이해당사자들이 그들의 다양한 생활세계의 필요들을 충족하기 위해서 실천하는 자발적이고 호혜적인 참여경제 방식"
노대명 외 (2010, 173-174)	• 사회적경제의 특징: "사회적경제는 시민사회로 하여금 국가와 시장에 의해 충족되지 못하는 사회적 필요에 대응해서 다양한 시민참여와 협력을 통해 시민주도성에 기초하여, 자본과 권력 자원에 기초한 시장과 국가에 대한 사회적 자원분배의 주체로 등장하게 한다." • 사회적경제의 3원리: 1. 사회적 목적(복합목적), 2. 사회적 자본(복합자원), 3. 사회적 소유(복합이해관계자)

(계속)

사회적 경제기 본법 (가칭) 비교	여당 (새누리 당)안	• 사회적경제 정의: 협력과 연대, 자기혁신과 자발적 참여에 기초한 사 회서비스 확충, 복지 증진, 일자리 창출, 지역공동체 발전 등 공익에 기여하는 사회적 가치 창출을 위한 모든 경제활동 • 사회적경제 조직 범주: 사회적기업, 협동조합, 협동조합연합회, 자활 기업, 중앙·광역·지역자활센터, 마을기업, 농어업법인 등, 장애인표 준사업장, 장애인직업재활시설, 사회복지법인, 사회적경제 실현 및 지원조직
	야당 (새정치 민주연 합)안	• 사회적경제 정의: 호혜협력, 사회연대적 관계에 기초한 공동체의 이 익과 사회적 가치를 추구하는 민간의 모든 사회경제적 활동 • 사회적경제 조직 범주: 협동조합, 협동조합연합회, 사회적기업, 사회 적기업협회, 농어업법인 등, 중간지원조직, 사회적경제 활동을 지속 적으로 영위하는 것으로 인정되는 기업, 사회적경제 기업지원조직

폴라니(Karl Polanyi, 1944)는 사회적경제를 단순한 시장의 원리를 넘어 상호배려의 정신에 입각한 호혜성의 원리(시민사회/공동체)와 나눔을 원칙으로 한 재분배의 원리(국가)가 작동하는 영역으로 보았다.

가령 대표적인 사회적경제 조직인 협동조합, 예를 들어 국제협동조합연맹(International Co-operative Alliance, ICA)은 협동조합을 공동으로 소유하고 민주적으로 운영되는 사업체(enterprise)를 통해 공통의 경제·사회·문화적 필요와 욕구를 충족시키고자 사람들이 자발적으로 결성한 자율적인 인적 결사체(association)로 정의한다. 즉 협동조합은 사업체이자 결사체이며, 경제조직이자 민주적 원리와 사회·문화적 가치를 추구하는 혼종적(hybrid) 조직으로서 경제성뿐 아니라 자발성, 개방성, 민주성, 참여성, 자율과 독립, 연대와 협동, 지역사회에 대한 기여 등 다양한 가치와 목표를 추구하고 있는 것이다. 이러한 점에서 협동조합은 이윤 추구의 목적과 1주 1표의 원리로 조직된 기업과는 근본적인 차이가 있다.

이러한 사회적경제의 다측면적이고 혼합적인 성격을 온전히 이해하기 위해서는 사회과학의 학제적 접근이 필요하다.

이 글은 사회적경제의 정치학적 연구의 가능성을 탐색하는 차원에서 세 가지

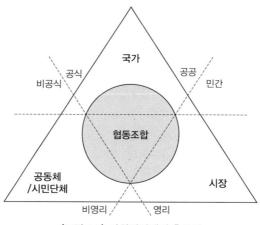

〈그림 1.1〉 사회적경제의 혼종성

출처: Pestoff(2005)

연구주제—사회적경제 조직지형 Mapping, 사회적경제의 국가 간 비교연구 예시, 사회적경제와 민주주의—에 대해 논의하고 있다.

2

사회적경제 조직지형 Mapping[1)]

앞에서 보았듯이 사회적경제의 개념은 명확하지 않다. 학자에 따라 서로 다른 개념 정의를 제시하고, 지역과 나라마다 다른 이름의 사회적경제 조직이 존재하기도 한다. 심지어 "사회적경제의 개념에 관해 누구나 동의할 수 있는 하나의 정의는 존재하지 않는다."라는 입장도 있다(신명호, 2014: 23).

사회적경제의 개념과 조직 유형 및 특성을 명시하기 힘든 이유는 새로운 환

---

1) 자세한 내용은 김의영·임기홍. 2015. "한국 사회적경제 조직지형도." 『Oughtopia』. 30(1); 김의영·마우라 히로키 편. 2015. 『한·중·일 사회적경제 Mapping』. 서울: 진인진 참조.

사회적경제의 혼종성과 다양성

경에 조응하여 사회적경제 관련 조직들이 변화하거나 새로운 조직 유형이 등장하면서 사회적경제의 생태계가 지속적으로 진화·확대해 나가기 때문이다. 즉 외부적으로 다양하고 복잡한 새로운 사회경제적 문제들이 등장하고, 이에 대응하기 위해 정부의 새로운 사회적경제 관련 법·제도와 정책이 도입되기도 한다. 또한 이에 조응하여 기존 관련 조직들의 형태와 활동 방식이 융합·진화하는 양상을 보이면서 사회적경제의 개념적 지평이 확대·재구성되는 것이다. 한 예로 국가와 시장 메커니즘으로 해결하기 힘든 복지 및 사회 서비스 제공 문제가 부상하고, 정부가 이에 대처하기 위한 사회적경제 정책을 추진하면서 기존 시민 사회 조직이 전통적인 옹호활동에서 민관협력을 통한 사회서비스 제공 활동으로 그 영역을 확장하게 되며, 결과적으로 사회적경제에 대한 기존 인식 틀과 조직범주를 다양화하고 확대해야 하는 상황에 처할 수 있다.

섹터 간 융합현상, 즉 '영리-비영리의 융합현상', '정부-비정부의 융합현상', '서비스-주창활동(advocacy)의 융합현상'이 나타나면서 사회적경제 영역이 확대되기도 한다. 영리-비영리의 융합현상의 경우, NGO 혹은 NPO 등 비영리 부문이 비즈니스 방식을 도입하거나 영리기업이 CSR(Corporate Social Responsibility)을 강화하는 형태로 드러날 수 있다. 정부-비정부 간 융합의 경우, 사회서비스 전달을 목적으로 하는 지역 차원의 민간위탁, 민간지원 등 지자체와 시민섹터 간에 긴밀한 협업이 자주 발견된다. 서비스-주창활동의 융합의 경우에도 기존의 옹호활동 조직이 사회서비스 관련 활동으로 그 영역을 확장하면서 과거의 명확한 경계가 허물어지고 있다. 〈표 1.2〉는 이러한 섹터 간 융합현상에 대한 한국의 예를 보여 주고 있다.

따라서 이렇듯 살아 움직이는 생물과 같이 진화하고 있는 사회적경제를 개념화하기 위해서는 한 사회의 어떤 조직이 '사회적경제 조직이냐 아니냐'는 식의 획일적인 개념화와 정태적인 유형화 방식은 유효하지 않다. 대안으로서 사회적경제 Mapping 방식은 한 사회의 조직들이 어느 정도 '사회적경제성'을 띠고 있는가를 보다 입체적이고 동태적인 방식으로 포착·분석하기 위해 사회적경제

부문별	설립경로	기관명
시민 사회 (NGOs)	광진구 공동육아 공동체 → 사회적협동조합	광진i누리愛사회적협동조합
	생태육아교육 공동체 → 생활협동조합 → 서울형 사회적기업	수도권생태유아공동체
	미디어 활동가들의 모임 → 사회적기업	진주시민미디어센터
	다우리봉사회 → 행안부 마을기업	다우리 마을복지회
공공 부문	주민자치위원회 → 친환경 마을기업	엄마의뷰티공방주식회사
	지역자활센터 → 사회적기업	평택돌봄사회서비스센터(주)
	자활근로사업단 → 자활기업	(주)안산양지돌봄
	지역자활센터/도시락 공동체 → 사회적기업	대구 (주)서구웰푸드
비영리 섹터/ 제3섹터	종교법인 운영 비영리 민간단체 → 사회적기업	노암복지회OK돌보미사업단
	학교법인(노들장애인야간학교) → 사회적기업	서울 노란들판 유한회사
	종교법인(천주교) → 사회적경제 중간지원조직	카리타스 사회적기업지원센터
	비영리 공익법인 → 사회적기업	(재)아름다운가게
영리 섹터 (기업)	합자회사 → 사회적기업	에스엠에코
	(주)포스코 설립 → 사회적기업	(주)포스코휴먼스
	현대자동차그룹, 공익법인 공동설립 → 사회적기 업	(주)이지무브
	SK그룹의 소모성자재(MRO) 구매대행 기업	서울 행복나래주식회사
섹터 간 융합	보건복지부, SK에너지, 열매나눔재단 3개 기관 출자	(주)고마운손
	SK사회공헌사업, NGO((사)실업극복인천본부), 지자체(아동급식비 지원, 인천남구청), 고용노동 부 협약	(사)실업극복국민운동 인천본 부급식센터
	사회복지법인(한사랑), 재활용-녹색나눔가게를 준비하는주민모임, (사)대구동구자원봉사센터, 주거권실현을위한대구연합, (사)자원봉사능력개 발원 등 컴소시엄	대구 사회복지법인 한사랑 동 구행복네트워크

출처: 한국사회적기업진흥원(2013); 서울시마을기업사업단(2014)을 재구성

조직 지형을 그려 보고자 하는 시도라 할 수 있다.

1) mapping 방법론

이러한 mapping 작업을 위해 우선 사회적경제 조직을 다음과 같이 분석적으로 정의한다.

> 사회적경제 조직이란 사회서비스 제공에 직간접적으로 관여하는 사회조직 중 조직의 목적 내지 운영에 있어 민주성, 경제성, 사회성 요소가 모두 혹은 부분적으로 결합된 혼합조직을 의미한다. 혼합의 수준이나 혼합된 요소의 구체적 내용에 따라 해당 사회조직의 사회적경제 관련성은 달라진다.

사회적경제 조직의 주요 요소인 민주성, 경제성, 사회성을 〈표 1.3〉과 같이 각각 2개의 세부요소로 분류하여 총 6가지 세부요소들을 설정한다. 또한 각 세부 요소의 구체적 규정 내용이나 성격에 대한 분석에 기초하여 사회적경제 조직으로서 이상적 형태(○로 평가)와 관련성 있는 형태(△로 평가) 그리고 사회적경제 조직으로 볼 수 없는 형태(−로 평가)로 단계별로 분류한다.[2]

다음으로 6가지 세부 요소에 대한 평가결과에 따라 혼합성, 즉 사회적경제 조직으로서의 관련성을 분석한다. 이에 대해서는 구체적으로 다음 4가지 수준의 유형으로 각종 사회조직을 분류하기로 한다(표 1.4). 첫째, 제도 분석 결과 주요 3가지 요소, 즉 민주성, 경제성, 사회성 요소에 걸쳐 두루 ○ 평가를 받은 경우, 이를 '주요 사회적경제 조직'으로 분류한다. 이 유형에 해당되는 조직은 혼합성의 수준이 가장 높기 때문에 수행하는 사업의 대부분이 사회적경제의 촉진과 관련되며, 사회적경제에서 중심적 역할을 하는 것으로 해석된다. 둘째, 두 가지

---

2) 예를 들어 민주성 요소를 '민주적 소유·자율성'과 '결사의 자유·자발성'으로 분류하여, 전자에 관해서는 구성원에 대한 1인 1표의 의사결정권이 보장되는 경우를 ○으로, 이러한 규정이 없으나 구성원 총회나 대의제 등 민주적 의사결정기구의 설치에 의해 공동소유가 규정되는 경우 혹은 구성원에 대한 1인 1표의 의사결정권이 보장되지만 실질적 조직 경영에 대해 중앙 혹은 상위 조직이나 정부의 통제를 받는 경우를 △로 평가한다. 기타의 경우 일부 예외를 제외하고 모두 −로 평가한다.

	민주성 (해당 조직은 민주적 정치질서의 형성에 기여하고 있는가?)	
	민주적 소유·자율성	결사의 자유·자발성
○	• 구성원에 대한 1인 1표의 의사결정권이 보장되며, 구성원 스스로가 주요 경영 주체가 된다.	• 자발적으로 설립되며 행정부처에 대한 신고나 등록, 인증 등 간단한 행정적 절차에 의해 법적 지위를 얻을 수 있다.
△	• 구성원에 대한 1인 1표의 의사결정권이 보장되지만 실질적 조직 경영에서는 중앙 혹은 상위 조직이나 정부 등 외부적 통제를 받는다. • 구성원에 대한 1인 1표의 의사결정권이 보장되지 않지만 구성원 총회나 대의제 등 민주적 의사결정기구의 설치에 의해 공동소유가 이루어진다.	• 자발적으로 설립되며 행정부의 인가나 허가 등 재량적 결정에 의해 법적 지위를 얻을 수 있다. • 자발적으로 설립되며 간단한 행정적 절차에 의해 법적 지위를 얻을 수 있으나, 조직 구성을 위해 고도의 기술적 혹은 구조적 조건이 요구된다.
–	• 투자자나 주주에 의해 소유되며 의사결정권은 투자금액이나 출자금액에 따라 배분된다. • 국가 혹은 중앙정부·지자체에 의해 소유된다. • 소유나 의사결정기구에 관한 규정이 미흡하다 등.	• 중앙정부나 지자체의 출자, 지원 혹은 정책 집행의 일환으로 조직이 설립된다. • 강제 혹은 특별법의 제정에 의해 조직이 설립된다. • 조직의 설립이나 등록에 대한 규정이 미흡하다 등.

	경제성 (해당 조직은 대안적 경제질서 형성에 기여하고 있는가?)	
	사업성	분배·수익 제한
○	• 재화나 서비스를 생산·공급하는 경제활동을 주된 제도적 목적으로 한다.	• 잉여금에 대한 사회적 재투자가 구체적으로 명기되고 있다. • 수입사업의 제한 혹은 사업비의 사회목적 사용에 관한 구체적 기준이나 방법이 명기되고 있다.

(계속)

△	• 위의 사업을 촉진·지원하는 것이 주된 제도적 목적으로 한다. • 정책사업 혹은 법적으로 규정된 사업의 수행을 주된 목적으로 한다. • 재화나 서비스를 생산·공급하는 경제활동을 포함해 자선사업이나 지원사업 등 사업목적이 광범위하게 규정되고 있다.	• 잉여금의 분배가 부분적으로 제한된다. • 수익사업의 수행에 대한 부분적 제한 혹은 사업비의 사회목적 사용에 관한 추상적 규정이 있다.
–	• 정치적 신념의 전파나 에드보커시, 사회운동, 종교 보급 등 비경제적 활동을 주된 목적으로 한다. • 사업 목적이나 내용에 대한 규정이 미흡하다 등.	• 잉여금은 원칙적으로 투자 수준을 기준으로 투자자에게 분배된다. • 잉여금은 모두 국가나 정부기관에 반납하게 된다. 사업예산의 대부분이 정부에 의한 투자나 지원으로 구성된다. • 잉여금의 분배나 수익사업의 제한에 관한 규정이 없거나 미흡하다 등.

사회성 (해당 조직은 사회적 가치의 창출 혹은 중요한 사회문제의 해결에 기여하고 있는가?)		
	규범성	문제 해결 기능
○	• 공익이나 불특정 다수의 이익 등 사회 전체의 이익을 지향하는 규범적 목표가 규정되고 있다.	• 제도 도입을 통해 해결하고자 하는 특정 사회문제가 있으며, 해당 문제는 일반적으로 심각한 사회문제로 인지되고 있다.
△	• 사업 운영의 비영리성이 명기되며 사업범위가 특정 분야에 제한된다. • 조직구성원의 경제적 이익뿐만 아니라 사회적 수요나 이익 등 사회적 가치를 지향하는 규범적 목표가 규정되고 있다.	• 제도 도입을 통해 해결하고자 하는 특정 사회문제가 있으나, 해당 문제의 중요성은 특정 이해관계자나 산업 분야, 지역 등으로 제한된다. • 다양한 사회문제의 해결을 도모해 종합적으로 제도가 도입되었으며, 개별 문제의 해결에 있어 일반적으로 중요한 기능을 수행하고 있다.
–	• 공익성이나 비영리성, 사회적 가치 등 사업의 사회적 성격을 통제하는 규범적 규정이 없다. • 개별 조직의 이익 극대화를 주된 목표로 하고 있다 등.	• 사회문제 해결을 도모하여 제도가 도입되었으나, 해당 문제의 심각성은 이미 현저히 저하되었거나 대체적 정책이 부분적으로 마련되고 있다. • 제도 도입은 사회문제의 해결과 직접적인 관련성이 없다 등.

<표 1.4> 사회적경제 관련성 분석에 따른 사회조직의 유형화

혼합성 수준	조직 유형	선별 기준 및 성격
높음 ↑ ↓ 낮음	주요 사회적 경제 조직	• 기준: 민주성, 경제성, 사회성의 각 영역에 ○가 1개 이상 있다. • 성격: 수행하는 사업의 대부분이 사회적경제 촉진과 관련되거나 그 자체를 의미한다. 각국 사회적경제의 촉진에 있어 중심적 조직으로서의 역할을 한다.
	예비 사회적 경제 조직	• 기준: 민주성, 경제성, 사회성의 영역 중 최소 2개 영역에 ○가 각 1개 이상 존재한다 • 성격: 사회적경제 촉진에 있어 부분적이지만 중요한 기여를 한다. 특히 수행하는 개별적 사업 차원에서 사회적경제의 촉진과 깊이 관련된다.
	기타 사회조직 I	• 기준: 영역구분 없이 ○ 혹은 △가 합쳐서 총 4개 이상 있다. • 성격: 사회적경제 촉진에 대한 기여는 제한적이며 낮은 수준이다. 다만, 일부 개별적 사업이 사회적경제와 깊이 관련될 수도 있다.
	기타 사회조직 II	• 기준: 위 모든 조건에 해당되지 않는다. • 성격: 사회적경제와 촉진에 대한 기여는 제한적이거나 부정적이다. 일부 개별적 사업이 사회적경제와 관련될 수는 있으나 부정적 요소를 내재하는 경우가 많다.

주요 요소에 걸쳐 ○ 평가를 받은 경우, 이를 '예비 사회적경제 조직'으로 분류한다. 이 유형에 해당되는 조직은 특정 측면에서 혼합성을 보이고 있기 때문에 사회적경제의 촉진에 어느 정도 기여하는 것으로 해석된다. 셋째, 위의 조건에 해당되지 않지만 ○ 혹은 △의 합이 4개 이상인 경우, 이를 '기타 사회조직 I'로 분류한다. 이 유형에 해당되는 조직은 각 세부요소의 내용적 측면에서 낮은 수준(△)까지 고려해야 혼합성을 인정할 수 있기 때문에 사회적경제에 대한 기여 또한 낮은 것으로 해석된다. '4개 이상'이라는 기준은 6가지 세부요소에서 긍정적 평가(○ 또는 △)가 부정적 평가(−)를 웃도는 최소한의 수준을 설정한 것이다. 넷째, 위의 모든 조건에 해당되지 않은 경우, 이를 '기타 사회조직II'로 분류한다. 이 유형에 해당되는 조직은 혼합성이 없거나 상당히 낮은 수준이며, 사회적경제 조직으로 보기에는 부정적 평가가 확실히 많기 때문에 사회적경제에 대

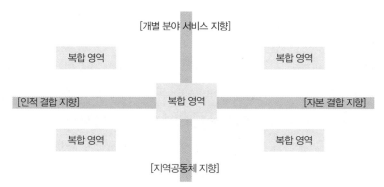

〈그림 1.2〉 조직 구성 원리와 사업의 방향성에 따른 조직 분류 Map

〈표 1.5〉 사회조직 분류를 위한 질적 기준

인적 결합 지향 • 1인 1표의 의사결정권을 가진 구성원의 평등성 원칙에 입각한 조직. 다양한 대상에게 대내외적 사회서비스 사업을 실시함.
자본 결합 지향 • 개인이나 정부, 기업의 출자에 의해 구성되는 조직. 다양한 대상에게 대내외적 사회서비스 사업을 실시하거나 중간 지원사업을 실시함.
서비스 영역 지향 • 고령자, 장애인, 여성 등 특정 사회취약 계층이나 소비자, 노동자 등 특정 집단 혹은 불특정 다수를 대상으로 고용, 복지, 교육 등 특정 서비스의 제공을 주요 목적으로 하는 조직.
지역공동체 지향 • 특정 지역 혹은 지역공동체의 발전을 주요 목적으로 하는 조직. 주로 서비스 대상이나 활동 범위, 구성원 등의 일부가 해당 지역에 제한됨.

한 기여 또한 상당히 제한적이거나 부정적이라고 해석된다.

다음으로 한 사회의 사회적경제 조직의 지형도를 입체적으로 보여 주기 위해, 이러한 '사회적경제성'의 정도에 따른 분류에 더하여, 다음과 같이 '조직 구성 원리(인적 결합 지향―자본 결합 지향)'와 '사업의 기본적 방향성(지역공동체 지향―개별 분야의 서비스 제공 지향)'에 따라 분류할 수 있다(그림 1.2, 표 1.5). 가로축의 인적(human) 및 자본(capital) 결합이라는 분류는 사회적경제 조직 분류방법에서 가장 기본적인 기준이라고 할 수 있다. 다른 한편 세로축은 '지역 공동체 중심의(territorial)' 서비스 제공 방식과 개별 분야에 제한하면서 특정 수혜자나 혹은 불특정 다수에 대한 '영역 중심의(sectoral)' 분류방식이다.[3]

2) 한국 사회적경제 조직지형 Mapping

우선 한국의 주요 사회조직들의 사회적경제와의 관련성은 〈표 1.6〉과 같다. 이 코딩 작업은 각 조직 유형과 관련 있는 설치법령의 관련조항 및 행정지침 등을 참조하여, 조직 유형별로 민주성·경제성·사회성의 정도를 평가하고, 이를 바탕으로 이들을 주요 혹은 예비 사회적경제 조직으로 구분하고 있는 것이다.[4]

〈그림 1.3〉은 〈표 1.6〉의 사회조직들을 '조직 구성 원리와 '사업의 방향성'의 기준(인적 결합―자본 결합 축, 지역사회―서비스 축)에 따라 배치한 한국 사회적경제 조직의 지도이다.

---

3) 서울시사회적경제지원센터(2013)는 가로축을 '주민공동출자/시민자본기반―창업자 의존/공공지원 기반', 세로축을 '전국 기반―마을 기반'으로 분류하고 있다.

4) 관련 설치법령 및 행정지침은 다음과 같다. 비영리법인(민법 제32조, 민법 제40조~제96조); 공익법 인(공익법인의 설립·운영에 관한 법률 제1조~제16조, 공익법인의 설립·운영에 관한 법률 시행령 제 11조); 사회복지법인(사회복지사업법 제16조~제36조, 사회복지사업법 시행규칙 제12조~제14조); 의료법인(의료법 제1조, 제48조~제51조); 학교법인(사립학교법 제1조~제6조, 제10조, 제21조~제33 조); 향교재단(향교재산법 제1조~제8조); 지역신용보증재단(지역신용보증재단법 제1조~제3조, 제7 조~제15조, 제29조~제34조); 비영리민간단체(비영리민간단체지원법 제1조~제13조); 노동조합(노 동조합 및 노동관계조정법 제1조, 제6조~제23조); 생활협동조합(소비자생활협동조합법 제1조~제 10조, 제15조~제16조, 제21조~제32조, 제45조~제50조); 각종 협동조합(협동조합기본법 제1조~제8 조, 제15조~제25조, 제28조~제36조, 제45조~제51조); (일반)협동조합(농업협동조합법, 신용협동조 합법, 중소기업협동조합법, 수산업협동조합법, 생활협동조합법, 엽연초생산협동조합법, 축산업협동 조합법); 사회적협동조합(협동조합기본법 제85조~제98조); 각종 공제회(과학기술인공제회법, 군인 공제회법, 한국교직원공제회법, 대한소방공제회법, 한국지방재정공제회법 등); 농어촌공동체회사(농 어업인삶의질향상및농어촌지역개발촉진에관한특별법 제1조~제2조, 제11조, 제19조의 3, '12년 농 어촌공동체회사실태조사분석결과); 자활기업(국민기초생활보장법 제1조, 제18조, 국민기초생활 보

〈표 1.6〉 각 조직의 사회적경제 관련성 평가

	조직/제도 명		민주성		경제성		사회성		비고: 조직 분류
			민주적 소유·자율성	결사의 자유·자발성	사업성	분배·수익 제한	규범성	문제 해결 기능	
1	비영리 법인	사단법인	O	△	△	△	△	△	기타 I
2		재단법인	O	△	△	△	△	△	기타 I
3	공익법인		△	△	△	△	O	−	기타 I
4	사회복지법인		△	△	O	△	△	O	예비조직
5	의료법인		△	△	O	△	△	−	기타 I
6	학교법인		△	△	O	△	△	−	기타 I
7	향교재단		△	−	△	△	−	−	기타 II
8	지역신용보증재단		△	−	△	O	O	O	예비조직
9	비영리민간단체		−	O	△	△	O	△	예비조직
10	노동조합		O	O	−	−	△	△	기타 I
11	협동 조합	생활협동 조합	O	△	O	△	△	O	주요조직
12		각종 협동 조합	△	△	O		△	O	예비조직
13		(일반)협동 조합	O	O	O	−	△	O	주요조직
14		사회적 협동조합	O	△	O	O	O	O	주요조직
15	각종 공제회		△	△	O	△	△	△	기타 I
16	농어촌공동체회사		−	−	O	−	O	O	예비조직
17	자활기업		−	O	O	△	△	O	주요조직
18	마을기업		△	O	O	−	△	O	주요조직
19	사회적 기업	인증사회적 기업	−	O	O	O	△	O	주요조직
20		예비사회적 기업	−	O	O	△	△	O	주요조직
21	주민 조직	주민자치 위원회	△	−	△		△	△	기타 I

(계속)

22	주민조직	주민자치회	△	–	△	–	△	△	기타Ⅰ
23	공공기관	공기업	–	–	△	–	○	△	기타Ⅱ
24		준정부기관	–	–	△	–	○	△	기타Ⅱ
25		기타 공공기관	–	–	△	–	○	△	기타Ⅱ
26		지방공사·공단	–	–	△	–	△	△	기타Ⅱ
27	기업	주식회사	–	○	○	–	–	–	예비조직
28		유한회사	–	○	○	–	–	–	예비조직
29		합명·합동회사	△	○	○	–	–	–	예비조직
30		유한책임회사	△	○	○	–	–	–	예비조직

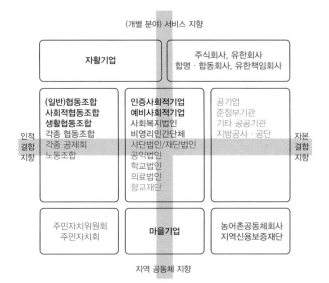

〈그림 1.3〉 한국 사회적경제 Mapping

주요 조직의 경우, 첫째, 상대적으로 자본 결합 지향보다는 인적 결합 지향에 더 가까운 편향성을 보여 주고 있다. 이는 사회적기업과 자활기업, 협동조합, 마을기업 등 주요 사회적경제 조직이 영리를 추구하면서도 '1인 1표의 의사결정권을 가진 구성원의 평등성 원칙에 입각한 조직'을 지향하고 있기 때문이다. 둘째, 지역공동체 지향과 서비스 지향 축(세로축)상의 위치에서 주요 조직은 내부적으로 다소 차이를 보인다. 사회적기업의 경우 지역공동체 지향에 비해 서비스 제공에 주력한다고 볼 수 있고, 자활기업 역시 장애인 재활 및 기술교육 등 특정 서비스를 주요 사업으로 수행하고 있다. 반면, 사회적협동조합과 마을기업, 생활협동조합은 지역사회에 기여하는 것이 설립목적에 명시되어 있고, 특히 마을기업은 지역의 자원을 활용하여 자생력을 확보하고자 한다는 점에서 지역공동체 지향을 보이고 있다.

다음으로 예비조직의 경우, 첫째, 가로축에서는 상대적으로 자본 결합 지향에 가까운 조직 유형이 많은 것으로 나타났다. 사회복지법인과 비영리민간단체, 각종 협동조합의 경우 인적 결합 지향성이 더 강한 편이지만 주식회사, 유한회사, 합명·합동회사, 유한책임회사, 농어촌공동체회사, 지역신용보증재단의 경우 전자에 비해 자본 결합 지향이 강할 뿐 아니라 조직과 구성원의 수, 그리고 매출액이 크게 앞서고 있다. 둘째, 세로축에서는 상대적으로 서비스 지향성이 분명하다고 볼 수 있다. 기업 등의 조직은 기본적으로 지역사회 공헌보다는 특정 분야의 사업을 통해 기금을 마련하거나 이윤을 얻는 것이 중요하기 때문이다. 기업 외에 사회복지법인과 비영리민간단체의 경우에도, 설립 당시 특정한 사회문제를 해결하기 위해 조직이 형성되는 경우가 많다는 점이 감안되었다. 반면, 농어촌공동체회사와 지역신용보증재단은 지역 지향성이 강하지만 다른 조직에 비해 그 수와 규모에서 영세하기 때문에 세로축에서 전반적으로 서비스 지향성이 강하다고 판단해도 무리가 없을 것이다.

종합적으로 한국 사회적경제 조직 지도에서는 다음과 같은 특징이 보인다. 첫째, 유럽에서 협동조합·공제회·재단·결사체 등이 주요조직으로 간주되는 것과 달리 한국에서는 이 중 협동조합만이 주요조직에 속하며, 재단·결사체·공제회는 예비조직이나 기타 사회조직에 포함된다. 이는 산업화 시기 정부가 이들 조직을 직접적으로 통제함으로 인해 민주적 운영원리를 실행하거나 사회적 가치를 추구하기 어려웠기 때문인 것으로 보인다. 둘째, 이와 관련하여 한국의 사회적경제는 유럽에 비해 그 기반이 협소한 것으로 여겨져 왔다. 그러나 사회적경제와 직간접적으로 연관된 조직은 사회적기업, 협동조합, 자활기업, 마을기업, 생활협동조합, 비영리민간단체, 사회복지법인 등 광범위하게 존재하고 있다. 협동조합·공제회·결사체·재단을 주요조직으로 정의하는 유럽식의 분류를 기계적으로 적용한 것이 아니라, 각 사회조직의 목적과 속성을 기준으로 하여 분석했을 때 한국 사회적경제의 저변이 예상과 달리 협소하지 않다는 것을 알 수 있다. 셋째, 주요조직의 경우 가로축에서 인적 결합 지향성을 보이고 있는 반면, 예비조직은 자본 결합 지향성을 보이고 있다. 예비조직 전반에 '1인 1표'의 운영원리 등 민주성이 확산된다면 주요조직으로 분류할 수 있는 조직의 수가 증가할 것으로 예상할 수 있다.

넷째, 공공기관을 제외한 대부분의 조직이 예비조직 혹은 사회적경제와 일부 연관성을 맺고 있는 기타 사회조직 I에 속하고 있다. 이러한 결과는 주요조직과 기타 조직을 가르는 기준이 엄밀하지 못해 발생한 현상일 수도 있지만, 한국의 사회조직들이 공공성 혹은 사회적 가치를 중시하고 있다는 반증일 수 있다. 사회적경제 조직은 일반적으로 시민사회에서 출발하는 경우라고 생각할 수 있다. 그러나 각 조직의 설립배경이 되는 섹터가 시민사회에만 한정된 것은 아니다. 시민사회뿐 아니라 제3섹터, 비영리섹터, 공공섹터에 기반한 조직들이 다수 존재하고, 영리 추구를 제일의 목표로 하는 기업섹터에 기반한 조직들도 등장하고 있다. 이는 섹터 간 융합현상이 활발히 전개되고 있음을 확인시켜 주는 것이며, 융합현상은 사회적경제 활성화에 긍정적인 영향을 미칠 수 있다. 앞의 〈표 1.2〉에서 보았듯이, 비영리섹터 조직이 시민사회 공동체와 결합하거나 공공섹터 조직이 결사체 및 재단법인 등과 결합하여 조직을 만드는 사례가 증가하고 있다. 또한 과거 하향식(top-down)이 아닌 상향식(bottom-up)으로 결사체가 지방정부나 중앙정부를 견인하여 지역 사회적경제 생태계를 조성하는 사례도 나타난다. 아직 사회적경제가 확립되었다고 평가할 수는 없겠지만, 섹터 간 경계가 허물어지면서 시너지 효과가 창출되고 있으며 사회적경제의 지평이 넓어지고 있다고 볼 수 있는 것이다. 이러한 점들을 감안한다면 사회적경제가 지금보다 더 널리 확산되고 질적·양적으로 발전할 개연성이 높은 것으로 전망할 수 있을 것이다.[5]

3

사회적경제의 국가 간 비교연구 예시

1) 문제 제기

그렇다면 이러한 한 국가 혹은 사회의 사회적경제 조직지형을 좌우하는 요인은 무엇인가? 복잡한 사회적경제 생태계의 동태적인 변화의 원인을 규명하는 것은 어려운 일이다. 그럼에도 불구하고 사회적경제의 발전 양상에 대한 국가 간, 지역 간 비교연구와 그 차이를 설명하는 정치학적·정치경제학적 연구가 가능하다. 여기서 기본적인 '퍼즐'은 사회적경제의 혼종성을 보여 주는 〈그림 1.1〉에서 한 국가 혹은 사회의 사회적경제의 좌표—즉 혼종성의 양태—와 그 변화를 결정하는 요인은 무엇인가이다.[6] 아직 체계적인 연구가 진행된 것은 아니지

---

5) 한국 사회적경제 조직의 특징은 다른 나라 혹은 지역과 비교할 때 더욱 두드러지며, 흥미로운 유사점과 차이점들을 보여 줄 수 있다. 김의영·미우라 히로키 편, 『한·중·일 사회적경제 Mapping』은 민주성, 사회성, 경제성의 기준하에 한·중·일의 79개 사회조직 관련 법 및 규정을 분석하여 3국 사회적경제 조직지형을 비교하고 있다.

6) 사실 한 사회적경제 조직의 영역상 좌표 또한 퍼즐일 수 있다. 가령 개념상 협동조합은 위 그림의 국가, 시장, 공동체/시민사회 부문이 중첩되어 있는 영역 어딘가에 위치하지만, 현실의 다양한 협동조

만 몇 가지 관련 연구들을 예시해 볼 수 있을 듯하다.

가령 앞의 mapping 방법을 활용한 한·중·일 사회적경제 비교연구에서는 각 국 사회적경제의 형성과 발전에 영향을 미친 외부적·환경적 요인(사회적 문제의 다양화·다각화·심각화), 내부적 요인(시민사회 조직형태와 활동양식의 진화), 정책적 요인(정부 정책의 제도화)을 다음의 〈표 1.7〉과 같이 정리하고 있다. 이러한 방식은 비록 이론적 일반화를 지향하는 체계적인 방법은 아니지만 일단 한·중·일 각국의 변화의 모습을 일차적으로 비교 분석하기 위한 일종의 분석틀 정도의 의미는 있을 것이다.

그런가 하면 동아시아 지역의 사회적기업에 대한 다른 한 기존 연구는 서유럽 모델과 미국 모델에 비교하여 동아시아 사회적기업 모델이 기본적으로 국가 주도형이며, 다음 〈그림 1.4〉에서 볼 수 있듯이 현재 동아시아 사회적기업의 좌표가 국가와 시장이 중첩된 영역에 치우쳐 있으나 점진적으로 서유럽 모델처럼 국가와 시장뿐 아니라 시민사회 또한 중첩된 영역으로 변화해 가고 있다고 주장한다(Defourny and Kim, 2011). 즉 현재 동아시아, 특히 한·중·일을 보면 국가 주도하에 사회적경제 관련 정책이 확산되어 온 형국이지만 점진적으로 유럽 모델의 시민사회 주도형으로 진화 중이라는 것이다.

이 연구는 그 원인으로 '필요조건(condition of necessity)'과 '공유된 운명조건(condition of shared destiny)'을 들고 있다. 전자는 사회적경제 해법을 요하는 사회경제적 상황 즉 수요의 측면(pressing needs)을 의미하며, 후자는 한 사회의 사회적경제 해법을 가능케 하는 시민사회의 집단적 정체성(collective identities)이 있어야 한다는 공급의 측면을 의미한다. 다시 말해 아무리 사회경제적 문제가 시급하더라도, 개인적 대처와 국가의 일방적 톱다운(top-down)

합들은 그 혼종성의 양태—예컨대 국가, 시장, 공동체/시민사회 영역의 중첩성과 편향성의 정도—가 다를 수 있다. 한국의 경우 관제적인 농협협동조합, 소비자 중심의 생활협동조합, 원주 지역의 토착적 협동조합은 각각 국가 편향성, 시장 편향성, 공동체/시민사회 편향성을 띠고 있다고 생각해 볼 수 있을 것이다.

〈표 1.7〉 한·중·일 사회적경제 발전에 영향을 미친 요인 예시

	한국	중국	일본
외부적 (환경적) 요인	• 경제글로벌화에 따른 국가 능력 축소(복지 부문) • 1997년 외환위기 • 신자유주의 프로그램 이식	• 개혁개방 • 도농격차	• 1980년대 경제규모 확대에 따른 국제 압력 강화(1985년 플라자 합의) • 1990년대 초 버블 붕괴 등
내부적 요인	• 대안공동체운동, 신협, 생협, 의료생협 등의 조직화 • 대규모 실업과 양극화에 따른 사회서비스 수요 급증과 시민사회 자원의 대응 • 대안경제의 필요성과 유용성에 대한 공감대 확산	• 민영비기업 단위 • 사회적기업	• 정부 −관료기구의 슬림화와 효율화를 기조로 한 행정개혁 −공공서비스 영역에서의 행정조직 개편. 민영화/민관 합작 • 기업 −기업 중심의 복지체제로부터 지역사회와 협력하는 복지체제 구축
정책적 요인	• 사회적 일자리 사업 • 법적 기반 조성(「국민기초생활보장법」, 「사회적기업 육성법」, 「협동조합기본법」, 「사회적경제기본법(준)」 등) • 지역경제 활성화	• 조화사회 • 사회 건설 • 후진타오	• 1990년대 「특정비영리활동촉진법」 • 2000년대 '개호보험제도', '공익법인제도 개혁' • 2000년대 말 '소셜비즈니스' 개념의 등장

출처: 김의영·미우라 히로키 편(2015)의 내용 정리

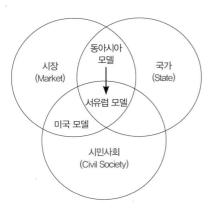

〈그림 1.4〉 동아시아 사회적기업 모델
출처: Defourny and Kim(2011)

정책과 달리 한 사회의 집합행동을 요하는 사회적경제 해법이 가능하기 위해서는 시민사회의 집단적 정체성과 잠재력이 있어야 한다는 얘기이다.

이들은 동아시아, 특히 한·중·일의 경우 사회적경제에 대한 수요뿐 아니라 공급이 이루어질 수 있는 조건 또한 구비하고 있다고 주장한다. 가령 한·중·일에 있어 기존 국가조합주의적 협동조합과 차원이 다른 새로운 밑으로부터의 협동조합운동이 등장하고 있고, 대규모 자연재해를 겪으면서 밑으로부터 자원봉사 및 상호부조의 이니셔티브(initiative)가 강화되고 있으며, 친족·이웃·지역공동체에 기반하는 동아시아형 '공유된 운명체'가 존재한다는 점을 지적한다. 따라서 비록 지금까지 주로 국가 주도로 사회적경제 정책이 추진되어 온 것이 사실이지만 향후 서유럽 모델로 수렴될 수 있다는 것이다.

한·중·일을 넘어 유럽 사회적경제 연구에서 자본주의 모델의 다양성으로부터 사회적기업 모델의 차이를 유추해 내는 방식도 가능하며, 이하에서는 하나의 예시적 사례연구로 영국과 스웨덴의 '자본주의 다양성과 사회적기업'에 대한 비교 분석을 간략하게 소개하고 있다.

2) 자본주의의 다양성과 영국 및 스웨덴 사회적기업 비교사례[7]

사회적기업은 협동조합과 더불어 사회적경제의 전형적인 조직 유형으로서 국가마다 서로 다른 발현·발전 양상을 보이고 있으며, 이는 사회적경제의 발원지라 할 수 있는 유럽의 경우에서도 마찬가지이다(Chell et al., 2010). 대표적으로 영국의 경우 사회적기업은 '혁신적이고 기업가적인 방식을 통하여 사회 공공의 문제를 해결하는 영리 혹은 비영리 조직'으로 간주되며, 2010년 기준으로 61,000개의 사회적기업들이 활동하면서 유럽에서 가장 역동적인 사회적기업의 성장을 이루어 냈다고 평가받고 있다(Aiken, 2006; Cabinet Office, 2006). 그런가 하면 스웨덴의 사회적기업은 '취약계층에 사회서비스 또는 일자리를 제

---

7) 자세한 내용은 최나래·김의영. 2014. "자본주의의 다양성과 사회적기업: 영국과 스웨덴 비교연구." 『평화연구』22(1) 참조.

<표 1.8> 영국·스웨덴 사회적기업의 자원 동원 유형

(단위: %)

국가	판매	보조금	기증	간접보조금	자원봉사	전체
영국	65	31	1	1	1	100
스웨덴	42	38	3	14	2	100

출처: Gardin(2006)에서 수정

공하여 지역주민의 삶의 질을 높이는 등의 사회적 목적을 추구하면서 재화 및 서비스의 생산·판매 등 영업활동을 수행하는 기업'으로서, 영국과 달리 고용이나 탁아 서비스 등 특정 분야에 집중되어 있으며, 2010년 기준으로 220여 개의 규모를 보이고 있는 정도이다(Nyssens, 2006).

영국의 경우 시민사회 영역의 소규모 공동체와 자원봉사 조직이 재화와 서비스를 생산하고 이를 시장에서 공급하는 기업활동을 통해 현재와 같은 사회적기업이 등장하였다면, 스웨덴의 경우 주로 협동조합의 형태로 일자리를 제공하고 재화와 서비스를 생산하면서 사회적기업으로서의 특징을 갖추어 갔다(Evers et al., 2004).

두 국가는 자원 동원의 양상에서도 차이를 보이는데, 이는 사회적기업과 시장, 국가의 관계를 보여 준다는 점에서 의미가 있다. 〈표 1.8〉을 보면 영국의 경우는 판매를 통하여 전체 재원의 65%를 확보하고 있다. 스웨덴은 판매와 보조금이 각각 42%, 38%로 유사한 수준으로 보이지만, 보조금과 간접보조금을 합하면 52%의 자원이 보조를 통하여 확보되고 있는 것을 알 수 있다. 결국 영국의 사회적기업들이 기본적으로 판매수익금을 통하여 자원을 확보함으로써 경쟁력과 자생력을 시장에서 인정받았음을 의미한다면, 스웨덴 사회적기업의 경우 시장 영역보다는 국가에 더 의존하고 있음을 나타낸다.[8]

이러한 양국 사회적기업의 차이를 도식화해 보면 다음 〈그림 1.5〉와 같을 것

---

8) 영국의 경우 보조금 지급 방식도 누구에게나 지원되는 보편적인 방식이 아니라 시장에서 경쟁력을 입증해 낸 사회적기업으로 돌아가며 이 역시 민간섹터에서 결정된다.

〈그림 1.5〉 영국과 스웨덴의 사회적기업 좌표

이다. 즉 사회적경제의 혼종성 양태를 보여 주는 그림상에서 영국은 시장 쪽에, 스웨덴은 국가와 시민사회/공동체 쪽에 치우쳐 있다고 볼 수 있다. 여기서 퍼즐은 양국 사회적기업의 위치를 좌우하는 요인은 무엇인가이며, 이 퍼즐의 실마리는 자본주의 모델의 다양성(varieties of capitalism), 즉 영국의 자유시장경제(Liberal Market Economy)와 스웨덴의 조정시장경제(Coordinated Market Economy) 모델의 차이에서 찾을 수 있다(Hall and Soskice, 2001).

간략하게 정리하면, 자본주의의 다양성론은 자본주의의 핵심행위자인 기업이 각 시장기제의 제도들과 어떤 상호작용을 하는지에 대한 연관관계를 분석한다. 특히 노사관계, 기업 지배구조, 기업 간 관계, 직원과의 관계, 직업교육과 같은 주요 제도들은 각 기업의 전략에 있어 비교제도우위(comparative institutional advantage)와 제도적 보완성(institutional complementarities)을 지닌다. 특정 국가의 기업들은 주어진 제도적 이점을 최대한 활용하는 전략을 구사하기 때문에 유리한 방향으로 특화가 이루어지고, 그에 따라 원래의 제도가 자기 강화되는 속성을 보인다. 따라서 소위 신자유주의적 수렴은 일어나지 않으며, 각 국가의 고유한 자본주의의 다양성이 강화된다는 것이다. 요컨대 자유시장경제의 기업은 공식적인 계약과 경쟁에 기초한 시장질서의 조정을 받고, 수요와 공급에 대한 의사결정은 가격 메커니즘을 통해 이루어지며, 수단 선택에는 효율성의 가치가 적용된다. 반면 조정시장경제에서 조정은 이해관계자들 (stakeholders) 사이의 네트워크와 협력 및 전략적 상호작용에 기초하며, 사회적 결속과 연대의 가치를 중시한다.

이러한 상황에서 사회적기업은 국가와 시장이 채우지 못하는 복지 및 사회서비스 영역의 빈틈을 채우기 위한 새로운 시도로 등장하지만, 그 구체적 발현·발전 과정은 기존의 자본주의 조정기제와 제도의 틀 안에서 이루어지며, 따라서 자본주의의 다양성을 담아내게 된다. 이러한 이유로 자유시장경제 영국의 사회적기업은 기업원리를 강조하며 시장에서의 혁신·경쟁을 핵심가치로 성장한 반면, 조정시장경제 스웨덴의 사회적기업은 사회적 특성을 강조하며 네트워크를 통한 협동을 핵심가치로 발전하고 있다는 것이다.

즉 영국과 스웨덴의 사회적기업은 양국 시장경제 체제가 반영된 결과로서 자유시장경제의 영국에서는 기업들이 혁신을 통해 경쟁력을 향상시키고 이윤을 창출하며 운영을 지속해 온 제도적 특성이 사회적기업 영역에 전이되어 나타난다고 볼 수 있다. 또한 영국의 선택적 복지제도하에서 시장원리를 통하여 복지를 해결하기 위한 복지 서비스 대행 계약 체결이 정책적으로 채택되어 왔으며, 사회적기업의 주요 공급 재화인 복지 서비스 역시 시장의 재화와 유사한 것으로 여겨지고 있는 것이다.[9]

반면 스웨덴의 경우 협동과 네트워크를 중시하는 조정시장경제의 특징에 따라 사회적기업의 설립 자체도 협동조합이나 지역공동체에서 시작하는 경우가 많았다. 또한 스웨덴은 보편적 복지국가로서 복지의 제공은 국가가 최종 책임

---

9) 영국의 경우 사회적기업의 혁신을 위한 컨설팅 기업이라 할 수 있는 '메타 사회적기업'이 존재하는 등 사회적기업의 발전양상이 시장 영역의 기업과 상당히 유사한 측면을 보이고 있다. 또한 보수당 정권하에서도 '빅 소사이어티(Big Society)'의 이름으로 사회적기업에 대한 지원이 지속되고 있는데, 이는 사회적기업 모델이 자유시장경제 전통과 부합하며 경쟁원리와 생산성에 기초하여 복지의 질을 향상시킬 수 있다고 보고 있기 때문이다. 한편 사회적기업의 법체계에 있어, 초기에는 회사법에 의거해 유한책임회사의 지위를 부여하였고, 2005년 제정된 「공동체이익기업법(The Community Interest Company Regulation)」에 따라 상법상의 지위를 부여하고 있다. 이러한 점들은 영국의 사회적기업과 자유시장경제 모델의 선택적 친화성을 보여 주고 있다.

을 진다고 보고 시장의 경쟁논리에 의한 복지의 공급은 낯선 개념이었으며, 따라서 사회적기업이라는 대안적 영역의 발달이 영국에 비해 더딘 편이었다. 다만 2000년 후반 들어 기존의 노동시장 정책의 빈틈을 메우려는 시도로서 협동조합과 같은 사회적경제 모델이 기존 복지제도와 상호보완적 역할을 하는 방식으로 제도화될 수 있었던 것이다.[10]

결국 영국과 스웨덴 사회적기업 모델의 차이는 양국 자본주의의 다양성에 기인한다고 볼 수 있다. 즉 기존의 제도만으로 해결할 수 없는 새로운 사회경제적 문제들과 부딪쳤을 때 양국의 정부와 기업 등 행위자들은 사회적기업이라는 새로운 대안을 모색하면서 기존의 조정기제와 제도들을 가장 유리하게 이용할 수 있는 방식, 즉 비교제도우위를 활용하는 방식으로 발전시켰던 것이다. 그 결과 앞에서 제시한 〈그림 1.5〉처럼 영국 사회적기업의 좌표는 시장 영역에 가깝고, 스웨덴의 경우는 시민사회/공동체 영역과 국가 영역에 치우치게 위치한다고 볼 수 있는 것이다. 즉 영국이 사회적 '기업'이라면 스웨덴은 '사회적' 기업인 것이다.

---

10) 스웨덴의 경우 영국처럼 사회적기업의 활성화를 돕는 사회적기업은 미비하다. 그러나 스웨덴의 풍부한 제도적 자원인 네트워크가 사회적기업의 성장에도 활발히 활용되고 있다. 영국에 사회적기업을 위한 '메타 사회적기업'이 존재한다면, 스웨덴에는 사회적기업을 위한 협동조합인 '쿰파니언 (Coompanion, LKU)'이 존재한다. 특히 이들은 사회문제 해결을 위해 공공·사적 영역과 시민사회의 연결을 강조하는데, 그중에서도 가장 중요한 것은 지역사회의 수요에 기반하여 지역사회의 자원을 활용한다는 점이다(Fregidou-Malama et al., 2009). 스웨덴에서도 최근에는 품질 향상과 비용 절감 등 사회적기업의 시장경쟁력 확보가 중요한 과제로 논의되고 있다. 그럼에도 스웨덴의 사회적기업은 영국에 비해 기업으로서의 성격이 약하다. 이는 스웨덴 사회적기업이 공동체와 협동조합의 형태를 띠고 있었던 것에서 기인하며, 스웨덴 정부가 사회적기업의 기업적 특성에 맞춘 지원을 하지 않았던 점과 관련이 있다.

4

사회적경제와 민주주의

사회적경제의 혼종성에 있어 민주성은 핵심적인 속성이다. 〈표 1.1〉의 사회적경제 개념 정의에서 볼 수 있듯이 모든 선행연구들은 직간접적으로 사회적경제의 민주적 함의를 강조하고 있다. 직접적으로 1인 1표의 민주적 의사결정을 사회적경제의 원칙으로 제시하거나 최소한 참여, 자율, 연대, 시민주도성 등 사회적경제의 민주적 가치에 주목하고 있다. 이러한 이유로 앞에서 논의한 사회적경제 조직지형 Mapping 방법에서도 민주성을 사회성 및 경제성과 더불어 사회적경제 혼종성의 핵심적인 부분으로 간주하고 있는 것이다. 이하에서는 '사회적경제와 민주주의'에 대한 정치학적 연구 가능성을 예시하는 차원에서 몇 가지 연구 주제와 이슈들을 논하고 있다.

1) 사회적경제의 내부 지배구조와 민주적 책임성

사회적경제 조직의 정치적 의미는 일차적으로 1인 1표의 민주적 조직원리에 기초하여 참여자 공동의 목적을 추구하는 인적 결사체(association)라는 점에서 찾을 수 있을 것이다. 협동조합이 대표적 사례로서, 우선 가장 기본적인 정치학적 관심은 조합 내부 조직에서 구성원의 참여와 수평적 논의를 통한 의사결정과 합의 그리고 민주적 책임성(accountability) 기제에 있다. 그러나 협동조합의 현실에서는 의사결정의 효율성에 대한 요구가 커지고 역할과 기능이 분화되면서 소위 '과두제의 철칙(iron law of oligarchy)' 현상이 나타나기도 한다. 한국의 현실을 보면 심지어 이사장과 소수 이사 및 직원 등이 결탁하여 조직을 전유하면서 이사장 선출 비리, 조합원 계파 간 파벌주의, 조합운영 방식을 둘러싼 법정 소송 등 협동조합 정신과 어긋나는 심각한 부정과 갈등이 빚어지는 경우도 있다.

협동조합의 지배구조, 즉 내부 거버넌스의 문제로서 정치학의 시각에서 몇 가지 이론적 논의가 가능하다. 가령 허시만(Hirschmann, 1970)의 탈퇴(exit)와 항의(voice)의 기제에 대한 이론적 논의를 생각해 볼 수 있다. 즉 조합원들이 자유롭게 탈퇴하여 다른 유사 협동조합에 가입할 수 있는 권리를 보장함으로써 일종의 경쟁 메커니즘을 통한 규율을 확보하는 한편, 조합원들이 조직의 의사결정 과정에서 목소리(voice)를 내고 심의(deliberation)에 참여할 수 있도록 함으로써 조직의 민주적 책임성을 제고한다는 아이디어이다(Hirst, 1994, 2002; Smith and Teasdale, 2012). 나아가 이상적인 논의지만, 심의민주주의 기제를 활용할 수도 있고(Dryzek, 2000), 추첨민주주의 제도도 생각해 볼 수 있다(칼렌바크·필립스, 2011). 가령 조직 운영의 효율성과 전문성을 고려하여 조합의 집행기구는 기존 선거방식을 통해 선출하지만, 심의·의결 기구는 조합원들 사이에 추첨을 통해 선발함으로써 특정 인사 및 파벌의 조직적 결탁 문제를 해소하는 한편 심의의 가능성을 확장시키는 방안이다. 이러한 이론적 논의와 제도적 연구는 기존 관련 이론들에 대한 비판적 분석과 함께 실제 다양한 국내외 협동조합들의 조직구조 및 운영방식에 대한 경험적 비교연구를 요할 것이다.

보다 현실적인 논의로서 국가의 법·제도 및 정책적 개입과 협동조합 선거제도를 생각해 볼 수 있으며, 이 점에서 최근 한국에서 시도된 조합장 동시선거는 흥미로운 연구거리를 제공하고 있다.

지난 2015년 3월 11일 사상 처음으로 농·수·축협·산림조합 등 전국 1,300여 개 조합에서 조합원 280여 만 명이 선거인으로 참여하는 전국동시조합장선거가 실시된 바 있다. 이 선거는 과거 개별 조합 선거에서 관행처럼 이루어진 돈선거가 뿌리뽑히지 않고 있다는 비판에 따라 2014년 8월 「공공단체 등 위탁선거에 관한 법률(약칭 위탁선거법)」이 제정되면서 선거관리위원회의 관리하에 처음으로 전국 동시선거로 시행된 것이다. 그동안 조합원들만의 동네 선거로 여겨져 왔던 조합장 선거가 가히 제2의 지방선거로 불릴 만큼 대규모 전국 선거로 치러지면서 당시 국가적 관심과 언론 및 국민의 주목을 받았다.

당시 관심은 주로 조합장 선거 비리에 맞추어져 있었는데, 한마디로 새로운 제도 도입에도 불구하고 돈 선거의 그림자를 지울 수 없다는 점이다. 즉 조합장이 고액연봉과 예산·인사권 등 막강한 권력을 누릴 수 있다 보니 경쟁이 치열해지면서 경쟁 후보자에게 불출마 조건으로 돈을 건네거나 조합원들에게 금품이나 향응을 제공하는 비리가 끊이지 않고 있다는 것이었다. 이에 대해 조합장 후보자의 양심과 조합원의 책임의식에 호소하기도 하지만 주로 선거관리위원회와 공안당국의 보다 강력한 규제와 엄정한 대응을 처방으로 제시한 바 있다.

그러나 다른 측면에서 문제는 오히려 과도한 규제에 있다는 주장이 제기되었다. 요컨대 새로 제정된 「위탁선거법」하에서는 극히 제한된 선거운동으로 새로운 입후보자들이 얼굴 알리기가 힘들고 조합원의 알 권리도 제한하고 있다는 것이다. 가령 지방선거의 경우 공식 선거운동이 시작되기 전 길게는 120일, 짧게는 60일 전에 예비후보로 등록하여 선거운동을 할 수 있는 반면, 조합장 동시선거는 아예 예비후보자등록제 자체가 없다. 당시 선거운동 기간도 2월 26일부터 3월 10일까지 13일로 제한되었고, 선거운동은 본인만이 할 수 있으며, 후보자들의 합동토론회와 정책설명회도 막아 놓다 보니 결과적으로 현직 조합장에 유리하고 새로운 참신한 조합장 후보에게는 불리한 선거가 되어 버렸다는 것이다. 심지어 「위탁선거법」 제정의 배후에는 일반 조합원의 권익 증진보다는 임직원의 기득권을 우선시하는 농협조직과 이에 동조 또는 편승하는 농림축산식품부와 국회로 이루어진 일종의 '철의 삼각형'이 작동했다는 주장이 제기되기도 하였다.

이러한 이유로 「위탁선거법」의 보다 현실적인 개정이 필요하다는 논의가 제기되어 왔으며, 다른 한편 결국 근본적인 처방은 일종의 밑으로부터의 선거혁명을 통한 인적 쇄신에 있다는 주장도 제기되었다.[11] 그런가 하면 조합이 가지는 지역사회의 공적·민주적 역할을 고려할 때, 비록 유권자는 아니지만 이해당

---

11) 실제 당시 농협 개혁을 위한 전국 조합장들의 모임인 '정명회' 등 뜻을 같이하는 농민·시민단체를 중심으로 '제대로 뽑자'는 목소리가 높았다.

사자로서 모든 시민과 시민사회 전반에 걸쳐 조합장 선거에 대한 관심과 후원이 필요하다는 지적도 있다. 이는 협동조합의 지배구조를 민주화하기 위한 논의들로서 「위탁선거법」 개정, 선거관리위원회의 역할, 유권자인 조합원들의 각성과 참여, 일반시민과 시민사회의 모니터링 등 여러 차원의 다양한 이슈들에 대한 연구거리를 제공하고 있다. 첫 선거였고 이미 1,300여 조합사례가 존재하며, 향후 지속적인 선거사례와 데이터 분석에 기초한 풍부한 연구 가능성이 존재한다.

2) 사회적경제 조직의 민주적 효과

결사체로서의 사회적경제 조직은 다양한 민주주의적·공적 역할을 담당할 수 있다. 다음 〈표 1.9〉에서 보듯이 일반적으로 결사체에는 다양한 민주적·공적 효과가 존재한다. 개인적 차원에서 개인의 효능감, 정보, 정치적 능력, 시민적 덕성 그리고 비판능력을 함양함으로써 민주주의의 학교(school of democracy) 역할을 담당할 수 있다. 공공영역(public sphere)의 차원에서 보면, 시민사회의 공공 커뮤니케이션과 토의의 저변을 확산시킴으로써 공공영역을 확장시키는 효과가 있다. 제도적 차원에서 결사체는 전통적 의미의 이익대표와 저항의 기능을 담당하는 한편, 정책적 위임을 받아 공적 기능을 수행하고 이익갈등의 조절과 협력을 이끌어 내어 국가에 대한 민주적 정통성을 제고하는 효과를 낼 수

〈표 1.9〉 결사체의 민주적·공적 효과

개인 차원	공공영역 차원	제도 차원
효능감	공공 커뮤니케이션과 토의	대표
정보	차이(difference)의 대표	저항
정치적 능력	공유(commonality)의 대표	정책적 위임
시민적 덕성		조절과 협력
비판능력		민주적 정통성

출처: Warren(2001)

있다는 것이다(Warren, 2001).

물론 사회적경제 조직은 결사체의 성격과 함께 사업체의 성격을 지니고 있으며 임의단체뿐 아니라 국가로부터 법인격을 부여받은 혼종적 조직의 성격을 포함하고 있기 때문에 다른 일반 결사체들과 일대일로 비교할 수는 없으며, 사회적경제 조직 유형 특유의 민주주의적·공적 역할에 대한 탐색적 연구를 시도할 수 있을 것이다.

이와 관련하여 워런(Warren, 2001)은 다음과 같은 일차적인 분석틀을 제시하고 있다. 이 연구는 다양한 결사체의 속성을 자발성 여부(혹은 결사체 탈퇴·exit의 용이성), 구성적 매개(constitutive media, 결사체의 조직원리)[12], 구성적 재화(constitutive goods, 결사체가 추구하는 목적)로 나누고 이 세 가지 차원의 기준에 따라 결사체의 유형과 유형별 민주적 효과를 분석하고 있다.[13] 이 중 사회적경제 조직과 관련한 분류는 다음과 관계가 있다고 볼 수 있다.

비록 이념형이지만 이 표에 의하면 일반적으로 사회적경제 조직은 비교적 탈퇴의 용이성이 높고(High to Medium),[14] 결사체의 조직원리에 있어 경제적 방식(economic medium)에 의존하며,[15] 현실 타파보다는 현상 유지적(vested)이고, 추구하는 목적 혹은 재화가 사유재(가령 일반협동조합)와 포괄적 사회재 혹은 공공재(가령 사회적협동조합)와 관련이 있는 경우이다.

이러한 유형별 분류에 의하면 탈퇴의 용이성, 구성적 매개, 구성적 재화에 따라 개인, 공공영역, 제도 차원의 민주적·공적 효과가 다르게 나타날 수 있다. 예

---

12) 가령 결사체가 국가의 법에 근거하여 조직되는 방식, 시장 논리에 의해 조직되는 방식, 전통과 규범 같은 사회적 관계에 의해 조직되는 방식이 있을 수 있다.

13) 이 연구는 이 세 가지 차원 외에 결사체의 기득권적 속성, 즉 간단히 말하자면 현상유지냐 아니면 현실을 변화시키고자 하느냐의 속성을 또 하나의 기준으로 제시하고 있다. 여기서는 과도하게 복잡한 논의를 피하기 위해 위 세 가지 차원의 기준만 제시하고 있다.

14) 물론 현실에서, 가령 특정 농촌 지역의 농협의 경우처럼 비교적 탈퇴의 용이성이 낮은 경우도 존재한다.

15) 이 경우도 한국의 전통적인 협동조합은 법정 단체로서 기본적으로 국가의 법적 조직원리에 기초하고 있다고 보아야 한다.

를 들어 다른 조건이 같다는 가정하에서 탈퇴(exit)가 용이하지 않을수록 조직 내부의 목소리(voice)가 높아지고, 구성적 매개와 재화가 경제적인 경우(가령 경제적 조직원리에 기초하여 경제적 목적을 추구하는 조직) 공공영역 차원의 민주적 효과가 미미하며, 구성적 재화가 포괄적 사회재 혹은 공공재인 경우 비교적 높은 개인, 공공영역, 제도 차원의 민주적·공적 효과를 기대할 수 있다.

물론 이는 이론적 논의와 가설에 불과하며 이에 기초한 현실경험적 연구와 분석이 필요하다. 가령 (일반·사회적) 협동조합, 사회적기업, 마을기업 등 다양한 사회경제적 조직 유형별 민주주의적·공적 효과와 역할에 대한 연구가 가능하다. 특정 지역의 사회적경제 조직들이 어떤 유형의 조직들로 이루어졌는지에 대한 연구, 즉 사회적경제의 민주적 생태계에 대한 연구도 가능하며, 분석의 단위를 개별 사회적경제 조직을 넘어 사회적경제 네트워크, 사회적경제 조직과 다른 시민사회 조직/결사체 및 정부와의 관계로 넓혀 다양한 혼합적·복합적 효과와 역할에 대한 연구도 시도할 수 있다. 정부 차원의 사회적경제 관련 법·제도 설계에서도 사회적경제의 경제성뿐 아니라 민주성에 대한 근본적인 성찰과 정책적 고려가 필요할 것이다.[16]

3) 사회적경제와 대안적 정치, 대안적 민주주의

사회적경제 조직의 민주적 효과 논의와 괘를 같이하고 있는 연구 주제로서 다양한 대안적 정치 혹은 대안적 민주주의 논의가 존재한다. 우선 국내 연구 중 생활정치와 대안 민주주의 논의가 이에 해당한다. 생활정치 논의는 개인의 권리와 계급이익 실현을 위한 정치를 넘어 삶의 영역에서 구체적인 개인의 욕구

---

16) 가령 현재 한국의 「소비자생활협동조합법」에서 조합의 정치적 활동을 명시적으로 금지하고 있고, 현재 논의 중인 「사회적경제기본법(안)」에서도 사회적경제 조직의 정치참여를 근본적으로 제한하려는 움직임이 있으며, 이에 대한 보다 신중한 논의가 필요할지 모른다. 이외에도 농협 등 전통적 협동조합 근거 법의 국가조합주의적 성격, 사회적경제를 관할하는 정부부처의 할거주의, 사회적경제에 대한 금융 및 투자 활성화 정책 등 관련 법·제도·정책적 논의에서도 효율과 효과성뿐 아니라 민주적 함의에 대한 고려 또한 필요하다고 본다.

를 공적인 의제로 전환시킴으로써 시민적 정치주체와 공공성을 확립하는 생활 정치운동을 의미한다(하승우, 2009). 대안 민주주의 논의는 대의제 정치공간, 즉 의회와 정당 중심의 정치공간을 넘어 자립적이고 자치적인 지역공동체를 통하여 새로운 정치적 공간과 세력 및 행위를 창출하는 대안적 민주주의 운동이 필요하다는 아이디어이다(박주원, 2007). 이 두 논의에서 사회적경제는 마을공동체, 풀뿌리 자치조직 및 시민운동, 대안공동체운동 등 다른 결사체들과 함께 생활정치와 대안 민주주의를 실현하기 위한 시민사회의 주체로서 등장한다.

이러한 사회적경제와 대안적 정치 혹은 대안적 민주주의에 대한 서구 학계의 논의 또한 다양하다. 유엔사회발전연구소(UN Research Institute of Social Development, UNRISD)는 아예 경제성과 혁신의 문제에 치우친 사회적경제 개념 대신 사회적 연대경제(Social and Solidarity Economy, SSE)라는 개념을 제시하면서 사회적경제의 정치적·민주적 측면을 강조하고 있다. 여기서 정치는 대의제 민주주의의 제도권 정치 혹은 정책과정에서 협의적 참여 정도의 정치를 넘어 능동적 시민성에 기초하여 경제적 행위를 근본적으로 민주화시킨다는 대안정치를 의미한다. 그리고 사회적 연대경제의 명시적 목적으로 약자와 소외된 계층을 포용하는 민주주의, 권력강화(empowerment), 해방(emancipation)을 상정하고 있다(Utting, 2012, 2013; Utting et al., 2015; Laville, 2015).

인간 가치를 우선하는 경제적 삶, 즉 "경제의 인간화(Humanizing the Economy)"의 이름으로 협동조합을 대안으로 제시하고(Restakis, 2010), 〈표 1.10〉에서 보듯이 시장에 대한 민주적 통제를 위한 다양한 탈상품화(decommodification) 전략의 일환으로 사회적경제를 제시하기도 한다(Vail, 2010).

라이트(Wright, 2010, 2012)는 이러한 시도를 '경제에 대한 사회적 통제와 사회적 권력의 회복'으로 표현하면서 경제적 권력이 지배하는 기존 자본주의 질서의 권력지형과 비교하고 있다(그림 1.6 참조).

그는 이러한 방식을 과거 국가사회주의와 차별하여 새로운 '사회적' 사회주

〈표 1.10〉 탈상품화 전략

- 공정무역/등가교환
- 윤리적 거래/소비: 새로운 소비자운동(슬로푸드, 단순한 삶, 유기농 식품), 농업협동조합, 사회적 책임 투자, 기업의 사회적 책임, 반 스웻숍 캠페인, 지속가능한 관광
- 오픈소스/오픈액세스 운동(정보 공유): 오픈소스 운영체제, 오픈소스 브라우저, 과학 공유 (오픈액세스 저널, 인간게놈프로젝트, 과학교환), 정보 공유(저작권)
- 문화예술 공유자원의 선물경제: 문화유산, 비영리 예술가 또는 예술집단(예술영화, 예술 영화관), 공공지원예술(공영방송, 공공축제, 공공미술관), 공동체예술
- 환경 공유자원: 서식지 보존, 산림 관리, 지역토지신탁, 보존신탁, 국가의 농지 보호 또는 농지 보조
- 지역공공재: 개발도상국의 공공개방화장실과 물 공급, 도시 내 무료 자전거 대여, 공공도 서관, 주택신탁, 공공정원, 레크리에이션센터, 브라질·남아프리카공화국·멕시코에서 기 본욕구에 관한 사영화 반대운동, 자율적 사회센터들
- 사회적경제: 주택조합, 소작농협동조합, 의료협동조합, 데이케어협동조합, 직무훈련센터, 사회적기업(키부츠, 몬드라곤협동조합), 비영리 환경보존기업, 비영리 의원 및 의료공급 자, 우리사주기업
- 대안금융: 미소금융 프로그램, 지역화폐 거래체계, 대안화폐, 선물교환, 신용조합, 협동조 합은행, 상호조합
- 자산분배: 소액채권, 사회적 지분급여, 권리이전
- 사회적 보호: 실업보험, 주택·연금·건강보험, 미국에서 생활임금, 육아휴직 급여 증액
- 상호부조: 돌봄활동(가족돌봄, 데이케어센터), 의료원, 호스피스, 난민
- 무역협정 내 글로벌 노동 및 환경 보호 기준
- 기본소득
- 사회적 투자기금: 연금 민주화와 임노동자 기금을 통해 재원 조달
- 글로벌 재건기금: 외환거래세, 탄소세, 정부 기여 등으로 조성. 공공재, 의료돌봄(백신 구 매, 말라리아 모기장 보급), 특허개발기금
- 노동시간 감축, 노동자보건안전평의원회

의로 제시하면서, 사회적경제와 관련하여 다음 그림과 같은 세 가지 사회적 권력 강화 경로(Pathways to Social Empowerment)를 제시하고 있다.[17] 여기서 사회적경제와 비교하여 협동조합시장경제(cooperative market economy)는

---

17) 그는 국가 권력을 사회 권력에 종속시키는 것이 민주주의라면 사회주의는 경제 권력을 사회 권력에 종속시키는 것으로 표현하고 있다(Wright, 2010: 121).

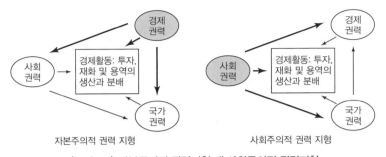

〈그림 1.6〉 자본주의적 권력지형 대 사회주의적 권력지형

출처: Wright(2012)

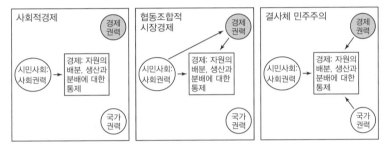

〈그림 1.7〉 사회적 권력 강화의 세 경로

출처: Wright(2010)

예컨대 캐나다 퀘벡 지역의 협동조합들의 네트워크로 이루어진 경제를 의미하며, 이 지역 사회적경제와 협동조합시장경제의 구심체이자 포괄적 결사체인 샹티에(Chantier de l'économie sociale)를 결사체 민주주의의 한 예로 제시하고 있다.

지금까지 살펴본 사회적경제와 대안적 정치 혹은 대안적 민주주의에 대한 국내외 논의들은 사회적경제에 대한 이론적·경험적 분석을 통하여 이러한 다소 이상적이고 급진적이기까지 한 아이디어의 가능성과 한계를 검토하고 이를 실현하기 위한 제도적·정책적·전략적 방안들을 탐색하는 방식으로 연구를 진행하고 있다. 이러한 의미에서 라이트의 지적처럼 이 연구들은 기본적으로 'Real Utopia', 즉 현실적으로 불가능해 보이는 유토피아를 실현해 보기 위한 이론적·담론적·실천적 연구를 지향한다.

4) 사회적경제와 민주적 거버넌스

'사회적경제와 민주주의'에 대한 연구는 사회적경제 조직 혹은 영역에만 국한된 분야가 아니며, 다른 조직 혹은 영역과의 혼종적 관계에 초점을 두고 있다는 점에서 거버넌스 논의와 밀접하게 관련되어 있다. 기본적으로 사회적경제는 시장과 국가의 실패에 대한 비판적 문제의식을 토대로 공동의 목표 달성 또는 문제 해결을 위해 주체와 영역의 경계를 넘어선 협력적 실천을 추구한다는 점에서 거버넌스 개념과 관련이 있다(Kjaer, 2004). 거버넌스는 사회적경제를 둘러싼 시장, 국가, 시민사회 행위자들 간 파트너십을 효과적이고 민주적으로 실현시키기 위한 방식이자 실천기제로서도 의미가 있다.

많은 연구들은 앞서 지적한 퀘벡의 '샹티에(Chantier)'의 사회적경제 모델의 성공요인으로 바로 민주적 거버넌스를 제시하고 있다(ILO, 2011; Wright, 2010; Mendell and Alain, 2015). 다음 〈그림 1.8〉에서 볼 수 있듯이 샹티에는 수평·수직·횡단적으로 다양한 정부 및 비정부 행위자들과 네트워크와 연대

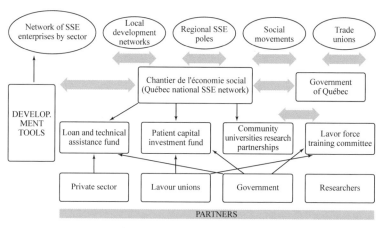

〈그림 1.8〉 '샹티에'의 거버넌스

출처: ILO(2011)

를 이루고 있고, 여기서 사회적경제의 정치는 의견제시(voice), 투쟁(contesta-tion), 옹호활동, 정책협의(co-construction), 협상, 네트워킹, 연대활동 등 다양한 형태로 민주적 거버넌스를 지향한다(Utting, 2015).

'사회적경제와 민주적 거버넌스'의 사례는 국내에도 존재한다. 가령 원주 지역처럼 협동조합 네트워크를 중심으로 사회적경제 활동과 대안적 지역발전을 추구하는 풀뿌리 거버넌스 사례가 있다. 다음 〈그림 1.9〉와 〈그림 1.10〉은 원주 협동사회경제네트워크의 구조와 원주 지역 풀뿌리 사회경제 거버넌스의 단면을 보여 주고 있다. 원주 지역에 대한 한 연구는 이러한 풀뿌리 거버넌스 네트워크 구축과 역량 강화 및 연대활동을 통하여 지역 차원에서 대안을 만들어 나갈 수 있었다고 주장한다(정규호, 2008). 성미산마을의 경우도 〈그림 1.11〉이 나타내고 있듯이 다수의 사회적경제 조직들이 포진되어 있으며, 이러한 사회적경제 조직과 네트워크 및 연대의 관계를 가지는 다양한 시민사회 조직들의 '결사체 민주주의'의 사례라 할 수 있다(김의영, 2014). 나아가 서울시 자치구의 시민정치에 대한 심층사례 분석 결과 다양한 민관협력에 기초한 사회적경제 사례들이 꿈틀거리고 있는 것을 알 수 있다(김의영 외, 2015).

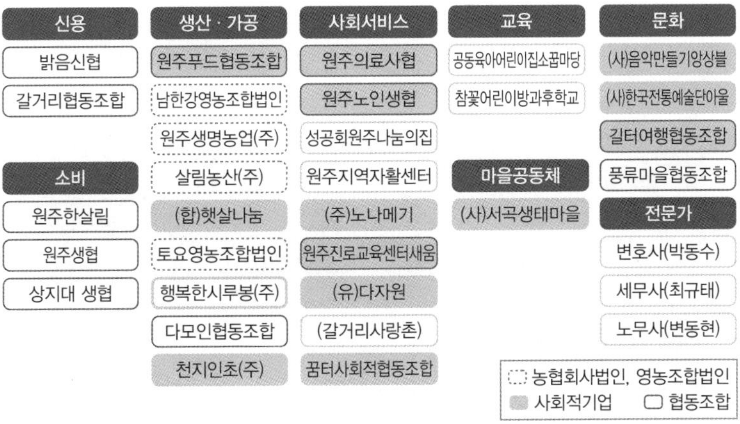

〈그림 1.9〉 원주협동사회경제네트워크

출처: 원주협동사회경제네트워크 홈페이지

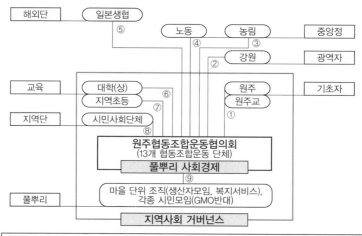

해외단	일본생협					
	⑤		노동	농림		중앙정
		④		③		
				강원		광역자
		②				
교육	대학(상)	⑥			원주	기초자
	지역초등	⑦			원주교	
지역단	시민사회단체				①	
	⑧					

원주협동조합운동협의회
(13개 협동조합운동 단체)

풀뿌리 사회경제

⑨

풀뿌리 — 마을 단위 조직(생산자모임, 복지서비스), 각종 시민모임(GMO반대)

지역사회 거버넌스

〈거버넌스적 실천사업 사례〉

①친환경 쌀 급식
②위스타트(WE START) 사업
③친환경농업 육성(로컬푸드 사업)
④사회적 일자리 창출, 사회적기업 육성
⑤국제교류, GMO Free Zone 운동
⑥시민인문학 강좌(원주 희망대학), 대학생협, 로컬푸드 포럼

⑦친환경 쌀 급식
⑧조례제정, 차 없는 거리문화 축제, 화상경마장 반대, 기업도시 골프장 건설 반대, 대운하건설 반대 등
⑨마을단위 생산자 조직, 조합원 학습모임 및 동아리활동 지원, 동네복지네트워크 조성(태장동 등)

〈그림 1.10〉 원주 지역 풀뿌리 사회경제 거버넌스

출처: 정규호(2008)

성미산학교
마을학교이자 자연과 어우러진 생태교육을 추구하는 대안학교. 아이들은 이 학교에 다니며 나무를 가꾸고 마을의 노인들도 돌보며 공동체교육을 접한다.

마을극장
2009년 2월 지역주민들에 의해 설립됐다. 주민들이 직접 참여하는 연극·음악·전시·퍼포먼스 등 다양한 예술 행위가 시도되는 공간이다.

작은나무
성미산마을 공동체에 참여하는 주민들의 사랑방 역할을 하는 카페. 가끔 독서토론회나 발표회 등 작은 이벤트도 열린다.

두레생협
생산지의 음식들을 직거래해 공급해주는 장터. 생활협동조합원으로 가입한 주민들은 이곳에서 매일 싸고 신선한 먹거리를 구입할 수 있다.

〈그림 1.11〉 성미산마을 지도

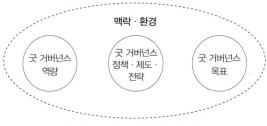

〈그림 1.12〉 굿 거버넌스 분석틀

출처: 김의영(2014)

〈표 1.11〉 굿 거버넌스 목표

참여와 분권	– 주민 참여의 양과 질 – 주민들의 실질적인 권한과 영향력
책임성과 공공성	– 결과에 책임을 물을 수 있고 책임을 질 수 있는가? – 공공성에 기여하는가?
효율성과 효과성	– 문제 해결에 기여하는가? – 현안 해결 외 어떤 효과가 있는가?

출처: 김의영(2014)

그렇다면 이러한 '사회적경제의 민주적 거버넌스'의 성패요인은 무엇인가? 구조적·제도적·정책적·실천적 요인들이 복잡하게 얽혀 있는 현실에서 간단한(parsimonious) 모델과 성패요인들을 선험적으로 제시하는 것은 불가능하지는 않지만 매우 힘들 것이다. 다만 사회적경제와 거버넌스 사례들을 경험적으로 연구하기 위한 분석틀과 성패를 가늠할 수 있는 거버넌스 목표를 제시하고 그 목표를 달성하기 위한 행위자의 주의주의적(voluntaristic) 요인들, 즉 제도·정책·전략적 요인들을 예시해 보자면 다음 그림과 표와 같다. 요컨대 이러한 분석틀 및 예시된 목표와 요인들에 비추어 사회적경제 사례 연구에서 거버넌스 행위자들이 어떤 맥락과 환경에 놓여 있으며, 어느 정도의 역량으로 어떠한 정책·제도·전략을 고안하여 어느 정도 소기의 목적을 달성했는지를 가늠해 볼 수 있다는 것이다.[18]

1장 | 사회적경제의 혼종성에 대한 정치학적 연구의 가능성: 조직지형, 국가 간 비교, 민주주의 **49**

〈표 1.12〉 굿 거버넌스 정책 · 제도 · 전략 예시

주민 결사체	• 결속적 · 연결적 사회적 자본 구축을 위한 각종 정치적 기업가 전략 - 연방적 혹은 중층적 구조화 - 선택적 유인책 고안 및 활용 - 기존 지역사회 네트워크의 재활용 - 관계적 조직화 - 심의 등 • 개혁적 견제세력 역할
정부	• 규제적 개입 - 로컬 거버넌스 네트워크에 대한 지방의회의 감시와 주기적 평가(최종 권한의 소재가 의회에 있음) - 로컬 거버넌스 네트워크에 대한 지방정부의 명확한 성과지향적 모니터링과 평가 - 심의 포럼 등 심의 기제 도입 - 정보 공개 및 투명성 제고 - 서비스 제공 결사체들에 대한 상환권(voucher) 제도의 도입 - 권력균형적 개입 포함 • 후원적/협력적 개입 - 주민참여에 대한 각종 인센티브 제공(정부후원적 시민조직화, 예: 포르투알레그리 시의 참여예산제) - 관료 · 주민 간 관계조직화 - 행위자 간 네트워크의 전략적 구축 - local unit 간 조정 - 지역사회 자산 활용 - 교육 및 학습 - 관료 조직문화의 개혁

출처: 김의영(2014)

5. 사회적경제 정책과정의 정치적 동학

마지막으로 사회적경제 법 · 제도의 제 · 개정 및 정책과정의 정치적 동학에 대한 연구도 흥미로울 수 있다. 즉 이를 둘러싼 정치세력 및 연합, 정치적 기회구조, 정책적 필요성에 대한 담론정치 등 제반 정치적 요인들을 분석할 수 있다. 가령 한국의 「협동조합기본법」을 둘러싼 정치적 동학은 그동안 진보적인 협동

---

18) 자세한 내용은 김의영. 2014. 『거버넌스의 정치학: 한국정치의 새로운 패러다임 모색』, 제3장 참조.

사회적경제의 혼종성과 다양성

조합 진영이 경험을 축적하며 성장해 왔으며 기본법 제정을 위한 연대를 구축하여 이니셔티브를 잡았다는 점, 정부의 입장에서 일자리 확충과 고용 안정이란 정책적 필요성으로 인해 이해관계가 맞아떨어졌으며 당시 사회적기업 정책의 문제를 해결해 줄 수 있는 대안으로서 협동조합을 선택했다는 점, 국제연합(UN)이 2012년을 '세계협동조합의 해'로 지정함으로써 우호적 환경을 제공했다는 점, 그리고 심지어 당시 이명박 대통령이 관심을 보였으며 야당 대표였던 손학규 의원이 대표 발의를 했다는 점 등 실로 다양한 정치적 요인들이 작용했음을 알 수 있다. 현재 국회에 계류 중인 「사회적경제기본법(안)」의 정치적 동학도 진보진영의 연대와 이니셔티브, 보수진영의 견제와 반발, 이를 둘러싼 학계와 관련 정책 커뮤니티의 담론정치, 사회적경제 주무부처 간 관료정치, 심지어 법안을 제안한 유승민 전 새누리당 원내대표에 대한 정치적 견제 등 여러 복잡한 정치적 요인들이 맞물려 돌아가고 있다고 볼 수 있다.

　이러한 사회적경제의 정치적 동학과 관련하여 아르헨티나와 브라질 사례에 대한 한 비교연구는 시민사회, 특히 사회적경제 관련 사회운동의 역량과 협동조합 부문의 응집력에 주목하고 있다. 즉 아르헨티나의 경우 정부 정책의 하향식 인기영합주의(pupulism) 전통과 비교적 허약한 사회운동 세력 및 협동조합 부문의 분열로 인해 사회적경제 정책이 주로 빈곤 및 고용문제 해소에 멈춘 미봉책으로 귀결되었다는 것이다. 반면 브라질의 경우 세계사회포럼(World Social Forum)의 경험과 '연대경제(solidarity economy)' 담론에 힘입은 강한 풀뿌리 사회운동 세력과 시민사회 조직들, 그리고 긴밀하게 통합된 협동조합 부문의 정치적 동원과 연대에 힘입어 보다 혁신적인 사회적경제 제도와 정책이 가능했다는 것이다(Coraggio, 2015). 사회적경제의 정치적 동학 연구에서 제도권 정치의 움직임에 대한 분석뿐 아니라 시민사회 부문의 역량과 정치적 동원 및 상승적 상호작용에 주목할 필요가 있다는 점을 시사하고 있다.

김의영. 2014. 『거버넌스의 정치학: 한국정치의 새로운 패러다임 모색』. 서울: 명인문화사.

_____ · 임기홍. 2015. "한국 사회적경제 조직 지형도." 『Oughtopia』. 30(1).

_____ · 미우라 히로키 편. 2015. 『한·중·일 사회적경제 Mapping』. 서울: 진인진.

_____ 외. 2015. 『동네 안의 시민정치: 서울대생들이 참여 관찰한 서울시 자치구 사례』. 서울: 푸른길.

노대명. 2007. "한국 사회적경제(Social Economy)의 현황과 과제-사회적경제의 정착과정을 중심으로." 『시민사회와 NGO』 5(2). 35-71.

_____ · 김신양 · 장원봉 · 김문길. 2010. 『한국 제3섹터 육성방안에 대한 연구』. 서울: 한국보건사회연구원. 서울: 대명기획.

박주원, 2007. "한국 민주주의의 또 다른 기원." 『기억과 전망』 17. 175-201.

서울시마을기업사업단. 2014. 『2013 서울시 마을기업 백서: 다른 경제. 새로운 희망 서울시 마을기업』. 서울: 솔텍.

신명호. 2009. "한국의 '사회적경제' 개념 정립을 위한 시론." 『동향과 전망』 75. 5-45.

_____. 2014. "사회적경제의 이해." 김성기 외. 『사회적경제의 이해와 전망』. 11-50. 서울: 아르케.

어니스트 칼렌바크 · 마이클 필립스. 손우정 · 이지문 역. 2011. 『추첨민주주의: 선거를 넘어 추첨으로 일구는 직접 정치』. 서울: 이매진.

엘리너 오스트롬. 윤홍근 · 안도경 역. 2010. 『공유의 비극을 넘어』. 서울: 랜덤하우스. (Ostrom, Elinor. 1990. *Governing the Commons*. Cambridge: Cambridge University Press.)

장원봉. 2007. 『사회적경제의 이론과 실제』. 서울: 나눔의집.

정건화. 2012. "민주주의, 지역 그리고 사회적경제." 『동향과 전망』 86. 7-43.

정규호. 2008. "풀뿌리 사회경제 거버넌스의 의미와 역할-원주 지역 협동조합운동을 사례로." 『시민사회와 NGO』 6(1). 113-148.

최나래 · 김의영. 2014. "자본주의의 다양성과 사회적기업: 영국과 스웨덴 비교연구." 『평화연구』 22(1). 309-343.

하승우. 2009. "한국의 시민운동과 생활정치의 발전과정." 『시민사회와 NGO』 7(2). 39-71.

한국사회적기업진흥원. 2013. 『사회적기업가 육성사업 우수사례집: 소셜챌린저 29』. 서울: 낮은문화사.

Aiken, Mike. 2006a. "영국의 사회적기업." 『국제노동브리프』. 4(6).

Ansell, Chris and Alison Gash. 2007. "Collaborative Governance in Theory and Practice."

JPART, 18.

Cabinet Office, Office of the Third Sector. 조영복·곽선화 역. 2006. 『영국의 사회적기업 육성 계획』. 서울: 시그마프레스.

Chell, Elizabeth., Nicolopoulou, Katerina., and Karataş-Özkan, Mine. 2010. "Social entrepreneurship and enterprise: International and innovation perspectives." *Entrepreneurship & Regional Development: An International Journal* 22, Issue. 6.

Coraggio, Jose Luis. 2015. "Institutionalising the social and solidarity economy in Latin America." in Peter Utting ed. 2015. *Social and Solidarity Economy: Beyond the Fringe.* London: Zed Books.

Defourny, Jacques & Patrick Develtere. 1999. "Social Economy: the Worldwide Making of a Third Sector." Jacques Defourny. Patrick Develtere. and Bénédicte Fonteneau. eds. Social Economy North and South. 17-47. HIVA. KULeuven.

_____ & Shin-yang Kim. 2011. "Emerging Models of Social Enterprise in Eastern Asia: A Cross-country Analysis." *Social Enterprise Journal* 7(1). 86-111.

Dryzek, John S. 2000. *Deliberative Democracy and Beyond: Liberals, Critics, Contestations.* Oxford: Oxford University Press.

EU. 2012. The Social Economy in the European Union. EU. http://ec.europa.eu/enterprise/policies/sme/promoting-entrepreneurship/social-economy (검색일: 2014. 7. 31.).

Evers, Adalbert, and Lavill, Jean-Louis. 2004. "Defining the third sector in Europe." Adalbert Evers and Jean-Louis Laville, eds. *The Third Sector in Europe.* Edward Elgar.

Fregidou-Malama, Maria, and Agneta Sundström. 2009. "Emerging Corporate Social Responsibility: Consumer Cooperatives in Sweden." University of Gävle.

Gardin, Laurent. 2006. "A variety of resource mixes inside social enterprises." Marthe Nyssens, eds. *Social Enterprise: at the crossroads of market, public policies and civil society.* Routledege.

Hall, Peter A. and David Soskice. 2001. *Varieties of Capitalism: The Institutional Foundations of Comparative Advantage.* Oxford: Oxford University Press.

Hirst, Paul. 2002. "Renewing Democracy through Associations." *The Political Quarterly.*

ILO. 2011. THE READER 2011: "Social and Solidarity Economy: Our Common Road towards Decent Work." Turin: Italy. 1-158.

Kjaer, Anne Mette. 2004. *Governance.* Cambridge: Polity Press. (안네 메테 키에르. 이유진 역. 2007. 『거버넌스』. 서울: 오름.)

Laville, Jean-Louis. 2016. "Social and solidarity economy in historical perspective." in Peter Utting ed. 2015. *Social and Solidarity Economy: Beyond the Fringe.* London: Zed Books.

McMurtry, J. 2004. Social economy as political practice, *International Journal of Social Eco-*

nomics. 31(9), 868-878.

Mendell, Marguerite and Beatrice Alain. 2015. "Enablingthe social and solidarity economy through the co-construction of public policy." in Peter Utting ed. 2015. *Social and Solidarity Economy: Beyond the Fringe.* London: Zed Books.

Nyssens, Marthe. 2006. "Sweden: social enterprises within a universal welfare state model." Marthe Nyssens, eds. *Social Enterprise: at the crossroads of market, public policies and civil society.* 206-221. Routledege.

Pestoff, Victor. 1998 & 2005. *Beyond the Market and State. Civil Democracy and Social Enterprises in a Welfare Society.* Aldershot, UK and Brookfield, NJ: Ashgate.

Polany, Karl. 1944. *The Great Transformation: the political and economic origins of our time.* Boston: Beacon Press.

Restakis, John. 2010. *Humanizing the Economy: Co-operatives in the Age of Capital.* Canada: New Publishers Societies.

Smith, Graham and Simon Teasdale. 2012. "Associative democracy and the social economy: exploring the regulative challenge." *Economy and Society* 41(2). 151-176.

Spear, Roger. 2001. "Social Enterprisee in UK." Carlo Borzaga, and Jacques Defourny, eds. *The emergence of social enterprise.* Routledge.

Stryjan, Yohanan. 2006. "The Practice of Social Entrepreneurship: Theory and the Swedish Experience." *Journal of Rural Cooperation* 34, Issue. 2.

Utting, Peter. 2012. "The Challenge of Political Empowement." UNRISD.

_____. 2013. "Social and Solidarity Economy: A Pathway to Socially Sustainable Development?" UNRISD.

_____. et al. 2014. "Social and Solidarity Economy: Is There a New Economy in the Making?" UNRISD Occasional Paper 10, Potentials and Limits of Social and Solidarity Economy.

_____. ed. 2015. *Social and Solidarity Economy: Beyond the Fringe.* London: Zed Books.

Vail, John. 2010. "Decommodification and Egalitarian Political Economy." *Politics & Society.* 38(3).

Warren, Mark E. 2001. *Democracy and Association.* Princeton: Princeton University Press.

Wright, Erik Orlin. 2010. *Envisioning Real Utopia.* London: Verso.

_____. 2012. "Taking the social in socialism seriously." Discussion Forum. *Socio-Economic Review.* 10.

2장

협동조합과 조직경제학

1

서론

　2013년 「협동조합기본법」의 제정과 이어진 여러 지방정부의 협동조합 진흥 정책들을 계기로 협동조합의 수가 급격하게 증가하고 있다. 협동조합의 의미에 대한 견해는 다양하다. 오랫동안 협동조합운동을 해 온 사람들은 협동조합을 시장경제의 대안으로 생각하는 경향이 있고, 이명박 정부하에서 협동조합 정책을 적극적으로 추진한 관료들은 협동조합을 시장경제의 잠재력을 극대화하기 위한 도구로 여겼을 수 있다. 이러한 관점의 차이에도 불구하고 참여자들의 자발적 협동을 통해 경제조직을 민주적으로 운영하며, 이를 바탕으로 구성원들의 복지 증진과 나아가 사회적인 기여를 추구한다는 점에서 협동조합의 활성화는 매우 환영할 만한 일이다. 그러나 정부의 지원이 초래할 수 있는 사회경제 조직의 정치화와 지대추구 등의 부작용을 우려하는 목소리도 적지 않다.

　「협동조합기본법」은 기존의 상법과 민법 체계하에서 불가능했거나, 매우 복잡한 과정을 거쳐야 했던 조직화 방식을 허용하고, 또한 이러한 조직들의 활동에 제약이 될 수 있는 법률적인 규제를 완화함으로써 협동조합 활동을 장려하는 효과를 지니고 있다. 즉 「협동조합기본법」의 일차적인 기대효과는 경제활동을 위한 조직의 형성을 용이하게 하는 것이다. 협동조합을 인적인 결사체로 정의하고 1주 1표가 아닌 1인 1표의 원리를 규정하는 것은 민주적 운영이 협동조합의 근본적 이념임을 의미한다. 「협동조합기본법」 제정 이전에는 개별협동조합법의 적용대상이 아닌 법인들의 경우 1인 1표의 운영원리를 채택하고자 해도 유한회사나 주식회사 등과 같은 형태의 법인을 설립한 이후에 내부적인 규정이나 관행에 의해 협동조합적인 운영을 실행해야 했다. 이러한 방식은 명목적으로 채택된 법인형태와 실질적인 운영방식의 괴리로 인한 갈등의 소지를 남기며, 실제로도 구성원들 간의 갈등이 표출될 때 내규나 관행에 따른 운영과 공식적인 법적 규정의 충돌로 이어지는 경향이 있었다.[1)]

경제활동의 조직형태에 대한 국가의 규제는 왜 존재하는가? 한편으로 그러한 규제는 시장경제의 초기 단계에서 상인과 수공업자 조직들의 배타적인 시장지배력을 확보하기 위한 지대추구의 결과이다. 그러나 다른 한편 경제조직의 활동에서 발생할 수 있는 도덕적 해이를 통제하고 이를 바탕으로 시장질서의 신뢰성을 제고하기 위한 국가의 적극적인 역할로 볼 수도 있다. 분명한 것은 한국에서 경제활동의 조직형태에 대한 국가의 규제는 '허용'의 형식, 즉 국가가 지정하는 특정한 형태를 취해야만 경제조직으로서의 법인격을 가지게 되어 다양한 형태의 조직화를 가로막는 경향이 있었다는 점이다. 노스 외(North et al., 2009)에 따르면 자발적인 조직화를 허용하는 것은 열린 질서의 핵심적인 요건이다. 협동조합 활성화 정책을 긍정적으로 보는 입장에서 볼 때 최근의 일련의 법제정과 정책들의 의미는 정부에 집중된 권력과 재벌 중심의 경제질서를 극복하고 사회 곳곳에 잠재된 역량들을 끌어내어 발휘될 수 있도록 하는 데 있다.

---

1) 예를 들어 "○○농산은 2008년 6월 '○○한살림소비자생활협동조합'에서 분리된 기름가공 협동기업이다. '○○농산'은 ○○한살림생협이 주축이 되어 설립하였지만 설립 당시에는 협동조합기본법 등이 없어 부득이 상법상 주식회사 형식을 취할 수밖에 없었다고 한다. 형식은 주식회사이나 지금까지 1인 1표의 협동조합적 운영원칙을 지켜 왔다. 그러던 것이 지난 3월 ○○농산 정기총회 진행과정에서 상임 대표 등이 상법에 위배된다는 논리를 내세워 지금까지 유지되었던 협동조합 방식의 1인 1표를 버리고 주식비례제를 채택하여 이사장을 선출하게 된다. 협동조합 방식을 유지해야 한다고 주장하는 인사들과 갈등이 발생하여 오늘에 이르고 있다"(박태순, 2013: 3).

이 글은 협동조합에 대한 조직경제학적인 이론을 소개하고 협동조합 조직화에 대한 함의를 도출하는 것을 목적으로 한다. 왜 조직경제학의 관점에서 협동조합을 보려 하는가? 조직경제학 또는 거래비용경제학은 합리적으로 자기이익을 추구하는 개인들을 상정한 상태에서 시장경제의 계약형태와 조직형태의 여러 가지 문제를 다룬다. 이런 면에서 보면 협동조합을 조직경제학적으로 검토하는 것은 현재 정부와 협동조합운동 진영에서 주로 채택되는 민주성과 사회적 기여를 중심으로 하는 관점과는 상당히 다르다고 할 수 있다. 그럼에도 불구하고 경제적 접근이 필요한 것은 협동조합이 분명히 경제조직으로서의 성격을 지니고 있기 때문이다. '공동의 소유와 민주적인 운영'을 통한 구성원들의 복지 증진과 사회에 대한 기여가 협동조합의 핵심가치라면 당연히 물어야 할 질문은 왜 협동조합이 가장 중요하거나 흔한 형태의 경제활동 조직형태가 아니며, 한국을 포함한 대부분의 국가에서 경제활동의 작은 부분밖에 차지하고 있지 못한가 하는 점이다.

협동조합이라고 하는 조직형식에 대한 법적인 제약이 풀리고, 나아가 다른 조직형태에 비해 유리한 정부의 지원이 가능하게 됨으로써 과연 협동조합은 기존의 경제조직 형태를 압도할 정도로 성장할 것인가? 이러한 질문에 대해 과도한 희망은 그에 못지않은 실망으로 귀결될 수 있다. 협동조합의 진정한 가능성과 한계에 대한 이론에 바탕으로 두지 않으면 그 한계를 극복하고 가능성을 실현하는 실천의 방식을 찾을 수 없게 된다. 협동조합의 비경제적 의의를 최대한 실현하기 위해서도 협동조합의 경제조직으로서의 성격에 대한 성찰이 요구된다. 이는 마치 자치의 가능성을 주창하는 오스트롬(Ostrom, 1990)의 논의가 개인의 편익과 비용에 대한 계산을 바탕으로 하여 그 위에 제도와 규범의 역할을 논하고 있는 것과 마찬가지의 원리이다.[2]

---

2) 오스트롬은 사람들이 행동을 결정하기에 앞서 비용과 편익을 고려한다고 보는 면에서 합리적 선택이론의 전통에 포함된다. 그러나 규범을 내면화할 수 있고, 복잡하고 불확실한 환경하에서 시행착오적 학습을 통해 행동의 방향을 수정해 나가는 존재로 본다는 점에서 협의의 합리적 선택이론에 비해서는

협동조합을 경제조직으로 볼 때 무엇보다 강조되어야 할 점은 경제조직의 일반적인 성공과 실패의 요인들이 협동조합에도 적용된다는 것이다. 아무리 이상적인 조직형태라 할지라고 부주의한 사업선택, 거래비용을 증가시키는 내적 운영체계, 조직 내 영향력 추구 활동과 도덕적 해이와 같이 신뢰와 효율을 떨어뜨리는 구성원들의 행태, 기업가적 창조성의 부족, 자원의 부족 등 여타 경제조직을 실패로 이끄는 요인들은 협동조합에서도 여전히 상존하는 위협이다. 현재의 협동조합 활성화 법령과 정책은 특정한 조직형태를 가능하게 하거나 지원하는 것이지, 그 조직형태의 성공을 보장하는 것은 아니라는 점을 명심할 필요가 있다.

　토크빌(Tocqueville)로부터 이어지는 결사체 민주주의론 전통 또는 달(Dahl, 1984, 1986)의 위계적 경제조직에 대한 민주주의 이론에 입각한 비판 등이 협동조합의 이론적인 기초가 된다면 이는 필연적으로 개인의 역량이나 집단, 공동체의 문화적 역량에서 협동조합의 동력을 얻으려는 것으로 귀결될 것이다. 그러나 경제조직이 경제의 논리를 뛰어넘는 것은 불가능하지는 않지만 흔히 발생하는 일도 아니다. 협동조합에 대한 경제의 논리는 언제 어디서 어떠한 형태의 협동조합이 성공할 수 있는지, 특정한 사회경제적 맥락하에서 협동조합 형태의 가능성과 한계는 무엇인지에 대한 이론적인 인식에서 출발해야 한다. 물론 이론과 현실은 정치적·제도적·문화적 맥락을 통해 만나게 되고, 가능성을 구현하거나 실패하는 최종적인 원인은 개인과 집단의 선택과 행동이다.

　하루에도 수십 개씩 새로운 협동조합이 결성되고 있는, 그야말로 협동조합운동의 르네상스라고 할 수 있는 현재의 시점에서 벌써 협동조합적 민주주의의 가능성에 대한 과도한 기대가 우려로 이어지고 있는 조짐이 보인다. 이는 협동조합을 민주주의의 렌즈를 통해서만 보려 할 때 생기는 기대가 현실의 장벽에 부딪히는 곳에서 생겨난다.

좀 더 풍부한 인간관을 제시한다.

위계와 돈이 지배해 온 사회에서 수평적 논의를 통한 민주적 결정은 가능한가? … 협동조합을 민주적으로 운영하기 위해서는 우선 우리에게 남아 있는 비민주적인 요소에 대한 자각이 필요하다(박태순, 2013).

작은 협동조합, 아직 자리를 잡지 못한 협동조합에서 조합원들끼리 혹은 임직원끼리 사랑이 식는 것은 살아가기 팍팍하고, 미래가 불투명하기 때문에 주로 발생하는 것 같다(김기태, 2015).

협동조합의 성공은 과연 우리 속의 비민주적 요소를 자각하여 청산하고, 사랑 가꿈을 통해서 가능한 것인가? 조직경제학은 협동조합의 성공 가능성과 그 조건에 대해 훨씬 더 분석적으로 구체적인 해답을 제시한다. 조직경제학은 투자자 소유 기업이 시장경제에서 중심적인 역할을 하는 이유에 대해 설득력 있는 이론을 제시하기는 하지만, 그렇다고 해서 협동조합적 형태가 불가능하다는 것을 주장하지는 않는다. 조직경제학은 또한 협동조합의 성공에 사람들의 노력, 창조성, 사랑, 민주주의적 운영의 능력, 내부의 규칙체계 등이 영향을 미치지 않음을 주장하는 것도 아니다. 조직경제학적 관점에서 협동조합을 분석하는 것은 행위자들의 노력이 행해지는 맥락, 참여하는 개인들의 합리적인 계산, 그 가운데에서 부딪히는 어려움을 이해하는 데 도움을 준다. 이러한 이해가 없는 협동조합에 대한 이상주의적인 소망은 실패로 귀결될 가능성이 높다.

시장경제에서 조직형태의 발전은 시장경제의 작동원리와 그 속에서 자기이익을 추구하는 경제주체들의 본성을 바탕으로 하고, 그 위에 문화와 제도가 영향을 미친다. 민주적 운영능력, 문화, 사랑 등은 시장경제의 원리에서 주어진 가능성과 한계의 범위 내에서 영향을 미치는 것이지 시장경제의 원리 자체를 근본적으로 바꾸지는 못한다. 따라서 정치적이고 인간적인 가치 이전에 합리적 분석을 바탕으로 협동조합을 이해하고, 그 위에 가치의 요소를 결합하는 방식을 찾아야 한다는 것이 조직경제학의 협동조합에 대한 메시지이다.

조직경제학의 관점에서 볼 때 시장경제에서 조직화의 근본적인 문제는 집합행동의 문제이다. 즉 생산을 위한 협업과 생산물의 거래과정에서의 무임승차, 기회주의, 도덕적 해이를 최대한 억제하면서도 협동의 시너지를 실현하는 조직과 계약의 형태를 발전시키는 것이 조직경제학에서 본 조직화의 근본 문제인 것이다. 역설적이게도 시장경제에서 조직을 통한 협동은 집합행동의 상황을 최대한 해소하는 것을 통해 이루어진다. 이는 조직을 집합적 결정의 문제로부터 최대한 자유롭게 만드는 것, 또는 조직을 비정치화하는 것을 의미한다. 즉 조직의 이익을 일차적 목표로 하는 집합행동이 아니라 개인의 자기이익 추구가 조직의 목적 달성으로 이어지게 하는 조직형태와 계약관계를 통해 집합행동의 문제를 해결하려는 것이다. 이는 애덤 스미스가 말한 시장경제의 원리, 즉 경제활동의 주체가 타인과 사회 전체의 복지 증진을 목적으로 삼지 않으면서도 결과적으로 거기에 기여하게 되는 원리가 조직화의 문제에서도 여전히 근본적임을 의미한다.

순수한 시장적 거래관계에서는 의식적인 조정(Barnard, 1938)의 필요성이 적지만 일단 조직화(Coase, 1937)를 선택하면 의식적인 조정의 필요성이 커지게 된다. 코즈는 시장과 조직의 선택이 거래비용에 의해 결정된다는 이론을 제시함으로써 거래비용경제학을 창시하였다. 더 나아가서 조직의 여러 형태들 간의 선택과 진화도 거래비용에 영향을 받을 것임을 알 수 있다(Williamson, 1985). 이러한 관점에서 보면 협동조합 형태가 시장경제의 보편적인 조직화 형태가 아니라는 것은, 협동조합이 자기이익을 추구하는 합리적 개인들 간에 발생하는 집합행동의 문제를 해결하는 데 가장 효과적인 방법이 아니라는 것을 의미한다. 협동조합의 조직화와 관련된 어려움들이 협동조합운동과 이를 지원하는 정부의 정책을 통해 얼마나 극복될 수 있는가? 경제적 요인들을 넘어서는 가치에 입각한 노력과 정부의 개입이 충분히 정당화될 수 있는 근거가 있는가?

이 글은 경제조직으로서의 협동조합의 가능성과 한계에 대한 조직경제학의 관점을 소개하고자 한다. 조직경제학을 부분집합으로 하는 신제도경제학 또는 거래비용경제학은 흔히 기능주의적인 이론으로 이해되고 비판되기도 한다. 즉 특정한 환경하에서 거래비용을 최소화하는 형태의 조직과 계약이 필연적으로 진화한다는 것이다. 조직경제학이 기능주의적 측면이 없다고 할 수는 없겠지만, 그렇다고 해서 조직경제학을 경제결정론으로 치부하는 것은 적절치 않다. 오히려 경제적 논리에 의한다면 어떠한 조직형태가 발전할 것인가라는 문제를 분석적으로 이해하는 것은 역사, 문화, 사상, 규범, 정부 정책, 행위자들 가치와 의지가 힘을 발휘하는 맥락을 분명히 한다는 의미가 있다. 즉 경제적 합리성의 논리는 시장경제에서 협동조합의 가능성과 그 가능성을 제약하는 난관들을 좀 더 분명히 이해하는 데 도움이 될 수 있는 것이다. 그러나 행위의 맥락 또는 구조적인 제약이 결과를 직접적으로 정하지는 않는다. 맥락과 구조는 가능성의 범위를 설정하고 어떤 목적이 다른 목적에 비해 달성하기 용이하거나 곤란하게 만든다. 가능성의 범위 내에서 궁극적으로 조직의 형태 및 그 성공과 실패를 결정하는 것은 인간의 개인적이고 집단적인 행위이다. 집단적 조직행위를 규율하는 가장 중요한 요인은 구성원들의 행동을 제약하는 규칙의 체계이다. 이는 제도라고 부를 수도 있고, 조직의 맥락에서는 공식적인 규칙체계와 비공식적인 행위규범을 포함한다.

행위자들의 편익과 비용에 대한 합리적 계산을 포함하면서도 행위의 맥락, 개인과 집단의 규범을 강조하는 집합행동에 대한 이론은 공유자원의 자치관리에 대한 오스트롬(Ostrom, 1990)의 분석이 대표적인 예이다. 오스트롬의 연구는 행위자 집단의 선택이 조직의 지속성에 어떠한 영향을 미치는가, 지속가능한 협동을 위한 제도의 특성은 무엇인가를 고민하는 데 좋은 준거점이 된다. 협동조합의 조직화 문제는 공유자원의 관리문제와 다르기는 하지만 집합행동의 문제라는 점, 그리고 규칙과 제도를 통해 집합행동의 문제를 극복할 가능성이 있다는 점에서 공통점이 있다. 따라서 이 글은 조직경제학의 협동조합이론을 검토한 후에 오스트롬의 집단행동 이론으로부터 협동조합 조직형태의 가능성의 실현과 난관의 극복에 대한 시사점을 얻고자 한다.

2

집합행동의 단위로서의 생산조직

애덤 스미스는 『국부론』의 서두에서 핀(pin) 만들기를 예로 들어 분업의 생산적 위력을 논하고 있다. 작업의 과정을 여러 단계로 단순화시켜서 나누어 여러 사람이 각자 한 공정을 담당하면 작업의 숙련도가 높아지고, 작업 간의 이동에 필요한 시간이 절약된다. 이렇게 분업을 통해서 핀을 생산하는 것은 한 명의 장인이 생산과정의 모든 단계를 수행하는 것에 비해 수백 수천 배의 생산성 증대를 가져올 수 있다는 것이다. 애덤 스미스는 생산성의 증대를 가져오는 분업이 어느 정도로 확장될 수 있는가는 시장의 규모에 달려 있다고 주장한다.

여기서 애덤 스미스가 논하지 않고 있는 시장경제 또는 자본주의 경제의 주요한 사실 중의 하나는 그러한 생산의 과정이 어떤 조직적 틀 내에서 이루어지는가이다. 분업의 위력에 대한 『국부론』의 묘사를 읽는 현대인들은 현대 시장경제의 조직형태에 대한 경험을 바탕으로 하여 실제로 애덤 스미스의 논의에서는 분명히 드러나지 않는 여러 가지 사실들을 당연한 것으로 전제하게 된다. 첫째, 분업이 '회사'라는 조직의 틀 내에서 이루어진다는 점, 둘째, 그 회사는 '자본가' 또는 '사장'이 '소유'하고, 생산과정을 수행하는 노동자들은 사장에 의해 고용된다는 점, 셋째, 회사의 소유자는 법의 한계 내에서 노동자에게 언제 어떤 일을 할 것인지를 명령할 수 있고, 필요에 따라 고용관계를 종결시킬 수 있다는 것이다. 사실 이러한 내용은 핀 제조과정에 대한 애덤 스미스의 묘사에서 분명하게 언급되지는 않는다. 하지만 이러한 소유와 고용 관계는 현대의 독자들이 무의식적으로 전제하는 시장경제에서의 생산과정 조직화에 대한 보편적인 관념이다. 이러한 관념에 따른 조직화 형태가 보편적인 것은 그것이 가장 일반적으로 관찰되는 생산조직의 형태이기 때문이다.

역사적으로 보나 이론적으로 보나 생산과정의 분업을 조직화하는 기술적인 방식이 반드시 자본가 소유 기업을 통해서만 실현되는 것은 아니다. 자본투자자가 노동자들을 고용하여 생산과정을 설계하고 통제하는 방식도 있지만, 생산과정에 직접 참여하는 노동자들이 공장과 생산도구를 소유하고 있을 수도 있다. 후자의 경우 생산조직의 의사결정 방식도 달라질 것이다. 그 공장이 소규모인 경우에는 노동자들이 모두 의사결정 과정에 참여하는 직접민주주의 방식을 채택할 수도 있고, 규모가 클 경우에 대표자들을 선출하여 일종의 대의민주주의 방식으로 회사를 운영할 수도 있다. 노동자들이 궁극적인 결정권을 가지지만 전문경영인을 고용하여 일상적인 결정을 위임하고, 그 전문경영인에 대한 선임과 해임의 권리를 가질 수도 있다.

생산조직에 대한 소유권의 가장 중요한 두 가지 구성요소는 '의사결정권'과 '이익수취권'이다. 양자 모두 법적으로 또는 계약에 의해 미리 명시적으로 정해져 있는 부분 이외에 대해 해당되기 때문에 '잔여적(residual)'이라는 수식어가 더해지기도 한다. 예를 들어 잔여적인 의사결정권이라는 것은 법으로 정해진 최대 노동시간과 최저임금, 법적으로 허용되는 작업방식 그리고 임금과 노동시간 작업환경 등에 대해 회사와 노동자가 맺은 계약의 틀 내에서 구체적인 내용을 회사 또는 그 소유자가 결정할 수 있다는 의미이다. 이러한 조직에 대한 소유권은 앞에서 예로 든 자본가 소유와 노동자 소유 이외에도 다양한 형태를 띨 수 있다. 재료공급자가 소유권을 가지거나 소비자가 소유권을 가지는 경우도 있고, 또는 현대의 비영리재단처럼 아예 소유권자가 설정되지 않은 조직이 경제활동에 참여하기도 한다.

알치안과 뎀세츠(Alchian and Demsetz, 1972)는 왜 생산조직의 소유형태가 고전적인 회사(the classical firm)의 형태를 띠게 되는가라는 문제를 신고전경제학의 틀 내에서 본격적으로 다루었다. 그들은 문제의 핵심이 생산조직에서의 산출에 각 개인이 얼마나 기여하였는가에 대한 측정과 이에 입각한 성과의 분배라고 주장한다. 여기서 우리가 직면하는 것은 고전적인 집합행동의 문제이다 (Olson, 1965). 여러 사람의 협동을 통해서 생산이 이루어지는 경우, 성과의 분배가 생산에 대한 각 개인의 기여와 밀접하게 연결되지 않으면 각자는 기여는 적게 하고 분배는 많이 받고자 하는 무임승차의 동기를 가질 수 있다. 이러한 무임승차의 문제가 고전적인 회사의 형태를 통해서 어떻게 극복될 수 있는가? 팀을 통한 생산에서 개인의 동기유인을 유지하기 위해서는 기여와 보상을 연계시켜 기여에 따르는 보상이 이루어지도록 해야 한다. 이를 위해 필수적인 첫 번째 요소는 각자의 생산에 대한 기여를 '측정(meter)'[3]하는 것이다.

　조직의 규모가 작고 각자가 하는 일이 유사한 공동작업의 경우에는 구성원들 간에 작업과정에서 자연적인 상호감시가 가능하다. 즉 감시비용이 적은 것이다. 따라서 만약 각자의 기여를 평가하는 데 적정한 방식으로 집합적 의사결정의 문제를 해결할 수 있다면, 측정의 문제가 생산자들 사이에서 지나친 거래비용을 초래하지 않고도 해결될 수도 있을 것이다. 그러나 대부분의 생산조직에서는 다양한 형태의 자원이 생산에 투입될 뿐만 아니라 생산의 결과가 투입요소들의 산술적인 합이 아니라 협동을 통한 시너지에 의해 만들어진다. 때로는 생산요소들이 공동으로 소유되는 것이 아니라 개인 소유의 생산도구가 공동작업에 사용되기도 한다. 이러한 경우에 각자의 생산에 대한 기여를 어떻게 정확하고 공정하게 측정할 수 있는가?

　한 가지 해결방법은 팀 구성원 중 한 명에게 타인의 기여를 측정하는 역할을 전담시키는 것이다. 감시 또는 모니터링(monitoring)이라고 부를 수 있는, 즉 무임승차에 대한 견제 역할을 전담시키는 것이라고 할 수 있다. 그러한 역할의 담당자는 생산과정에 직접 참여할 수도 있겠지만 어느 정도 규모가 있는 공동작업의 경우에는 감시의 역할 자체만을 전담할 수도 있다. 특화된 역할을 담당하는 감시자가 생산조직의 각 구성원의 기여를 측정하고 그에 입각하여 보상을 분배한다면 집합행동에서 동기부여의 문제가 해결되지 않을까? 그러나 문제는 그 감시자가 자신의 역할을 성실하고 공정하게 수행할 인센티브는 무엇인

---

3) 알치안과 뎀세츠는 기여의 측정과 성과의 분배를 지칭하는 단어로서 'meter'라는 용어를 사용한다. meter라는 영어 단어의 중의적인 의미를 활용한 것이다.

가 하는 점이다. 즉 오스트롬(1990[2010])이 말하는 제2 수준의 집합행동 문제 (second-level collective action problem)가 발생할 수 있다.

감시자가 정확하고 공정하게 자신의 역할을 수행하리라는 것을 어떻게 보장할 수 있는가? 알치안과 뎀세츠의 고전적인 '회사'에서 이 문제를 해결하는 방식은 팀 생산의 순이익에 대한 권리를 감시자에게 주는 것이다. 여기서 순이익은 팀 구성원들의 기여에 대한 보상을 제외한 것이다. 예를 들어 이자라는 형태로 이루어지는 자본의 기여자에 대한 보상, 임금을 통한 노동의 기여자에 대한 보상 등을 제외한 '잔여적 이윤(residual profit)'에 대한 권리를 감시자가 가지게 되는 것이다. 그러한 권리를 가진 감시자는 회사의 소유자가 된다. 소유자를 제외한 생산의 기여자는 소유권자와의 개별적인 계약을 통해서 보상을 받는다. 노동과 자본에 대한 어느 정도 경쟁적인 시장이 형성되어 있다면, 투입요소의 기여자들은 적정한 수준의 보상이 약속되지 않을 경우 회사와의 계약관계에 들어가지 않을 것이다. 따라서 소유권자가 설정되었다고 해도 그 이외의 팀 생산 기여자들은 시장의 원리에 의해 보호된다. 다른 한편, 소유권자는 개별 기여자들과의 계약을 해지할 수 있고, 잔여적인 이윤에 대한 권리를 가지기 때문에 과도한 보상의 요구를 통제할 수 있다.

소유권자로서의 감시자의 역할이 효과적으로 수행되기 위해서는 팀 생산의 산출에 대한 측정, 팀 구성원들의 행태에 대한 관찰을 통한 한계 기여의 측정이 필요하다. 이러한 역할이 효과적으로 수행되기 위해서는 성과의 분배, 작업의 내용과 방법에 대한 지시, 그리고 팀 구성원의 충원과 퇴출에 대한 권한을 소유권자가 가져야 한다. 이러한 전환을 통해 탄생하는 고전적인 회사에서 회사에 대한 소유권은 다음과 같은 권리들의 묶음(bundle)이다(Alchian and Demsetz, 1972: 783). 잔여이익에 대한 권리, 투입행위를 관찰할 권리, 생산요소 투입자들과의 계약에서 중심에 설 권리, 팀 구성을 변화시킬 권리, 이러한 권리를 타인에게 양도할 권리가 그것이다. 이와 같은 권리들의 묶음으로서의 회사에 대한 소유권이 집합적 생산에서의 무임승차 문제를 해결하기 위한 감시와 보상의 체계로서 등장하는 것이다. 팀 생산을 위한 고전적인 회사라고 하는 해결책은 팀 생산에 내재한 집합행동의 문제를 사유화를 통해서 해결하는 것이라고 할 수 있다. 여기서 표면적인 리바이어던, 즉 중심적인 권위자가 집합행동의 문제를 해결하는 사유화의 결과로 탄생한다는 일견 역설적인 결과가 도출된다.

젠슨과 멕클링(Jensen and Meckling, 1979)은 여기에 덧붙여 재정과 위험감수 문제가 투자자 소유의 회사형태가 보편적으로 되는 데 중요한 요인이라고 주장한다. 그들에 따르면 주식시장에의 노출 또는 거래 가능한 소유권 지분 없이는 사업체에 대한 전문적이고 공개적인 감시와 평가의 인센티브가 적으며, 결과적으로 경영에 대한 감시가 충분하지 않다. 따라서 사업의 지분이 거래 가능해야 하고, 그렇다면 지분의 소유자가 의사결정권을 가지는 것이 자연스럽다. 반면에 노동자 소유의 기업에서 직원들은 고도의 위험감수를 해야 하며, 노동자들은 이러한 위험감수를 회피하는 합리적인 결정을 내리는 경향이 있다.[4]

이상의 논의는 주로 왜 노동자가 아니라 자본가가 회사를 소유하는가의 문제를 다루며, 따라서 협동조합의 문제를 본격적으로 다루지는 않는다. 또한 노동자 소유는 협동조합의 유일한 형태도 아니다. 그렇지만 이러한 논의는 거래비용경제학의 관점에서 기업의 조직과 소유형태의 문제를 본격적으로 다루기 시작하였다는 의의를 지닌다.

3

한스만의 협동조합 이론

한스만(Hansmann, 1996)은 거래비용경제학을 바탕으로 기업의 소유권에

---

4) 이에 대해서는 Putterman(1984) 참조.

대한 일반 이론을 발전시키면서 그러한 분석틀 속에서 협동조합의 문제를 다룬다. 버나드(Barnard, 1938)와 마찬가지로 그는 기업을 여러 유형의 참여자 또는 후원자(patron)들의 네트워크 체계로 본다. 후원자들의 주요한 유형으로는 자본공급자, 노동공급자, 원료공급자, 소비자 등을 들 수 있다. 기업에 대한 소유권의 문제는 어떠한 유형의 후원자들이 기업에 대한 의사결정권과 기업의 잔여 이익에 대한 청구권을 가질 것인가이다.

한스만에 따르면, 어떤 유형의 후원자가 기업의 소유권을 가질 것인가는 각 유형의 후원자들이 직면하는 두 가지의 거래비용에 의해 결정된다. 각 유형의 후원자들은 기업을 소유하거나 또는 시장을 통해 기업과 거래하게 되는데, 기업의 소유는 후원자들이 직면하는 거래비용의 합을 최소화하는 방향으로 발전하게 된다. 다음 〈표 2.1〉은 기업을 소유하지 않을 때 발생하는 시장비용과 기업을 소유할 때 발생하는 소유비용의 유형을 정리해 보여 준다.

특정 후원자 집단이 기업을 소유하지 않고 시장을 통해 기업과 거래하게 되면 '시장거래비용'이 발생한다. 시장거래비용에는 세 가지 종류가 있다. 첫째, 기업이 시장에서 독점적인 위치를 가지고 있는 경우, 기업의 우월한 시장권력이 기업과 거래하는 후원자 그룹에 비용을 초래할 수 있다. 예를 들어 소비자라고 하는 후원자 집단이 기업을 소유하지 않고 시장을 통해 거래하는 경우, 그 기업이 시장에서 독점적인 지위를 가지고 있다면 독점가격에 의해 시장거래의 잉여가 기업에 일방적으로 귀속될 수 있다. 소비자 집단이, 예를 들어 소비자협

〈표 2.1〉 기업의 소유 여부에 따른 비용의 유형과 발생원인

시장거래비용	기업의 시장지배력 – 독과점 비용 잠김효과(lock-in effect) – 자산특정성 정보비대칭성
소유비용	감시비용 – 관리자와 직원의 도덕적 해이 집단적 의사결정 비용 위험부담 비용

출처: Hansmann(1996), Chs 2-3에서 재구성함.

동조합 등의 형태로 기업의 소유자가 되면 이러한 시장비용은 부담하지 않게 된다. 둘째, 자산특정성(asset specificity, Williamson, 1985)과 같이 후원자가 기업과의 거래에 특화된 자산에 투자하게 되어 기업이 사후적인 시장권력(ex post market power)을 가질 수 있고 이에 따른 거래비용이 발생할 수 있다. 기업을 소유하지 않는 노동자가 기업에 특화된 인적 자본에 투자하거나, 혹은 기업의 재료공급자가 거래를 위한 특화된 시설에 투자하게 되는 경우 이러한 비용이 발생한다. 특화된 자산은 일반적인 시장가치를 지니지 않기 때문에 기업은 그에 대한 정당한 보상을 제공하지 않을 수 있는 것이다. 셋째, 기업과 후원자 그룹 사이의 정보의 비대칭성(asymmetric information)으로 인해 후원자 집단에 거래비용이 발생할 수 있다. 예를 들어, 제공하는 재화와 서비스의 질에 대해 구매자에 비해 더 많은 정보를 가지고 있는 기업이 낮은 질의 재화나 서비스를 공급할 수 있다. 후원자가 기업을 소유할 경우 이러한 비용은 없어지거나 크게 줄어들게 된다.

이와 같은 시장거래에 따른 비용을 줄이기 위해 특정 그룹의 후원자들은 기업을 소유하는 것을 고려할 수 있다. 즉 기업을 운영하고 잔여이익에 대한 권리와 기업에 대한 지분을 매각할 권리를 가지는 대신, 소유에 따른 경제적인 위험 또한 감수하는 것이다. 여기에는 세 가지 종류의 소유비용이 수반된다. 첫째는 감시비용(monitoring cost)이다. 비소유자인 관리자(managers)와 노동자들이 기업과의 계약관계에 의해 보상을 받을 경우, 기업과 피고용자의 관계에는 주인−대리인 문제가 발생한다. 주인−대리인 문제를 해결하기 위해서는 업무의 성과에 따라 보상의 수준과 고용의 유지 여부가 결정되어야 하는데, 이를 수행하기 위해 지출되는 비용 그리고 이러한 활동이 제대로 수행되지 못해서 발생하는 비용이 감시비용이며, 이는 대리인 비용(agency cost, Jensen, 1986)이라고도 불린다. 다른 조건이 같다면 적은 감시비용으로 소유권을 행사할 수 있는 후원자가 효율적인 소유자가 될 수 있다.

소유비용의 두 번째 유형은 집합적 의사결정 비용이다. 의사결정 비용은 기업의 소유자가 1인 이상일 때 발생한다. 여러 명의 소유권자들 사이에는 이해관계나 의견의 불일치로 인해 갈등이 발생할 수 있으며, 집합적 의사결정이 일부 소유권자에 대해 부정적인 결과를 초래할 수도 있다. 이처럼 의사결정 과정 자체에 소요되는 비용과 의사결정의 결과로 소유권자들 중 일부에게 전가되는 부정적인 효과를 기업의 의사결정 비용이라고 한다. 소유권자의 수가 적고 이해관계가 동질적일수록 소유에 따른 거래비용이 적다. 또한 서로 다른 이해관계를 가진 소유권자들 사이에서 이익의 균형을 잡을 수 있는 단순하고 견고한 의사결정 원칙이 있을 때 소유에 따른 비용은 줄어든다.

기업의 소유에 따르는 비용의 세 번째 종류는 위험부담 비용이다. 기업을 소유하면 이윤에 대한 권리를 갖지만 또한 실패에 따른 재정적인 책임을 지게 된다. 즉 기업을 소유하는 경우에는 시장을 통해 기업과 거래하는 것에 비해 기업의 성공과 실패에 의해 재정적으로 크게 영향을 받는 것이다. 자산 포트폴리오의 다각화를 통해 위험을 분산할 수 있는 후원자가 기업을 소유할 경우에 이러한 비용이 감소하는데, 대표적으로는 자본소유자가 이와 같은 후원자의 유형에 속한다. 위험부담 문제는 대부분의 기업이 자본의 투자자에 의해 소유되는 현실에 대한 가장 일반적인 설명이다. 그러나 때로는 소비자들 역시 소유에 따르는 위험을 부담하기에 유리한 위치에 있을 수도 있다.

한스만은 기업을 누가 소유하는가에 따라 여러 종류의 거래비용의 합이 달라지며, 거래비용의 합을 최소화하는 방향으로 기업의 소유권이 진화하는 경향이 있다고 주장한다. 먼저 가장 흔한 형태인 투자자 소유 기업의 경우를 보자. 이론적으로는 기업이 경쟁적인 대출시장을 통해서 자본을 조달할 수 있기 때문에 시장권력, 즉 기업이 자본투자자에 대해 독점적인 위치를 가짐으로써 발생하는 협상력이 투자자가 기업을 소유해야 하는 이유가 되지 못한다. 그보다는 투자자가 소유자가 아닐 경우에 발생하는 사후적인 시장권력인 잠김효과(lock-in effect)의 문제와 정보의 비대칭성에 따른 기회주의의 문제가 투자자가 기업을 소유하게 하는 강력한 요인이 된다. 정보의 비대칭성 문제는 유한책임을 지는 기업이 빌린 자본을 소유권자의 개인적인 용도로 사용하거나 위험이 큰 사업에 투자하는 경우에 발생한다. 빌린 자본을 위험한 사업에 투자하는 경우 사업이 성공하면 일정한 이자를 지불한 나머지 이윤 전체가 기업에 귀속되고, 사업이 실패하여 기업이 파산하면 그 손실의 대부분이 투자자에게 전가된다. 담보나 저당의 설정을 통해 이 문제를 해결할 수도 있겠지만 이에는 한계가 있다. 기업이 빌린 돈으로 투자한 자산에 대한 저당권은 그 자산이 기업에 특화된 경우에 현금화가 어렵고, 또한 기업 소유자의 개인적인 자산을 담보로 하는 경우는 그 규모의 한계로 인해 대출 액수가 크게 제한되는 문제가 있다. 이러한 비용은 투자자가 기업을 직접 소유함으로써 상당 부분 해소될 수 있다.

투자자가 기업을 소유하는 것의 큰 장점은 위험분산이 가능하여 위험의 감수로 인한 비용을 줄일 수 있다는 점이다. 이는 현대의 주식회사 형태에서 가장 전형적으로 드러난다. 반면 투자자 소유의 가장 큰 단점은 감시비용이 높다는 점이다. 투자자 소유에 따르는 감시비용은 기업의 규모가 크고 소유자가 일상적인 경영으로부터 분리될수록 커진다. 대규모 주식회사에서 전문적인 경영인을 고용하여 기업의 운영을 맡길 경우, 경영자와 소유자의 이해관계의 이질성과 다수의 소유자 간 책임의 분산으로 인한 대리인 비용이 발생하게 된다. 기업에 대한 적대적 인수(hostile take-over) 시장이 대리인 비용에 따른 비효율성을 견제하는 역할을 하기는 하지만 그 효과는 제한적이다.

집단적 의사결정 비용의 측면에서 볼 때 투자자 소유 기업은 장점과 단점을 동시에 가지고 있다. 무엇보다 큰 장점은 자본투자자들 간 이해관계의 동질성이다. 투자자-소유자의 일부가 기업 내적으로 특수한 거래관계에 있지 않은 한 모든 투자자들은 이윤의 극대화라고 하는 동질적이고 특정하기 쉬운 단순한 목표를 지니는 것이다. 그러나 대규모의 자본을 필요로 하는 사업의 경우 투자자-소유자의 수가 많고 그에 따른 집합적 의사결정 비용이 커질 수 있다.

다음으로 근로자, 즉 직접적으로 생산 또는 서비스를 담당하는 후견인 집단에 의한 소유의 장단점을 생각해 보자. 먼저 두드러진 사실은 스페인의 몬드라

사회적경제의 혼종성과 다양성

곤 협동조합(Mondragon Corporation)이나 미국의 합판 제조업과 같은 몇 가지 잘 알려진 예외가 있기는 하지만, 제조업 분야에서 직원 소유 기업이 오랫동안 지속되는 경우가 드물다는 점이다. 노동자 소유의 가장 큰 장점으로 고려할 수 있는 요소는 정보의 비대칭성으로 인한 도덕적 해이의 문제를 다른 형태의 기업보다 잘 해결할 수 있을 것이라는 점이다. 노동자가 아닌 다른 후견인 집단이 기업을 소유할 때 필연적으로 노동자에 의한 도덕적 해이 문제가 발생할 수밖에 없는데, 노동자들이 직접 회사를 소유하면 이 문제가 크게 완화될 것으로 생각할 수 있다. 물론 노동자들의 수가 많은 경우에는 집합행동의 문제가 주인-대리인 관계에서의 도덕적 해이의 형태가 아니라 다수의 주인들 사이에서의 무임승차 문제로 나타날 수 있다.

한스만은 잠김효과나 협상비용과 같은 시장적 거래비용이 노동자 소유의 성공과 실패를 설명하는 핵심요소가 아니라고 주장한다. 위계적인 노동에 따르는 '소외'의 문제 역시 노동자 소유의 발생에 대한 근거로 제시되고 있기는 하지만, 노동자 소유가 흔한 산업 부분은 오히려 소외의 문제가 자본가 소유 기업의 형태를 취하더라도 심하지 않을 수 있는 소규모 전문직에서 종종 관찰된다는 점으로 미루어 이 역시 핵심적인 요소는 아닌 것으로 보인다.

이상의 고려는 시장비용이 아니라 소유비용이 노동자 소유 기업의 성공과 실패를 이해하는 데 더 중요한 요인임을 의미한다. 소유비용 중에서도 대리인 비용이나 위험감수의 요인보다 더 결정적인 것은 노동자 소유에 따른 집단적 의사결정 비용이라는 것이 한스만의 주장이다. 이는 노동자 소유 기업을 '경제적 민주주의'의 관점에서 정당화하고자 하는 입장에 대한 매우 중대한 비판이라고 할 수 있다. 노동자가 기업의 운영권을 가지거나 실효적으로 참여하는 것이 민주주의적 가치에 입각해 볼 때 유의미하고, 더 큰 정치공동체의 구성원으로 역할하기 위한 훈련의 장으로서도 의미를 가진다고 주장된다. 그런데 집단의사결정 비용이 노동자 소유의 가장 큰 장애라고 하는 것은 앞선 주장이 비현실적이라는 것이다. 즉 민주주의적 가치로 극복될 수 없는 집합행동의 문제가 노동자 소유의 기업형태에서 필연적으로 귀결된다는 주장인 것이다. 한스만은 규모가 작고 매우 단순한 형태의 생산조직이 아닌 경우 노동자들 사이에서 필연적으로 이해관계와 입장의 차이가 발생하게 된다는 것을 지적한다. 어떤 공장을 유지하고 어떤 공장을 폐쇄할 것인가, 어떤 공정을 자동화할 것인가와 같은 경영상의 결정, 작업의 종류, 경력, 숙련도에 따라 임금을 어떻게 정할 것인가와 같은 성과 배분의 문제에서 이해가 상충할 수밖에 없는 것이다.

어떠한 경우에 노동자 소유가 성공적인가? 이러한 논의로부터 자연스럽게 귀결되는 것은 일의 종류, 기술의 종류, 기술의 수준 및 작업에 필요한 위계와 협업의 정도 등에서 노동자들 사이에 이질성이 높은 경우 노동자 소유 기업이 드물 것이라는 점이다. 성공적이거나 성공적이었던 대부분의 노동자 소유 기업에서는 노동의 균질성이 높다. 예를 들어, 파트너들이 공동소유하는 동업 법률회사에서는 동업자들 간의 동질성이 매우 높다. 또한 미국 서북 해안지역에서 한때 활발했던 합판협동조합에서는 대부분의 노동자들이 비숙련 또는 반숙련이며, 직무순환 등을 통해서 이해관계의 동질성을 유지하였다. 운전기사들이 공동으로 소유하는 운송협동조합 등도 마찬가지로 이해할 수 있다. 어느 정도 규모가 되는 노동자 소유 기업에서는 비소유자인 전문경영인을 고용하여 기업의 일상적인 운영을 위임할 수도 있다.

물론 소유자 집단의 이질성이 반드시 집합행동의 실패로 귀결되는 것은 아니다. 이질성과 집합행동의 관계는 조직의 구조와 규칙체계가 어떻게 구성되고 조직이 어떻게 운영되는가에 달려 있다. 집합적 의사결정의 비용을 낮추어 주는 지배구조의 대표적인 예는 동일 임금이다. 앞서 언급한 합판제조업 협동조합뿐만 아니라 개인의 한계 기여를 측정하는 것이 어렵지 않은 동업 법률회사에서도 파트너 간에 보수를 균등화하는 경향이 있는데, 이는 제도적으로 이해관계를 동질화시키고 갈등을 억누르는 단순한 규칙을 도입한 것으로 볼 수 있다. 보수뿐만 아니라 일의 종류와 시간까지도 균등화하려는 경향이 발견되고, 균등화가 어려운 역할을 담당할 구성원들은 공동소유자로서가 아니라 시장계약을 통해서 피고용인의 형태로 참여시킨다. 이러한 노력은 분업의 세분화를 제한하고 기여와 보상의 연계를 약화시키기 때문에 기업 성장에 한계요인이 된다. 한스만의 이론은 집합행동의 문제가 노동자 소유의 가장 큰 장애라는 데에서는 알치안과 뎀세츠(Alchian and Demsetz, 1972)의 주장과 일치하지만, 그 핵심은 기여에 대한 감독의 문제가 아니라 집합적 의사결정의 문제라고 보는 데서 차이가 있다.

앞에서 기업 소유권의 문제를 투자자와 노동자 소유를 중심으로 살펴보았는데, 현실의 협동조합은 여타의 후견인 집단이 소유하는 경우도 많다. 자본가 또는 노동자 소유가 아닌 협동조합의 경우에 대해서도 시장거래와 소유에 따른 거래비용을 중심으로 한 설명이 가능하다. 예를 들어 소비자들은 수가 많고 소비가 일시적이기 때문에 조직화가 어려우며, 따라서 소유에 따른 비용이 크다. 동시에 어느 정도 경제성이 있는 시장에서는 소비자가 기업과 시장을 통해 거래할 때 부담하는 시장거래의 비용이 크지 않다. 이러한 요인들은 왜 소비자 소유 기업이 흔하지 않은지를 설명한다. 즉 소비자협동조합은 학교의 서점이나 광산 지역의 식료품점과 같이 판매자의 시장지배력이 높아 소비자의 입장에서 볼 때 시장거래비용이 크고, 반면 소비자들이 지역적으로 집중되어 있어 조직화가 쉽고 소유에 따른 집합적 의사결정 비용이 적은 경우에 많이 나타나는 것이다. 이는 물론 우리나라와 여러 선진국에서도 상당히 활성화되고 있는 식료품 유통과 소매에서의 소비자협동조합을 설명하지는 못하는 것으로 보인다. 소비자협동조합은 특정한 유형의 상품이나 서비스에 대한 강하고 동질적인 선호를 지닌 소비자들이 있으며, 이 유형의 소비자들이 협동조합의 비경제적 가치에 대해 깊이 공감하는 경우에 성공적으로 생겨난다.

그 외에 협동조합의 드물지 않은 형태는 소매업자들이 공급업체인 도매업자를 공동으로 소유하는 경우인데, 예를 들면 식료품, 철물, 그리고 뉴스 등의 공급업체가 소매업자들의 협동조합 형태를 띠는 경우이다. 도매업에 규모의 경제가 크게 작용하는 경우 도매업자는 소매업자에 대해 독점적인 지위를 가지게 되며, 이는 소매업자의 입장에서는 시장비용이 된다. 소매업자들이 도매업을 공동으로 소유하는 것은 이러한 시장거래비용의 문제를 해결하기 위한 것으로 볼 수 있다. 또한 다수의 소매업자가 하나의 도매업 브랜드로 마케팅함으로써 비용 대비 수익을 최적화할 수도 있다. 소매업자는 대체로 한 도매업체에 대해 장기간 대량의 상품을 거래하기 때문에 최소한의 비용으로 도매업체를 감독할 수 있다. 즉 소유의 경우에 발생하는 감시비용이 크지 않은 것이다. 또한 도매업체는 특화된 자산을 가지지 않는 경우가 많다. 협동조합적 소유형태가 자주 나타나는 농장 공급업체의 경우는 공급자들이 장기간에 걸쳐 대량의 상품을 거래하며 농가들이 지리적으로 결집되어 있어 감시에 유리한 점 등 낮은 소유비용을 통해 설명될 수 있다.

시장비용과 소유비용의 관점에서 기업의 소유권을 설명하는 한스만의 이론은 비영리단체의 경우 왜 소유권자가 아예 설정되지 않는가 하는 문제에 대한 설명도 제공한다. 비영리단체에 소유권자가 설정되지 않는다는 것은 조직 활동의 잔여적 이익에 대한 청구권자가 없다는 것이다. 자선단체 또는 소비자들의 자발적인 기여에 의해 유지되는 공영방송5)의 경우에 기업의 활동이 특정한 후원자 집단에 대해 극심한 정보비대칭성의 문제를 발생시킨다. 자선단체에 기부하는 사람들은 단체의 활동을 통해서 타인들에게 혜택을 주고자 한다. 이 경우 문제는 자신이 기여한 돈이 도움이 필요한 사람들에게 적정한 혜택을 제공하는지, 아니면 단체의 운영자들에 의해 전용되거나 낭비되는지를 판단할 수 있는 근거가 매우 적다는 점이다. 또한 자발적 기부에 의해 운영되는 공영방송의 경우에는 기여자가 방송의 소비자이기는 하지만 방송의 공공재적인 성격 때문에 자신의 기여 또는 구매에 따른 서비스의 한계 증가분을 확인하기가 매우 어렵다. 그런데 자선단체나 공영방송에 기부하는 사람들이 그 조직의 소유권자가 됨으로써 정보비대칭성 문제를 해결하는 것은 상상하기 어렵다. 그렇다고 다른

---

5) 대표적으로 미국의 공영방송인 PBS를 들 수 있다.

유형의 후원자, 예를 들어 자선단체의 경영자나 근로자가 그 조직의 소유권 특히 잔여이익 청구권을 가지는 것은 도덕적 해이의 문제를 극도로 심화시킬 가능성이 있다. 이러한 가능성은 기부자들의 기부동기를 약화시킨다. 따라서 이러한 조직들에서는 아예 소유권자를 설정하지 않음으로써, 즉 기업을 비영리로 유지함으로써 문제를 완화시키고자 한다.

한스만의 협동조합 이론은 경제조직의 소유권 문제를 거래비용경제학의 일반적인 관점에서 논하는 가운데, 협동조합 소유형태가 가지는 가능성과 한계를 구체적인 사회적·산업적 맥락에서 생각하게 해 준다는 의미가 있다. 특히 협동조합이 직면하는 가장 중요한 도전이 외적인 것이라기보다는 내부적인 집합적 의사결정 문제라는 것을 보인 데에 큰 의미가 있다. 집합적 의사결정의 어려움은 구성원 간의 이질성에 의해 증폭된다. 이질성의 문제는 협동조합의 창립보다는 그 운영과정에서 부딪히는 문제들, 그리고 협동조합의 성공 이후 조직의 소유형태를 유지하는 데 도전이 될 수 있다. 경제조직은 변화하는 시장환경에 끊임없이 적응해 나가야 한다. 그런데 혁신은 조직의 내적 질서를 교란시키는 역할을 한다. 협동조합의 성공은 필연적으로 조직의 성장과 내적인 이질성의 증대를 가져오고, 이는 초기에 소규모의 동질적인 구성원들을 바탕으로 해서 가능했던 민주적인 거버넌스에 대한 도전이 된다.

한스만의 협동조합 이론은 몇 가지의 한계를 가지고 있다. 경험적인 사례를 논하는 데 미국의 경험에 크게 의존하는 점, 그리고 협동조합의 핵심문제가 내적인 거버넌스임을 지적하기는 하지만 성공을 위한 내적 조직화에 대한 체계적인 이론은 없다는 점 등이 그것이다. 물론 이는 한스만 이론의 치명적인 한계라기보다는 앞으로의 연구과제라고 볼 수 있다.[6)]

---

6) Bonin et al., 1993은 협동조합 이론의 경험적 검증을 위해 가장 필요한 것은 기업 단위의 데이터를 시계열적으로 축적하는 것이라고 주장한다.

4

오스트롬의 자치이론과 협동조합

협동조합의 성공적인 운영과 유지를 위해서는 어떠한 내적인 거버넌스 체계가 필요한가? 이 문제에 대해서는 아직 체계적인 이론이 존재하지 않는다. 오스트롬(Ostrom)의 집합행동과 자치제도 이론은 공유자원과 그 사용자 집단을 대상으로 발전하였지만 몇 가지 점에서 협동조합의 조직화에 대해 시사점을 주며, 체계적인 협동조합 거버넌스 이론을 발전시키기에 유용한 출발점이 될 수 있다. 여기서는 오스트롬의 이론에 대한 전반적인 소개는 생략하고[7] 오스트롬이 제시하는 공유자원의 성공적인 자치관리를 위한 8개의 디자인 원리(Ostrom, 1990: ch. 3) 또는 최선의 실행양태(Ostrom, 2010)가 협동조합의 조직화와 운영에 어떻게 적용될 수 있는지를 검토해 보도록 하겠다. 다음의 〈표 2.2〉는 오스트롬의 디자인 원리들을 요약해서 제시한다.

1) 명확한 경계

공유자원의 성공적인 자치관리는 사용자들이 장기간에 걸쳐 자원을 사용하며, 사용자 집단의 구성, 즉 누가 자원을 인출할 수 있는가에 대한 명시적 묵시적인 규칙이 분명하게 공유되고 집행되고 있을 때 가능하다. 이 원칙은 성공적인 협동조합 조직화를 위한 지침이 되기도 하지만, 다른 한편으로 협동조합 형태가 직면하는 도전을 의미하기도 한다. 비영리법인으로 규정되는 사회적 협동조합을 제외하고 대부분의 협동조합은 시장경제의 경쟁적 환경에 직면해 있다. 시장환경은 공유자원 환경에 비해 변화가 빈번하고 예측이 어렵다. 또한 구성원들이 협동조합 활동에 생계를 의존하는 정도는 오스트롬이 연구한 공유자원

---

7) 전반적인 소개는 안도경, 2013을 참조.

〈표 2.2〉 성공적 공유자원 자치제도의 디자인 원리

명확한 경계	자원 자체의 경계와 자원 사용자들의 범위가 분명하게 정의되어야 함.
현지 조건과 부합하는 규칙체계	규칙은 자원체계의 특성에 맞게 만들어져야 함.
집합적 선택의 장치	규칙에 의해 영향을 받는 사람들이 규칙의 제정과 변경에 참여할 수 있어야 함.
감시활동	구성원들에 의해 선출되거나 통제되는 감시자를 통해 감시활동이 이루어져야 함.
점증적 제재 조치	위반자에 대해서는 맥락과 빈도에 따른 직절한 제재가 가해져야 함.
갈등 해결 장치	분쟁을 해결하기 위한 저비용의 갈등 해결 장치가 있어야 함.
자치적 조직권의 보장	자치의 권리가 외부의 권위에 의해 도전받지 않아야 함.
중층적 사업단위	대규모 자원체계의 경우 규칙과 사업의 체계가 중층적·정합적이어야 함.

출처: 오스트롬(1990), 90, Table 3.1 참조

체계 사용자들의 자원에 대한 의존도보다 낮다. 물론 직원협동조합과 같이 조합원들의 생계가 협동조합에 크게 의존하고 있는 경우도 있지만, 이 조합원들역시 탈퇴(exit, Hirschman, 1970)의 옵션을 공유자원의 사용자들에 비해서는훨씬 더 쉽게 행사할 수 있다.

조합원 자격의 유동성을 엄격히 제한하는 것, 즉 신규 조합원의 가입과 기존조합원의 탈퇴를 어렵게 하는 것은 인적 경계의 안정성에 도움을 줄 것이다. 그러나 이는 조직을 정체하게 하고 사업적 역량이 있는 신규 조합원의 가입 인센티브를 줄일 것이다. 따라서 유동성과 조직 구성의 안정성을 최대한 조화시키는 가입과 탈퇴의 규칙이 필요하다. 현재 「협동조합기본법」은 "조합원 지위의양도 또는 조합원 지분의 양도는 총회의 의결을 받아야 한다."(제24조)라고 규정하여 조합 탈퇴가 상당한 비용을 초래할 여지를 남겨 두고 있다. 즉 지분을 포기하지 않는 탈퇴는 가능하지만 지분에 대한 보상을 받는 탈퇴는 다른 조합원들의 의지에 따라 불가능할 수 있는 것이다. 물론 이러한 규정은 협동조합 인적

구성의 안정성에는 기여할 것이다. 그러나 예상되는 부작용은 신규 회원의 가입 동기가 약화될 것이라는 점이다. 공유자원의 경우 신규 사용자가 들어오는 것은 1인당 가용한 자원의 양을 줄이는 부정적 효과가 있지만, 사업의 성장이 필요한 협동조합은 신규 회원의 가입과 출자가 필요한 경우가 많다. 어떻게 확장의 필요성과 경계의 명확성이라는 두 가지 요소를 조화시킬 것인지가 중요한 도전이 될 것이다.

2) 현지 조건과 부합하는 규칙체계

공유자원의 경우, 현지 조건과 부합하는 규칙체계는 제공(provision)과 사용(appropriation)의 규칙이 자원 및 공동체의 특성에 부합해야 한다는 것을 의미한다.[8] 이는 모든 상황에 적용되는 만병통치적인 규칙이란 없다는 것을 의미하기도 한다. 협동조합의 맥락에서 이 원리의 적용은 협동조합의 유형, 사업 영역, 역사 등 각 조합이 처한 구체적인 상황에 맞게 기여와 수익 배분의 규칙이 만들어져야 함을 의미한다. 직원 소유 협동조합의 경우 각자가 어떤 노동조건에서 얼마나 일을 할 것인지, 급여의 지급과 이윤의 배당을 어떻게 할 것인지 등의 문제에 대한 규칙에 합의하는 것이 특히 중요할 것이다. 소비자협동조합의 경우 조합원과 비조합원의 권리, 조합원 자격을 유지하기 위한 기여 및 구매의 조건 등이 사업의 특성에 맞게 마련되어야 한다.

3) 집합적 선택의 장치

오스트롬의 논의에서 이 원리는 조직의 일상적인 결정에 모든 구성원이 동등하게 참여해야 한다는 것을 의미하지는 않는다. 아주 소규모의 조직이 아니면 직접민주주의를 일상적으로 적용하는 것은 현실적으로 불가능하고 또한 큰 거래비용을 초래하게 된다. 중요한 것은 규칙의 제정과 변경에 조합원들이 참여

---

8) 공유자원의 관리에서 '제공'이란 댐을 보수하거나 치어를 방류하는 것과 같이 자원의 가용량을 늘리기 위한 행위를 말한다.

할 수 있어야 한다는 점이다. 「협동조합기본법」은 총회 또는 대의원총회를 통해서만 규약의 제정, 변경, 폐지, 그리고 조합의 합병, 분할, 해산, 휴업이 가능하도록 규정하고 있다. 협동조합 자체가 1인 1표의 원리를 바탕으로 하고 있으므로 참여적인 집합적 선택의 장치가 법적으로 요구된 것이다. 따라서 협동조합의 문제는 집합적 선택장치의 부재가 아니라, 그러한 장치가 의사결정 비용을 줄이고 내적인 갈등을 완화하는 방향으로 어떻게 운영되는가이다.

4) 감시활동과 점증적 제재

감시활동과 점증적 제재는 오스트롬의 자치제도 이론에서 핵심적인 중요성을 지닌다. 오스트롬은 인간이 협소하게 이기적인 존재라고 보지 않는다. 인간은 편익과 비용을 계산하기는 하지만 규범을 습득할 수 있고 무엇보다도 시행착오적 학습이 가능한 존재이다. 협동조합 소유형태는 투자자 소유형태에 비해 집합행동의 여지를 크게 남겨 두는 조직화 방식이며, 이러한 조직화의 성공은 무임승차 문제를 해결하여 협동을 지속해 나갈 수 있을 때 가능하다. 집합행동 상황에서 대부분의 사람들은 '조건부적인 협동자(conditional cooperator)'이다. 즉 무조건적으로 협동하거나 항상 무임승차하기보다는 다른 사람들이 협동한다면 나도 협동하고자 하는 성향이 일반적이다. 누가 규칙을 위반하는지에 대한 감시와 위반자에 대한 점증적인 제재 조치는 조직의 구성원들이 조건부 협동의 전략을 합리적으로 취할 수 있게 해 준다.

「협동조합기본법」의 큰 틀은 감시와 제재 활동의 맥락을 제공하기는 하지만, 그 구체적인 내용은 자체적으로 제정되는 조합의 규약에 달려 있다. 즉 법은 가입과 탈퇴 또는 자격상실과 관련한 요건을 규정하고 있기는 하지만, 조합원에 대한 퇴출이 아닌 형태의 제재에 대해서는 침묵하므로 이는 조합의 자치적인 정관에 의해 결정될 사항이다. 제재가 반드시 공식적인 형태를 띠거나 물질적인 손해를 입히는 형태를 띠어야만 하는 것은 아니다. 오스트롬이 보고하는 성공적인 자치의 사례들에서 가벼운 규칙 위반에 대해서는 비공식적인 제재가 이루어지는 경우가 많다. 공식적인 제재라고 하더라도 공개적인 해명의 요구, 상담 실시와 같이 물질적인 손해를 입히지 않는 형태로 이루어질 수도 있다. 규칙의 위반이 심각하거나 반복적으로 발생하는 경우에는 벌금, 배당의 축소, 자격의 일시적인 정지 등과 같은 심화된 형태의 제재를 가할 수 있을 것이다. 중요한 것은 규칙의 위반에 대해 적절한 제재가 가해져야 구성원들이 감시체제가 작동하고 있고 위반에 따른 불이익이 있다는 것을 인식한다는 점이다. 이는 행위자의 편익 계산에 영향을 주어 규칙 위반 동기를 약화시키는 일차적인 효과가 있다. 감시와 제재의 더 중요한 역할은 각 구성원들이 다른 구성원의 행동을 예측하는 데 영향을 주어 조건부 협동전략을 채택할 수 있도록 해 주는 것이다. 즉 감시와 제재의 규칙이 작동하고 있다는 인식이 공유되어 있으면 다른 사람들이 쉽게 규칙을 위반하지 못할 것이라고 믿고, 따라서 자신이 규칙을 지키는 것이 일방적인 손해가 아님을 믿게 되는 것이다.

5) 갈등 해결 장치

갈등 해결의 장치는 협동조합 내적인 장치와 외적인 장치로 나눌 수 있으며, 외적인 갈등 해결 장치는 다시 협동조합 연합조직 차원의 장치와 협동조합 체계 자체에 대해 외적인 장치로 나눌 수 있다. 협동조합 체계에 대해 외적인 갈등 해결 장치의 가장 중요한 것은 사법부를 포함한 정부기관일 것이다. 내적인 갈등 해결 장치가 중요한 이유는 규칙의 세부적인 내용이 자체적으로 정관과 규약에 의해 만들어져야 하기 때문이다. 조직원들이 분명하게 이해하고 또한 정당한 것으로 인식하는 규칙들이 마련되어 있으면 애초에 갈등의 소지가 적고, 갈등이 발생하더라도 저비용으로 해결할 수 있을 것이다. 하지만 모든 계약과 규칙 형태는 불완전하며, 조직의 운영과정에서 필연적으로 규칙의 적용과 관련한 갈등이 발생할 수밖에 없다. 섣불리 갈등 해결을 조직 바깥의 권위에 의존하는 것은 조직의 지속에 부정적인 영향을 끼치게 된다.

6) 자치권의 보장

「협동조합기본법」 제17조는 "협동조합의 운영 및 사업실시에 필요한 사항으로서 정관으로 정하는 것을 제외하고는 규약 또는 규정으로 정할 수 있다."라고 하여 조합의 자치권을 인정하고 있다. 이는 「협동조합기본법」과 기타 유관 법령의 한계 내에서 주어지는 자치권이다. 최근 법과 정부 정책은 협동조합을 비롯한 자치조직의 결성을 용이하게 하고, 더 나아가 다양한 형태의 지원을 제공하는 등 자치를 돕는 방향으로 발전하고 있다. 그러나 앞으로 협동조합 활동이 더 진행됨에 따라 현재의 법률과 그에 대한 법원의 해석이 협동조합의 자치권과 상충하는 경우가 발생할 수 있을 것이다. 정부 이외에 다른 요인이 자치권에 대한 위협이 될 수도 있다. 특히 협동조합이 조합원이 아닌 개인이나 기관으로부터 재정적인 투자를 유치하려 하는 경우에 자치권에 대한 간접적인 위협이 생겨날 가능성이 높다. 투자자는 투자의 조건으로 협동조합의 운영과 정책에 대한 구체적인 요구사항을 제시할 수 있다. 이는 위험을 부담하는 투자자의 관점에서는 도덕적 해이의 문제에 대처하기 위한 당연한 선택일 수 있다. 이 경우 협동조합은 자치권과 사업 확장이라는 두 가지의 가치가 상충하는 상황에 직면하게 될 것이다.

7) 중층적 사업단위

구성원의 수가 많고 활동의 내용이 복합적인 경우에는 조직이 중층적으로 구성되어야 한다. 전국적으로 조직된 소비자협동조합의 경우 전국 차원, 광역 차원, 그리고 지역 차원의 조직체계가 필요할 것이다. 또한 다중이해관계자 협동조합, 즉 두 가지 유형 이상의 조합원을 포함하는 협동조합에서는 조직체계를 중층화할 필요가 대두될 가능성이 높다. 사업 자체의 필요성에 의한 것은 아니지만 협동조합들 간의 연대와 상호 지원, 정보 교환 등을 목적으로 하는 협동조합 연합체도 생각해 볼 수 있는데, 이러한 연합체는 필연적으로 중층적인 조직의 형태를 띠게 된다. 여기서 문제는 단위조합과 상층조직 간의 권한과 책임을 어떻게 적절히 설정하는가이다. 상층조직의 권한이 강화되는 것은 조직의 획일화 또는 정치화를 초래할 수 있다. 지나치게 약한 상층조직은 중층적 사업단위의 시너지 효과를 내는 역할에 실패할 수 있다.

5
결론

이 글은 조직경제학의 관점에서 협동조합의 가능성과 한계를 살펴보고, 오스트롬의 자치제도 이론에서 제시된 8가지 디자인 원리가 협동조합 조직화와 운영에 어떠한 시사점이 있는지를 살펴보았다. 조직경제학은 협동조합이 시장의 논리에 의해 성공하거나 실패하는 기본적인 변수들을 제시한다는 점에서 큰 의의가 있다. 특히 한스만의 이론처럼 협동조합 조직화와 운영에서 내적인 집합행동의 문제가 가장 중요하다고 하는 주장은, 현재 협동조합 활성화에 정부와 민간이 함께 노력하고 있는 우리나라의 상황에서 반드시 경청해야 하는 점이다. 조직경제학적 설명이 기능주의적 색채가 강함에 비해, 오스트롬의 자치제도 이론은 조직을 만들고 운영하는 사람들이 어떠한 규칙체계를 채택하고 어떻게 적용하는가에 따라 비슷한 맥락에서도 성공과 실패가 달라질 수 있음을 보여 준다. 협동조합의 내적 규칙체계가 어떻게 마련되고 운영되는가에 따라 거래비용경제학의 논리로 도출되는 가능성을 최대한 실현하고 그 한계를 극복할 수도 있는 것이다.

본문에서 직접적으로 논의되지는 않았지만, 정부의 적절한 역할에 대해서도 숙고가 필요하다. 오스트롬의 자치제도 이론에서 정부는 자치권을 보장하고 정보를 제공하고 갈등 해결 장치를 마련함으로써 자치조직화의 촉진자가 될 수 있다. 협동조합의 성공을 위해서도 정부가 이러한 역할을 수행해야 할 것이다.

다른 한편 직접적인 재정적 지원이 가져올 수 있는 부작용을 경계할 필요도 있다. 정부의 지원은 협동조합을 자치조직이 아니라 지대추구 조직으로 변질시킬 수 있기 때문이다.

조직경제학과 오스트롬의 자치제도 이론은 협동조합을 '운동'의 관점으로 접근하는 데 대해서도 시사점을 가진다. 협동조합은 경제조직이기는 하지만 비경제적 가치를 추구하기도 하므로, 협동조합이 시장경제에 대한 대안 또는 중요한 보충기제로서 활성화되기를 원하는 '운동'의 관점이 그 자체로 잘못된 것은 아니다. 그러나 협동조합의 경제조직적 성격을 무시하고 운동의 관점을 우선하는 것은 필연적으로 협동조합의 정치화를 가져올 것이며, 이는 협동조합 활동을 정부에 의존할 때 발생하는 것과 동일한 종류의 문제점을 발생시킬 것이다. 협동조합 연합조직은 일차적으로 정보와 경험의 공유, 가치에 입각한 상호 지원에 힘써야 하며, 이를 바탕으로 협동조합 가치를 확산시키고 정부의 지원이 적절한 형태로 이루어지도록 노력해야 할 것이다.

김기태. 2015. "협동과 배신, 사랑의 메타포−왜 우리는 가까이 있는 자에게 절망하는가? 희망하려면?" 한농연 협동조합 포털(http://kaffcoop.kr/1323).

박태순. 2013. "협동조합의 운명은 민주적 운영 능력에 달려 있다." 사회갈등연구소 SOCON 칼럼(http://www.socon.re.kr/php/board.php?board=s51&page=1&command=body&no=39).

안도경. 2013. "제도와 협동: 엘리너 오스트롬, 공유의 비극을 넘어." 오명석 엮음. 『사회과학 명저의 재발견』. 서울대학교출판문화원. 79−115.

Alchian, Armen A., and Harold Demsetz. 1972. "Production, information costs, and economic organization." *American Economic Review* 62(5). 777-795.

Barnard, Chester Irving. 1938. *The Functions of the Executive*. Cambridge: Harvard University Press.

Bonin, John P., Derek C. Jones, and Louis Putterman. 1993. "Theoretical and Empirical Studies of Producer Cooperatives: Will Ever the Twain Meet?" *Journal of Economic Literature* 31(3). 1290-1320.

Coase, Ronald H. 1937. "The Nature of the Firm." *Economica* 4. 386-405.

Dahl, Robert A. 1984. *A Preface to Democratic Theory*. University of Chicago Press, 1984.

_____. 1986. *A Preface to Economic Democracy*. University of California Press.

Hansmann, Henry. 1996. *The Ownership of Enterprise*. Cambridge: Harvard University Press.

Hirschman, Albert. 1970. *Exit, Voice and Loyalty: Responses to Decline in Firms, Organizations, and States*. Cambridge: Harvard university press.

Jensen, Michael C. 1986. "Agency Cost of Free Cash Flow, Corporate Finance, and Takeovers." *American Economic Review* 76(2). 323-329.

_____ and William H. Meckling. 1976. "Theory of the Firm: Managerial Behavior, Agency Costs and Ownership Structure." *Journal of Financial Economics* 3(4). 305-360.

North, Douglass C., John Joseph Wallis, and Barry R. Weingast. 2009. *Violence and Social Orders: A Conceptual Framework for Interpreting Recorded Human History*. Cambridge: Cambridge University Press.

Olson, Mancur. 1965. *The Logic of Collective Action: Public Goods and the Theory of Groups*. Cambridge: Harvard University Press.

Ostrom, Elinor. 1990. *Governing the Commons: The Evolution of Institutions for Collective Ac-*

tion. Cambridge: Cambridge University Press. (윤홍근·안도경 역. 2010. 『공유의 비극을 넘어: 공유자원관리를 위한 제도의 진화』. 서울: 랜덤하우스코리아.)

_____. 2010. "Beyond Markets and States: Polycentric Governance of Complex Economic Systems." *American Economic Review* 100(3). 641-672.

Putterman, Louis. 1984. "On Some Recent Explanations of Why Capital Hires Labor." *Economic Inquiry* 22(2). 171-187.

Williamson, Oliver E. 1985. *The Economic Institutions of Capitalism*. Simon and Schuster.

3장

협동조합 만들기: 혼종성의 조직생태학

협동조합의 가장 큰 특징은 그것이 사업체이자 결사체라는 점이다. 즉 경제활동과 사회활동을 동시에 하는 경제조직이자 사회조직이 협동조합이다.

– 박승옥, "왜 협동조합 '운동'인가"(2012)

협동조합기본법은 다양한 유형의 협동조합 설립을 활성화함으로써 자본 중심적이고, 경쟁 중심적인 시장경제의 취약점을 보완할 것입니다.

– 협동조합기본법제정 연대회의 출범선언문(2011.10.11.)

전적으로 기업적 활동에 전념하고 사회적 목적을 갖지 않는 협동조합은 다른 협동조합보다 오래 존속할지 모르나 점차 약화되어 장기적으로는 해체되고 말 것이다. 한편, 사회적 임무에 역점을 두고 건실한 사업을 위한 실천을 소홀히 하는 협동조합은 아마도 머지않아 파산하고 말 것이다.

– A. F. 레이들로,
『레이들로 보고서: 서기 2000년의 협동조합』(2000[1980])

1

바람이 분다

유엔(UN)이 정한 '세계협동조합의 해'였던 2012년 1월에 제정된 「협동조합 기본법」(이하 「기본법」)은 그해 12월부터 시행되었다. 그로부터 불과 2년 반이 지난 2015년 5월까지 전국에 7,100여 개의 협동조합이 설립되었다.[1] 이 짧지 않은 기간 동안 하루에 무려 10개꼴로 협동조합이 만들어진 셈이다. 당시 언론은 이 현상을 '열풍'이라고까지 불렀었다.[2] 바로 이 시기 협동조합 설립의 양상과 추이를 경험적으로 검토하는 것이 이 연구의 일차적 목적이다.

이 검토 과정에서 이론적으로 또 실증적으로 주목하는 것은 협동조합이라는 조직형태가 갖는 구성원리로서의 '혼종성(混種性, hybridity)'이다. 이 특성은 경제와 사회, 사업체와 결사체 등 보통 서로 대립항으로 개념화되는 두 원칙이 함께 협동조합의 구성원리로 작동하고 있다는, 그리고 작동해야 한다는 것으로 '양면성(兩面性)' 또는 '이중성(二重性)'으로도 불린다. 글머리에서 첫 번째로 인용한 박승옥(2012)의 정의나, "사업체를 통해 필요를 채우려는 사람들의 자발적 결사체"라는 국제협동조합연맹(International Co-operative Alliance, ICA)의 정의(1995), 그리고 "조합원들이 협력해 자신의 권익을 보호하고 지역사회에 공헌하는 사업조직"이라는 「기본법」의 정의(제2조)[3] 모두에서 상충하는 것으로 여겨지는 두 가지 조직원리가 짝지어져 있다(레이들로, 2000[1980]).

---

1) 협동조합 공식 홈페이지(http://www.coop.go.kr/COOP/state/guildEstablish.do)
2) "[표지이야기] 협동조합 설립 붐, 자본주의 대안으로 뜬다." 『주간경향』 1009호(2013. 1. 15.); "[토요 뒷談] 이 봄, 협동조합 바람이 분다." 『동아일보』(2013. 4. 6.); "[경제매거진M] 뭉치면 산다?! 협동조합 열풍." MBC(2013. 4. 13.); "'저녁이 있는 삶' 꿈꾸는 문화계 개미들의 자생 라이프, 밥 먹고 예술합시다! 컬처 협동조합." 『매일경제』(2013. 8. 14.); "창간 67주년 특집: 우리 안의 우리." 『경향신문』(2013. 10. 4.); "서류 퇴짜만 10번, 만들다 지치는 협동조합." 『조선일보』(2013. 11. 26.); "'뭉치니까 답 나오네' 소상공인 협동조합 열풍." 『동아일보』(2014. 2. 20.)
3) 국가법령정보센터(http://www.law.go.kr/lsInfoP.do?lsiSeq=122380#0000)

사회적경제의 혼종성과 다양성

두 번째로 인용한 선언문에 나타나는 시장과 국가에 대한 제3의 대안으로서의 '사회적경제'(Amin et al., 2002; 신명호, 2009; 김성기 외, 2014), 그리고 그것의 가장 대표적인 조직기반으로서의 협동조합에 대한 기대도 바로 이 혼종성에 근거를 두고 있다. 협동조합 운동의 고전으로 널리 알려진 레이들로(2000[1980])의 보고서에서 가져온 세 번째 인용문은 이 두 조직원리 사이의 균형을 갖추면서 장기적으로 지속가능한 혼종조직으로서의 협동조합을 만들어 낸다는 것이 얼마나 어려운지를 환기시켜 준다. 이처럼 〈그림 3.1〉의 포스터들이 시사하는 것과는 달리 협동조합이 그리 단순한 조직이 아니고, 협동조합 만들기나 꾸려 나가기가 그렇게 쉬운 일이 아니라면, '하루에 무려 10개꼴로 협동조합이 만들어졌던' 지난 2년 반 동안의 '바람'은 설명을 필요로 한다.

이 글은 그 설명의 단서들을 앞서 언급한 협동조합 설립의 양상과 추이를 검토하면서 찾으려고 한다. 이 검토의 준거가 되는 협동조합의 혼종성은 개별 조직 수준(individual level)에서도, 집합 수준(aggregate level)에서도 살펴볼 수

〈그림 3.1〉 서울시 협동조합 상담센터의 포스터

있다. 전자가 각 협동조합이 조직·운영되는 방식에서 사업체로서의 논리와 그에 대립하는 결사체로서의 논리가 어떻게 서로 맞물리고 어그러지는가에 초점을 두고 혼종성을 찾는 미시적인 접근방법(예: 이현송, 2001)이라면, 후자는 협동조합이라는 하나의 조직형태가 제도 등의 다양한 요소로 구성된 환경 속에서 등장, 발전, 쇠퇴, 소멸하는 과정을 동태적으로 추적하여 거기서 드러나는 혼종성을 밝히는 거시적인 접근방법이다. 이 연구에서는 분석의 수준을 개체 조직이 아닌 조직군(組織群, 즉 種)에 두는 후자의 생태학적 시각에서 「기본법」이후의 협동조합 설립 경과를 살펴본다. 보다 구체적으로는 협동조합 설립의 공간적·시간적 분포가 실제로 혼종성을 어떻게, 얼마나 드러내는지를 확인하고, 그로부터 협동조합 조직군과 환경의 관계를 추론해 본다.

다음 절에서는 무엇을 어떻게 볼 것인가 하는 분석의 틀을 짜고 분석대상을 소개한다. 먼저 조직생태학의 관점에서 혼종성에 초점을 맞추어 협동조합의 설립을 검토한다는 틀을 연구질문(research questions)의 형태로 구체화한다. 질문의 핵심은 2012년 이후 협동조합 조직군이 만들어지는 과정에서 혼종조직으로서의 특성을 드러내는 생태학적 규칙성을 공간과 시간의 측면에서 관찰할 수 있는가이다. 다음으로 분석대상인 서울시 협동조합 설립 자료를 소개한다.

본론에 해당하는 3절에서는 앞서 언급한 '바람'의 풍향(風向)과 풍속(風速)을 재기 위한 방편으로, 한편으로는 조직군의 구성 측면에서 협동조합 설립의 공간적 분포가, 또 다른 한편으로는 조직군의 형성 측면에서 협동조합 설립의 시간적 분포가 실제로 어떠한 형태를 띠는지를 살펴본다. 마지막 절에서는 혼종성의 조직원리에 초점을 두고 관찰한 결과들을 환경과의 관계를 준거로 하는 생태학적 시각에서 어떻게 이해해야 할지에 대해 논의한다. 그에 따른 정책적 함의도 제시하는데, 이 연구가 시사하는 내용이 '"숨고르기"의 필요성'이나 '"거품"에 대한 비판' 등의 최근 논의나 앞으로 시행해야 할 정책의 방향을 평가하고 탐색하는 데에도 유용한 근거를 제공한다는 점을 확인하면서 글을 맺는다.[4]

2
분석의 틀

1) 초점: 혼종성에 대하여

협동조합이라는 조직이 어떤 원리로 구성되는지, 즉 협동조합을 협동조합답게 만드는 가장 근본적인 특징이 무엇인지에 대한 대체적인 합의가 있다면, 그것은 협동조합이 "사업체이자 결사체"라는, "경제활동과 사회활동을 동시에 하는 경제조직이자 사회조직"이라는 것이다(레이들로, 2000[1980]; 박승옥, 2012; 여치현, 2012; 강희원, 2014; 김두년, 2014a; 김형미, 2014; 송인방, 2014). 이런 특징은 협동조합에 대한 공식적인 규정에도 잘 드러난다. 「기본법」 제2조는 협동조합을 "재화 또는 용역의 구매, 생산, 판매, 제공 등을 협동으로 영위함으로써 조합원의 권익을 향상하고 지역사회에 공헌하고자 하는 사업조직"이라고 정의하고 있고, 아래에 옮겨 놓은 정의에서처럼 국제협동조합연맹(ICA, 1995)도 현실적인 활동의 방향과 수단에서의 사업체 지향, 그리고 궁극적인 조직의 원칙과 목적에서의 결사체 지향을 아우르고자 하는 양면성과 이중성을 협동조합의 핵심으로 본다.

> 협동조합은 공동으로 소유하고 민주적으로 운영하는 사업체를 통해, 그들 공통의 경제적·사회적·문화적 필요와 염원을 충족하고자 자발적으로 결합한 사람들의 자율적인 결사체이다.

---

4) "그 많던 협동조합, 다 어디로 갔냐고?" 『오마이뉴스』(2014. 2. 5.); "자의 반, 타의 반 선택, '한국적 협동조합'의 과제는?" 『프레시안』(2014. 4. 1.); "특집: 협동조합기본법 2년, 그 성적표는?" 『생협평론』 18호(2015. 3. 20.); "겉도는 협동조합 절반은 폐업상태: 정상운영 10곳 중 1곳 불과." 『세계일보』 (2015. 6. 8.); "헛돈 쓴 정부…협동조합 90%는 '좀비'" 『한국경제』(2015. 9. 11.)

최근의 사회적경제에 대한 논의도 사회적경제의 다측면적이고 혼합적인 성격을 강조한다. 국가, 시장, 시민사회가 중첩되는 영역에 속하는 조직 및 결사체를 포함하며, 그 속성상 공공과 민간, 공식과 비공식, 영리와 비영리의 원리와 가치를 혼합한다는 것이다(김의영, 2015). 협동조합은 사회적경제의 가장 중요한 조직기반으로 여겨진다.[5] 이 점에서도 혼종성에 대한 논의를 자리매김하는 축이 된다.

이들 논의를 정리해 혼종성을 규정해 보면, 한편으로는 산출에 목적을 두는 경제조직으로 시장이라는 환경에서 경쟁의 논리에 의해 움직이는 사업체(적) 조직원리와, 다른 한편으로는 투입 자체가 목적이 되는 사회조직으로 제도적 환경의 영향을 받으며 공생의 원리를 따르는 결사체(적) 조직원리가 '합쳐진' 것이라고 대략의 개념적인 틀을 짜 볼 수는 있다(Patera, 1990: 286, 전형수, 2011: 10에서 재인용). 그러나 구체적으로 무엇을 얼마나 어떻게 섞고 묶어야 그 둘의 특성을 모두 갖는 '합성'(즉 合成이자 合性인) 조직을 만들어 낼 수 있는지에 대한 깊이 있는 논의는 쉽게 찾아볼 수 없다. 지금까지 이 분야의 논의에서 볼 수 있었던 일반적인 경향은 그보다는 이 두 원리의 결합이 가져올 긍정적인 효과만을 선험적으로 전제하고, 그것을 권고하고 역설하는 규범적·이론적인 것이었다. 하지만 혼종성의 문제는 당위적으로도 논리적으로도 그리 쉽게 정리되는 문제가 아니다. 소비자생활협동조합인 '한살림'과 '아이쿱'의 현재의 정체성과 미래의 방향성에 대한 최근의 논쟁(박승옥, 2013a, 2013b; 신성식, 2013a, 2013b; 신철영, 2013)을 포함해, 이 문제를 둘러싸고 꾸준히 이어지는 논쟁에서 드러나는 것처럼 혼종성의 문제는 운동에 참여하는, 특히 실제로 협동조합을 운영하는 사람들에게는 매우 실질적이고 직접적인 현실의 문제이다(레이들로, 2000[1980]). 이론적으로도 혼종 또는 잡종(雜種)의 문제는 간단하지 않다. 예를 들면, 두 가지 조직구성 원리를 혼합한다는 것이 무엇을 뜻하는지를 이 연

---

5) 서울특별시 사회적경제지원센터. 2015. "서울의 사회적경제 인포그래픽 자료(2014. 10. 기준)." (http://sehub.net/archives/24002)

구의 맥락과 연결시켜 구체화하기 위해서는 다음과 같은 것들을 물어야만 한다. 혼합의 과정에서 만들어지는 것은 기존의 것과는 다른 제3의 조직구성 원리인가(Powell, 1990; Levine, 1993; 이성복, 2015)? 이 제3의 특징은 구체적으로 어떤 모습으로 나타나는가? 즉 협동조합의 생성과정에 그런 구성상의 특징을 드러내는 관찰 가능한 규칙성이 있는가? 또 그것이 사업체적 조직원리와 결사체적 조직원리의 결합이라면 사업체적 원리나 결사체적 원리 각각과는 어떻게 구별할 수 있는가? 이런 질문들에 대한 경험적·실증적 답을 찾아 혼종성의 모습을 그려 내는 것이 이 글에서 이루고자 하는 것이다.

2) 시각: 조직생태학의 관점

다음의 분석에서 살펴보는 문제는 2012년 「기본법」 시행 이래 협동조합 조직군이 형성되는 과정과 그렇게 형성된 조직군이 보여 주는 구성에서 혼종성이 어떻게 드러나는가 하는 것이다. 그리고 이 문제에 접근하는 관점은 조직군과 환경 사이의 관계에 주목하는 '조직생태학(population ecology of organizations 또는 organizational ecology)'의 시각이다(Hannan and Freeman, 1977, 1993; Aldrich, 1979; Carroll, 1988). 나무보다는 숲을 보는, 즉 관찰의 수준을 조직이 아니라 조직군에 맞추고 단기적 변동보다는 장기간에 걸친 분포의 추세에 관심을 두는 시각이다. 이런 맥락에서 조직생태학 이론은 조직에 관한 이론 중에서 가장 환경결정론적인 입장을 취하는데, 그 기본적 가설은 '조직의 환경이 그 환경에 가장 적합한 조직속성(또는 조직유전자)을 선택해 낸다'는 것이다. 따라서 이 이론에서 주로 관심을 갖는 경험적 질문들은 어떤 환경이 새로 출현한 조직형태의 생존 가능성을 높이는 기회로 작용하는지, 또 어떤 환경이 주어진 조직형태의 생존 가능성을 위협하는 제약으로 작용하는지 등이다.

여기서 환경은 법적, 제도적, 정치적, 경제적, 인구학적, 기술적, 사회적, 문화적 측면 등의 다양한 요소로 이루어진 조직군의 생존조건을 의미한다. 그런 맥락에서 조직군에 대한 관심은 곧 그것을 둘러싼 환경과 그 변화에 대한 관심이기도 하다. 둘이 서로를 반영(反映)하기 때문이다. 협동조합의 생태계에 관한 최근의 논의들(예:『생협평론』18호, "협동조합기본법 시행 2년의 평가")에도 협동조합이 뿌리내릴 수 있는 환경은 어떤 것이고, 그것을 어떻게 만들 것인가에 대한 관심이 반영되어 있다. 이런 논의에서 '협동조합 생태계'라는 표현은 협동조합 부문의 지속과 성장에 영향을 미치는 환경 전반을 아우르는 개념으로 쓰이는데, 한편으로는 협동조합이 공식 조직으로 설립되고 운영될 수 있는 법제도적 기반에 대한 내용과 다른 한편으로는 다양한 분야에서 설립된 사회적경제 조직들과의 협력에 관한 내용을 포함한다(김기태, 2013; 김재민 외, 2013; 신성식, 2013c; 오항식, 2013; 장종익, 2014; 김의영·임기홍, 2015). 이에 대한 질문들은 2012년의 입법을 통한 협동조합 설립 장려와 환경조성 정책 및 그 후속 정책들이 실질적이고 지속적인 효과를 내기 위해 고려되어야 할 조직생태학적 요인을 찾는 정책적 요구와도 연결된다.

하지만 이런 논의가 실질적인 의미를 가지려면 무엇보다도 먼저 협동조합의 성장 그 자체를 경험적으로 분석할 수 있는 틀이 만들어져야 한다. 가령 조직군과 환경 간의 상호적합성을 중심으로 보면, 조직군에 따라 어떤 것은 경제적·기술적 환경요소에 더 영향을 받고, 어떤 것은 사회적·제도적 환경요소에 더 영향을 받을 것이라는 가설을 생각해 볼 수 있다. 전자가 사업체적 조직원리에 의해 만들어진 조직군에 더 중요하다면 후자는 결사체적 조직원리에 의해 만들어진 조직군에 더 중요할 것이다. 그렇다면 상충하는 두 조직원리의 혼종인 협동조합의 경우는 어떨까? 두 가지 모두에 영향을 받을까? 아니면 제3의 조직원리나 환경요소의 새로운 조합을 필요로 할까?(레이들, 2000[1980]; Powell, 1990; Levine, 1993) 만약 그렇다면 그것은 어떤 생태학적 모습으로 드러날까? 이 연구에서는 이런 문제의식과 연구의 틀로 최근 급성장한 협동조합 조직군의 지역 및 업종 분포와 설립 추이를, 이를 둘러싼 또는 거기에 반영된 조직환경으로서의 사회와의 관계를 살펴본다.

3) 질문: 분석의 꼭지

이런 조직생태학적 질문을 '시장-경쟁-경제조직-사업체(적) 조직원리'와 '제도-협동-사회조직-결사체(적) 조직원리'의 혼종성에 초점을 맞추어 구체화하기 위해 설정한 분석의 축은 공간과 시간이다. 공간이 주된 축의 하나가 되는 이유는 국제협동조합연맹(ICA)에서 제시한 협동조합 7대 원칙의 한 항목인 '지역사회에 대한 기여'나 「기본법」의 '지역사회에 공헌하고자 하는 사업조직'이라는 규정이 공통적으로 제시하듯이 협동조합이 '지역'과 밀접하게 연관되기 때문이다. 이는 조합원들의 참여를 강조하는 협동조합의 결사체로서의 성격과도 관련된다. 같은 맥락에서 사업의 업종도 조합원들의 필요를 보다 직접적으로 반영하고 있을 것이라고 본다. 공간적 분포 검토에서 비교 준거로 삼은 것은 사업체의 분포이다. 지역과 업종이라는 사회적 공간에서 협동조합과 사업체가 어떻게 분포되어 있는지를 서로 비교하여 구체적으로 그 둘 간의 차이를 검토함으로써, 협동조합 조직군이 혼종성을 어떻게 보여 주는지를 물을 수 있다.

두 번째 축인 시간과 관련해서는 협동조합 설립의 추이에 주목한다. 특히 한 시점(t_n)에서 조직의 생멸이 그 이전 시점($t_0 \sim t_{n-1}$)까지의 조직군의 밀도($\sum_t k_t$)에 어떤 영향을 받는지(density dependence)에 대한 두 가지 가설을 대조해 본다(Hannan and Carroll, 1992; 김혁래, 1994; 한준, 2004; 신동준 외, 2005). 하나는 협동조합을 공생과 협동, 제도의 논리가 관철되는 결사체로 보는 가설로, 〈그림 3.2〉의 위쪽 곡선과 같이 초기에는 조직의 숫자가 늘어나는 만큼 정당성(legitimacy)이 확보되면서 조직 설립이 쉬워지지만 시간이 지나면서 조직군 내 조직의 숫자가 일정 수준에 다다르면 이런 정당성 효과의 증가 속도가 줄어들 것이라고 예상한다. 반면에 이들이 서로 경쟁하는 사업체라는 입장을 취하면, 〈그림 3.2〉에 점선으로 그려진 아래쪽의 곡선에서처럼, 조직군 내 조직의 숫자는 주어진 시장의 한정된 자원에 대한 경쟁 강도를 반영한다고 볼 수 있다. 이 가설에 따르면 그 효과는 조직의 수가 일정 수준을 넘어서면 급격히 커진다. 이런 의미에서 특정 시점에서 본 조직의 수인 밀도는 조직의 수 증가에 영향을 미

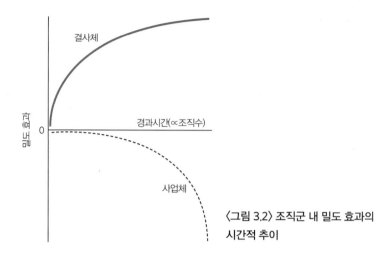

〈그림 3.2〉 조직군 내 밀도 효과의
시간적 추이

칠 수도 있고, 그 감소에 영향을 미칠 수도 있다. 즉 결사체의 논리가 관철되면
'다다익선(多多益善)'의 결과를 추론할 수 있는 반면에, 사업체의 논리는 '과유
불급(過猶不及)'의 가설로 이어진다.

이처럼 두 가설은 경험적으로 상반되는 결과를 제시하는데, 그렇다면 둘 사
이의 혼종은 어떤 논리적 구조와 경험적 형태를 가진다고 상정해 볼 수 있는가?
그 가능성 중 하나는 시간 축의 구간에 따라 주된 효과가 변화하는 구간결합을
모형화해 보는 것이다. 즉 조직군 생성의 초기에는 이 둘 중 하나의 원리에 의해
추동되다가, 후기에는 다른 하나로 작동의 원리가 바뀐다는 가설이다(Tolbert
and Zucker, 1983). 예를 들어 초기에는 결사체의 원리가, 후기에는 사업체의
원리가 지배적일 경우, 결사체의 원칙이 정립되어 있지만 아직 밀도 경쟁이 그
리 심하지는 않은 중간의 전환시점을 전후해 급속히 누적빈도가 늘어나는 〈그
림 3.3〉과 같은 형태의 곡선을 생각해 볼 수 있는데, 이는 바로 성장모형에서 흔
히 볼 수 있는 에스(S)자 모양의 시그모이드 곡선이기도 하다(Kingsland, 1995).

다음 절의 분석에서는 이 공간과 시간의 두 축에 따라 아래와 같은 연구 질문
을 살펴본다.

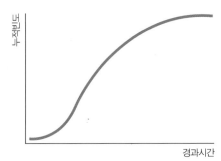

<그림 3.3> 시간축 상의 구간결합을 통한 혼종의 한 가능성

경과시간

첫째, 협동조합 생태계의 구성이라는 측면에서, 협동조합 '설립'이라는 사건의 공간적 분포는 어떠한가? 즉 지역과 업종 면에서 어떠한 분포를 보이는가?

둘째, 협동조합 생태계의 형성이라는 측면에서, 협동조합 '설립'이라는 사건의 시간적 분포는 어떠한가? 즉 언제, 어떤 식으로 설립되는가?

셋째, 공간적 분포와 시간적 분포를 함께 볼 때 과연 협동조합의 혼종성이 드러나는가? 드러난다면 그 구조는 어떤 것인가?

4) 자료: 서울시 일반협동조합, 2012. 12.~2015. 5.

그동안 한국의 협동조합은 「농업협동조합법」(1957), 「중소기업협동조합법」(1961), 「수산업협동조합법」(1962), 「엽연초생산협동조합법」(1963), 「신용협동조합법」(1972), 「산림조합법」(1980), 「새마을금고법」(1982), 「소비자생활협동조합법」(1999) 등의 개별법 체제 아래 설립되었다. 「기본법」은 이런 기존의 개별법들에 해당하지 않는 분야 중 금융 및 보험업을 제외한 모든 분야에서 협동조합을 설립할 수 있도록 했는데, 설립동의자 수에 관한 기준을 포함하여 다른 설립요건도 크게 완화하였다.

이 연구에서 다루는 협동조합 조직군을 이루는 개체는 바로 이 「기본법」이 시행된 2012년 12월부터 2015년 5월까지 서울시에서 설립이 신고되고 수리된 일반협동조합이다.[6] 이들 협동조합의 설립현황은 <표 3.1>에 정리한 두 군데 자료에서 찾아볼 수 있다. 먼저 사회적기업진흥원이 기획재정부의 위탁을 받아 수집·관리하고 있는 '협동조합 설립현황'(이하 전국 자료)이 있다.[7] 「기본법」 시행 이래 현재까지 전국에서 수리·허가된 협동조합의 정보를 수록한 것으로, 법에 규정된 네 종류의 조직(일반협동조합, 일반협동조합연합회, 사회적협동조합, 사회적협동조합연합회) 모두를 포괄하지만, 조합 수준의 자세한 정보를 갖고 있지는 않다. 이 자료에 의하면 분석대상이 되는 기간 동안 전국에서 설립된 총 7,148개 조합 가운데 일반협동조합은 6,818개로 약 95%를 차지한다. 그리고 그중 약 27%에 해당하는 1,845개가 서울시에서 설립되었다. 이 조합들에 대해 더 풍부한 정보를 담고 있는 것이 '서울시 협동조합 설립신고/수리현황'(이하 서울시 자료)으로 이 연구에서 분석하는 자료가 된다.[8] 분석사례는 신고수리일 기준으로 2012년 12월부터 2015년 5월까지 서울시에서 수리된 1,807개 조합이다.

공간적 분포를 확인하기 위해 활용한 항목은 지역과 업종이다. '지역'은 주소지 정보에 따라 25개 자치구 단위로 정리했으며, '업종'은 한국산업분류체계(9차 개정안, 2007. 12. 21.)상의 21개 대분류 범주에서 광업, 금융 및 보험업, 국제 및 외국기관을 제외한 18개 범주를 활용했다. 시간적 분포를 확인하기 위해 활용한 항목은 신고수리일로, 2012년 12월 10일에서 2015년 5월 7일까지이

---

6) 「기본법」에서 협동조합은 '협동조합'과 '사회적협동조합'으로 구별된다. 협동조합은 "재화 또는 용역의 구매·생산·판매·제공 등을 협동으로 영위함으로써 조합원의 권익을 향상하고 지역사회에 공헌하고자 하는 사업조직"(제2조)으로, 사회적협동조합은 "협동조합 중 지역주민들의 권익·복리 증진과 관련된 사업을 수행하거나 취약계층에게 사회서비스 또는 일자리를 제공하는 등 영리를 목적으로 하지 아니하는 협동조합"(제2조)으로 정의된다. 법률로 규정되어 있지는 않지만 사회적협동조합과 구별하기 위해 보통 앞의 협동조합을 '일반협동조합'으로 부른다(기획재정부, 2013; 김두년, 2014a). 일반협동조합은 영리조직으로, 조합원의 자격(제20조), 출자 및 책임(제22조), 사업의 종류(제45조)에서 특별한 제한이 없다. 민법상 비영리법인과 같은 설립허가 절차가 필요 없고 신고만으로 설립되며, 정부의 특별한 지도감독도 없다. 이에 비해 사회적협동조합은 비영리조직으로 허가제가 적용된다. 이처럼 관계부처의 인가를 받아야 하는 등 설립의 조건과 절차가 다르고, 활동의 방향이나 운영방식도 다르다는 점(김두년, 2014b)에서 사회적협동조합은 분석에서 제외했다.

7) 협동조합 공식 홈페이지(http://www.coop.go.kr/COOP/state/guildEstablish.do)

8) 이 자료는 서울시청 사회적경제과 협동경제팀이 수집·관리하고 있으며, 서울시협동조합상담지원센터 홈페이지(http://15445077.sehub.net)에서 다운로드할 수 있다.

〈표 3.1〉 전국 자료와 서울시 자료의 항목별 정보

항목	전국 자료	서울시 자료
협동조합명	○	
구분	○ (일반협동조합/일반협동조합연합회/사회적협동조합/사회적협동조합연합회)	일반협동조합
조합유형	○ (다중이해관계자/사업자/소비자/직원)	
등기 여부	–	○ (등기/미등기/기타 법인)
상태	–	○ (실립/전입/진출/해산)
설립구분	–	○ (분할/신규/조직변경/합병)
설립동의자 수	–	○
출자금액	–	○
발기일	–	○
신고일	–	○
수리일	○ (2012. 12. 3.~2015. 5. 29.)	○ (2012. 12. 10.~2015. 5. 7.)
지역	○ (17개 시도)	○ (25개 자치구)
관할기관	○ (19개 정부부처)	–
업종	○ (21개 업종)	○ (18개 업종)
품목정보	–	○
상세활동 내용	–	○

다.[9] 이 연구에서는 수리일 정보를 월 단위로 묶어 총 30개월간의 추이를 살핀다. 특히 시간적 분포를 살필 때에는 일반협동조합의 유형정보를 활용해 유형별로 다른 추이를 보이는지도 검토한다. 그 외에 다음 절에서 살펴본 항목은 설

---

9) 일반협동조합은 크게 네 단계를 거쳐 설립된다. 창립총회를 열고(발기), 광역자치단체에 신고서류를 제출(신고)하고, 신고확인증을 발급(수리)받는다. 이후 출자금 납부 기록 등 관련서류를 법원에 제출(등기)하면 설립절차가 완료된다. 자료에서 확인 가능한 시점은 발기일, 신고일, 수리일로, 이 연구에서는 '수리일'을 설립사건의 기준으로 삼는다. 신고일과 수리일을 비교해 보면 약 65%가 신고된 지 20일 이내, 약 92%가 30일 이내, 99.59%가 40일 이내에 수리되었다. 신고일과 수리일의 차이는 평균 17일이다. 이런 분포를 보면, 「기본법」에 제시되어 있는 수리기한(20일+14일)이 지켜지고 있는 것으로 평가할 수 있다.

립동의자 수와 출자금액이다.

3

조직군의 구성과 형성

1) 기본 속성별 분포

〈그림 3.4〉에서 보는 것처럼 서울시 일반협동조합의 설립동의자 수는 법적 최소한도인 5명이 가장 많고, 출자금 규모에서는 500만 원 이하가 전체의 절반을 넘는다.[10] 이들 조합은 설립 목적과 조합원 구성, 잉여금의 이용방식 등에 따라 다중이해관계자협동조합, 사업자협동조합, 소비자협동조합, 직원협동조합의 4가지 유형으로 구분된다(기획재정부, 2013).[11] 서울시의 1,807개 일반협

---

[10] 이 점이 '풀뿌리'로서의 성격을 나타내는 것인지, 아니면 영세성과 부실성을 나타내는 것인지는 이 통계만으로는 판단할 수 없다. 보통 설립동의자 수와 출자금액은 협동조합의 '규모'를 가늠하는 정보로 쓰여 대개는 설립된 협동조합의 영세성이나 부실성을 보여 주는 근거로 활용된다["겉도는 협동조합 절반은 폐업상태: 정상운영 10곳 중 1곳 불과." 『세계일보』(2015. 6. 8.); "헛돈 쓴 정부…협동조합 90%는 '좀비'" 『한국경제』(2015. 9. 11.)]. 그러나 다양한 수준의 당사자들이 다양한 방식으로 결합해 설립하는 협동조합의 특성상 설립동의자 수와 출자금액 정보만으로 한 협동조합의 규모와 조직으로서의 건강상태를 단정하는 것은 적절하지 않다. 예를 들면, 기획재정부가 2014년에 펴낸 『협동조합사례집』에 소개된 20개 '대표' 협동조합에서도 설립동의자 수는 5~670명, 출자금액은 60만~1억 원으로 폭이 상당히 넓다. 사례집에 수록되어 있고 언론을 통해서도 잘 알려진 한국성수동수제화협동조합의 예를 들어 보자. 이 조합은 2012년 3월 설립신고 당시 설립동의자 수를 6명으로, 출자금액을 140만 원으로 신고했다. 그러나 2014년 말 『협동조합사례집』에 실린 정보를 보면 출자금액은 1,420만 원으로 늘어났다. 조합원 수는 6명으로 같았지만, 자체적으로 만든 자리인 '준조합원'은 30~40명으로 늘었다(기획재정부·한국사회적기업진흥원, 2014).

[11] 『기본법』 시행 직후 기획재정부가 발간한 『협동조합 설립운영 안내서: 아름다운 협동조합 만들기』 (2013: 36~54)에서 각 유형은 설립목적에 따라 다음과 같이 정의된다. 소비자협동조합은 조합원이 필요로 하는 물품을 공동으로 구매하는 것을 목적으로 하는 조합이다. 직원협동조합은 직원이 함께 조합을 소유하고 관리하며 안정적인 일자리를 늘려 나가는 것을 목적으로 하는 조합이다. 직원협동조합의 조합원은 협동조합에 직접 고용되어야 하고, 조합원인 직원이 전체 직원의 3분의 2 이상이어야 한다. 사업자협동조합은 기존 개별 사업자들이 수익창출을 위해 '공동판매', '공동자재구매' 또는 '공동

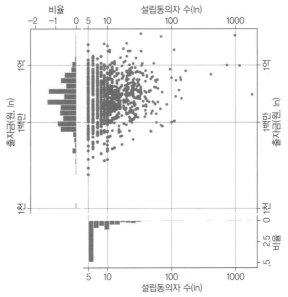

〈그림 3.4〉 설립동의자 수와 출자금액 분포

동조합 중 각 유형이 차지하는 비중은 〈그림 3.5〉에서 보는 것과 같고, 그중 가장 일반적인 것은 사업자협동조합(79.1%)이다. 이 구분이 법적인 효과를 갖는 것은 아니지만, 사업자협동조합과 나머지 세 유형의 조합이 여러 가지 측면에서 실질적인 차이를 보인다는 점을 감안해 후자를 '기타협동조합'으로 묶어 둘 사이의 차이를 살펴본다.

〈그림 3.6〉은 서울시에서 월별로 설립된 협동조합의 수를 보여 준다. 전체적인 추이를 개괄하면, 「기본법」이 시행된 2012년 12월 이후의 증가세가 2013년 7~8월에 정점에 이르고, 그 이후 둔화되는 모습을 보인다. 초기에 압도적 비중을 차지하던 사업자협동조합은 상대적으로 그 비중이 점차 줄고, 2014년 8월부터는 기타협동조합의 비중이 늘어나고 있다는 점도 눈에 띈다. 법의 제정과 개

브랜드 사용' 등을 목적으로 사업자(생산자)들의 공동사업을 영위하는 협동조합이다. 다중이해관계자 협동조합은 앞의 세 유형 중 두 유형 이상의 조합원이 모여 조합원의 경영 개선 및 생활 향상을 목적으로 하는 조합이다.

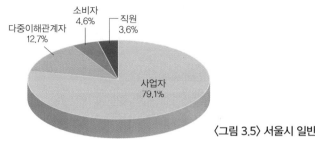

〈그림 3.5〉 서울시 일반협동조합의 유형

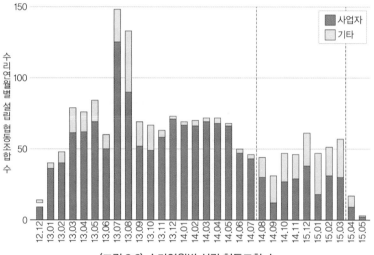

〈그림 3.6〉 수리연월별 설립 협동조합 수

정 등 법제도적 환경 변화의 효과, 그리고 자료에 나타나는 분포와 추세, 그리고 자료가 갖는 한계를 고려할 때, 전체 기간 30개월은 그림에서 점선으로 표시한 것처럼 크게 세 기간으로 나누어 볼 수 있을 것 같다. 법이 시행된 2012년 12월부터 20개월 동안이 1기이고, 「기본법」 개정안이 시행된 21개월째부터 28개월까지가 2기, 자료의 미완으로 설립된 조합의 일부만 제시되어 있는 마지막의 2개월이 3기이다.

사회적경제의 혼종성과 다양성

2) 혼종성의 공간

이 분석에서는 협동조합 바람이 어디서 불고 있는지를 살펴본다. 즉 조직군의 구성 측면에서 협동조합 설립의 공간적 분포를 검토한다. 협동조합의 설립, 또는 협동조합 조직군의 생성은 자치구 수준에서의 협동조합 지원정책에 영향을 받을 수도 있고, 협동조합 간의 공생·의존 또는 경쟁의 관계에 영향을 받을 수도 있다. 이처럼 협동조합은 지역사회, 지역공동체와 연결되어 설립되기 때문에, 지역사회와 지역공동체의 특성이 협동조합의 변화와 발전에 당연히 영향을 준다(박승옥, 2012). 이것이 협동조합이라는 조직과 그 조직들이 위치한 지역적 환경이 어떻게 연결되는지에 대한 생태학적 논의가 필요한 이유이고, 지역별 협동조합 설립추이가 단순히 '사업 소재지' 파악의 범주를 넘어서는 이유이다.

협동조합 설립의 공간적 분포를 살펴보기 위해 서울시에서 설립된 조합 수를 25개 자치구별로 세고, 이를 인구 1만 명당으로 계산해 정리한 것이 〈표 3.2〉이다. 〈그림 3.7〉의 지도는 〈표 3.2〉에서 정리한 표준화된 지수에 따라 25개 자치구를 5개 등급으로 구분하여 표시한 것이다(Han and Chi, 2012). 협동조합의 절대수로 보면 강남, 서초, 마포, 종로구의 순이지만, 그 수를 인구 규모에 따라 표준화해 보면 종로구와 중구가 설립이 가장 활발한 구가 된다. 다음으로 설립이 활발한 지역은 마포구와 강남구, 서초구이다. 반면 강북구, 노원구, 중랑구, 도봉구 등은 설립이 저조한 지역이다. 종로구의 7.1개는 수치가 가장 낮은 강북구의 0.5개에 비해 거의 15배에 달할 만큼 협동조합의 밀도는 지역에 따라 큰 차이를 보인다.

이러한 차이는 업종별 분포에서도 보인다. 우선 협동조합이 강세를 보이는 몇 가지 업종을 확인할 수 있다. 〈표 3.3〉에서 보듯 도·소매업의 비중이 가장 크고, 그다음으로 교육 서비스업, 예술·스포츠 및 여가 관련 서비스업, 제조업, 출판·영상·방송통신 및 정보 서비스업의 순이다. 협동조합 설립의 업종별 분포에서 보이는 이런 불균등한 집중을 혼종성을 준거로 삼아 읽어 내기 위해 이

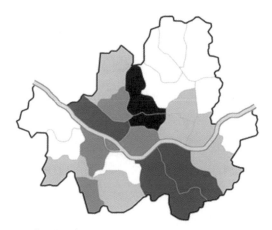

〈그림 3.7〉 설립조합 수에 따른 자치구 구분

를 사업체 자료와 비교해 보았다. 「2013 서울시 사업체조사」를 근거로 협동조합의 분포와 사업체의 분포를 업종에 따라 비교해 보면,[12] 도소매업이나 제조업과 같이 두 분포에서 비중이 거의 같은 업종이 있기는 하다. 하지만 운수업이나 숙박 및 음식점업과 같이 사업체에 비해 협동조합의 설립이 미미하거나, 반대로 교육 서비스업, 출판·영상·방송통신 및 정보 서비스업, 예술·스포츠 및 여가 관련 서비스업과 같이 협동조합의 설립이 상대적으로 더 활발해서 두 분포 사이에 차이가 나는 경우가 대부분이다.

즉 협동조합 설립의 공간적 분포는 인구 규모로 측정하고자 했던 지역 특성과도, 또 비교 준거로 삼았던 사업체 분포에서 보이는 시장과 경쟁의 논리와도 다른 원칙으로 구성된다는 것을 볼 수 있다. 하지만 이것을 '사업체(적) 조직원리'와 '결사체(적) 조직원리'의 혼종으로 보아야 할지는 분명치 않다.

〈그림 3.8〉은 이 점에 대해 시사하는 바가 크다. 협동조합 조직군이 분포되어 있는 환경으로서의 사회공간에서 지역과 업종이라는 두 축이 서로 어떻게 맞물

12) 서울통계(http://stat.seoul.go.kr)에서 제공하는 이 자료는 2012년 12월 31일 기점으로 자치구, 업종, 종사자 규모, 조직형태별 사업체 수를 담고 있는 것으로, 2013년 2~3월에 수집되었다.

<表 3.2> 자치구별 설립조합 수

자치구	설립조합 수	인구*	인구 1만 명당 설립조합 수
종로구	110	155,420	7.1
중구	84	126,573	6.6
마포구	137	377,178	3.6
강남구	185	557,499	3.3
서초구	143	435,559	3.3
금천구	65	236,802	2.7
영등포구	103	379,570	2.7
서대문구	78	307,382	2.5
용산구	55	230,865	2.4
구로구	78	421,474	1.9
성동구	50	293,617	1.7
은평구	84	494,114	1.7
광진구	55	363,055	1.5
관악구	77	510,530	1.5
송파구	98	660,473	1.5
동대문구	53	357,366	1.5
강동구	55	476,522	1.2
성북구	51	468,062	1.1
강서구	57	566,105	1.0
동작구	37	403,325	0.9
양천구	39	486,773	0.8
도봉구	28	354,098	0.8
중랑구	29	412,018	0.7
노원구	39	584,448	0.7
강북구	17	333,029	0.5

출처: 서울통계(http://stat.seoul.go.kr)
* 2013년도와 2014년도 주민등록연앙인구의 평균값

리는지를 보여 주는 그림이다. 지역과 업종의 교차빈도 자료에 대한 대응분석 (correspondence analysis)의 형태로 지역(●)과 업종(■)이 어떻게 관계 맺는 지를 나타내는 이 그림을 통해 가깝게 표시된 지역끼리는 그만큼 업종별 분포

〈표 3.3〉 협동조합과 사업체의 업종별 비중 비교(%)

번호	업종	협동조합	사업체
1	농업·임업 및 어업	2.9	0.0
2	제조업	7.6	7.6
3	전기·가스·증기 및 수도사업	0.8	0.0
4	하수·폐기물 처리, 원료재생 및 환경복원업	1.4	0.1
5	건설업	3.4	2.7
6	도매 및 소매업	26.4	29.2
7	운수업	2.1	12.0
8	숙박 및 음식점업	2.7	16.0
9	출판·영상·방송통신 및 정보 서비스업	7.0	2.5
10	부동산업 및 임대업	1.6	4.5
11	전문, 과학 및 기술 서비스업	4.8	4.3
12	사업시설관리 및 사업지원 서비스업	3.0	1.6
13	공공행정, 국방 및 사회보장 행정	0.4	0.2
14	교육 서비스업	17.2	4.2
15	보건업 및 사회복지 서비스업	4.4	3.2
16	예술·스포츠 및 여가 관련 서비스업	8.3	2.7
17	협회 및 단체, 수리 및 기타 개인 서비스업	6.0	9.2
	합계	100.0	100.0

* 협동조합 18개 업종, 사업체 20개 업종 중 공통되는 업종만 비교에 포함함.

가 서로 비슷하고, 또한 가깝게 위치한 업종들은 그만큼 비슷한 지역에 집중되어 있다고 보면 된다(이명진, 2005; 한신갑, 2013). 그리고 그렇게 그림을 읽었을 때 드러나는 핵심적인 양상은 지역과 업종에서 모두 2~3개 정도의 덩어리로 나뉘어 집중되고 특화되어 있다는 것이다. 생태계적 시각으로 협동조합 조직군의 공간적 분포를 보는 것이 적절하고 또 유용하다는 점을 잘 보여 주는 결과이다.

특히 〈그림 3.8〉의 오른쪽 중하단에 집중된 협동조합 설립이 활발한 업종들과 그것을 둘러싼 설립 밀도가 높은, 즉 〈표 3.2〉에서 1등급(종로구, 중구)과 2등급(마포구, 강남구, 서초구)에 해당하는 자치구의 위치 등은 이 생태계의 공

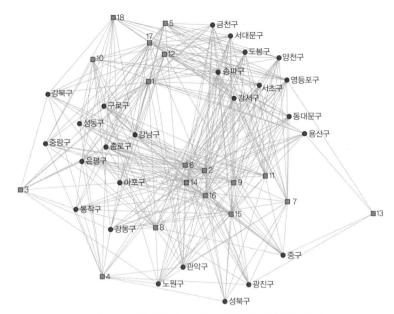

〈그림 3.8〉 조합 설립에 보이는 자치구와 업종 간의 관계

* 업종 구분 - 1. 농업, 임업 및 어업; 2. 제조업; 3. 전기·가스·증기 및 수도사업; 4. 하수·폐기물 처리, 원료재생 및 환경복원업; 5. 건설업; 6. 도매 및 소매업; 7. 운수업; 8. 숙박 및 음식점업; 9. 출판·영상·방송통신 및 정보 서비스업; 10. 부동산업 및 임대업; 11. 전문, 과학 및 기술 서비스업; 12. 사업시설관리 및 사업지원 서비스업; 13. 공공행정, 국방 및 사회보장 행정; 14. 교육 서비스업; 15. 보건업 및 사회복지 서비스업; 16. 예술·스포츠 및 여가 관련 서비스업; 17. 협회 및 단체, 수리 및 기타 개인 서비스업; 18. 가구 내 고용활동 및 달리 분류되지 않은 자가소비 생산활동.

간적 분포에서 혼종성을 어떻게 찾을지에 대한 하나의 가능성을 제시한다. 전체적인 분포의 무게 중심이 되는 이 부분의 특징은 설립된 협동조합의 상대적 밀도나 사업체 대비 비중이라는 측면에서 사업체의 그것과 크게 다르지 않은, 즉 사업체의 논리가 관철된 것으로 보이는 부분이라는 점이다. 이 부분이 전체 분포의 중심을 이룬다면 그와 반대로 분포의 주변에 해당하는 부분들에서는 결사체의 논리가 지배적인 업종과 지역이 관찰된다. 즉 두 조직원리 사이의 혼종성은 일정한 역할 구분의 틀 안에서 나타나고 있는 것으로 보인다.

3) 혼종성의 시간

다음으로는 협동조합 설립의 시간적 분포를 조직군의 형성 측면에서 검토한다. 즉 앞에서 풍향을 쟀다면, 여기서는 풍속을 재는 셈이다. 바람의 세기 또는 협동조합 조직군의 형성 속도는 법제도적 요인에 영향을 받을 수도 있고, 조직군의 밀도로 표현되는 조직군 자체의 상태에 영향을 받을 수도 있다. 또 이런 영향은 조직군의 하위 유형에 따라 달라질 수도 있다. 앞의 〈그림 3.6〉은 이런 요인들을 고려해 시간적 분포를 나타낸 것이다. 이 그림에서 확인할 수 있는 것은 초반의 증가세가 2013년 7월을 전후로 급격히 빨라졌다가, 그 이후에는 안정화되었고, 2014년 중반을 지나면서 점차 둔화되었다는 것이다. 이러한 추이는 자치구별로 나누어 보아도 비슷하게 나타난다. 특히 설립조합 수에서 상위 10개에 속하는 구에서의 설립추이는 초반의 증가세가 약 6개월이 지난 시점을 전후로 빨라졌다가 이후 점차 둔화되는 양상을 보인다.

〈그림 3.6〉이 2012년 12월 「기본법」이 시행된 이래 서울시에서 설립된 사업자협동조합과 기타협동조합을 월별로 정리해 놓은 것이었다면, 〈그림 3.9〉는 같은 자료를 전체 일반협동조합의 누적 설립분포로 나타낸다. 두 그림이 보여

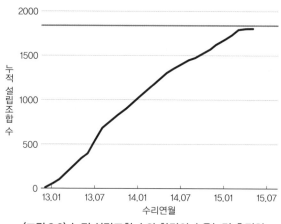

〈그림 3.9〉 누적 설립조합 수와 환경의 수용능력 추정치

주는 것은 조직군 형성 측면에서 본 설립의 시간적 분포이다.

〈그림 3.9〉에서 관찰되는 추세는 앞의 〈그림 3.3〉에서 다룬 성장모형의 시그모이드 곡선과 같은 형태를 띤다. 이 모형에 따르면 후반부에 접어들면서 나타나는 성장세의 둔화는 조직군의 규모가 생태계 또는 환경의 수용능력(carrying capacity)의 한계에 다다랐다는 것으로 해석할 수 있고, 〈그림 3.9〉와 같이 고전적인 공식에 따라 관찰된 자료를 바탕으로 그 수용능력의 한계(K)를 구체적으로 추산해 볼 수도 있다. 추산의 결과는 〈그림 3.9〉의 상단에 가로선으로 표시한 약 1,841개이다.[13] 즉 설립조합 수로만 보았을 때 2015년 5월 현재의 규모($P(t)$)가 생태계가 가진 수용능력의 한계에 거의 다다랐다는 것을 시사한다.

$$\frac{dP}{dt} = rP \cdot \left(1 - \frac{P}{K}\right)$$

$$P(t) = \frac{KP_0 e^{rt}}{K + P_0(e^{rt} - 1)}$$

$$\lim_{t \to \infty} P(t) = K$$

$$K \approx 1840.9$$

그렇다면 이런 협동조합의 설립추이를 어떤 조직생태학적 변수로 설명할 수 있을까? 보다 구체적으로는, 이 설립추이에 결사체의 조직원리와 사업체의 조직원리가 혼종되어 있다면 그것을 어떻게 포착해 낼 수 있을까? 제2절에서 제시한 이 질문과 관련된 가설을 검토하기 위해 만든 것들이 〈표 3.4〉에 제

---

13) 이 추정치는 현재 자료에서는 확인할 수 없는 해체(비/미활동이나 폐업 등) 사례를 제외한 값이다. 조직연구에서 잘 알려져 있는 신생 조직의 취약성에 대한 논의, 특히 조직생태학 문헌에서 '새롭기 때문에 겪는 문제(liability of newness)'로 개념화한 논의를 고려하면 상당한 수의 신생 협동조합들이 사실상 실재하지 않는 상황일 것이다. 그리고 그에 근거한 이 추정치도 과(過)추정치일 것이다 (Stinchcombe, 1965; Freeman et al., 1983; Singh et al., 1986). 한계치에 대한 다른 방식의 추정은 이철선 외, 2012에서 찾아볼 수 있다. 방식이 다름에도 불구하고 추정치가 근사하다는 점은 주목할 만하다.

시된 푸아송(Poisson) 회귀모형들이다. 앞의 자료 부분에서 간략하게 소개했듯이, 여기서 설명하고자 하는 변수는 월별 협동조합 설립 수이다(Cameron and Trivedi, 1998). 즉 개별 협동조합의 설립을 사건의 발생으로 보고, 그 결과를 월별로 센 설립 건수를 종속변수로 삼은 것이 여기서 시도된 푸아송 회귀모형의 기본틀이다(한신갑, 2016: 부록 참조).

　모형을 구성하는 설명변수 또는 독립변수는 크게 세 가지를 생각해 볼 수 있다. 첫째, 시간(time dependence)의 흐름 그 자체와 관련된 것들이다. 30개월이 그리 긴 기간은 아니지만, 이 시간이 설립추이에 영향을 미친다는 가설은 가능하다. 시간의 효과를 몇 가지 시나리오로 그려 볼 수 있는데, 그중 하나는 「기본법」이 공식적인 계기가 되었다는 점에서 법 시행 직후 협동조합 설립이 본격화되기까지의 학습기간 효과를 상정해 보는 것이다. 경과시간에 따라 초반에는 설립된 조합 수가 적다가 어느 정도 시간이 지나고 나서부터는 설립 조합의 수가 늘어날 것이라는 가설도 가능하고, 또 어느 시점을 넘어서면 조합 수의 증가 속도가 줄 것이라는 가설도 세워 볼 수 있다. 또 다른 가설은 법 개정이 설립추이에 영향을 미쳤다는 것으로 시기효과(period effect)를 가정하는데, 〈그림 3.6〉에서 제시한 세 시기로 나눠 보고자 한다.[14]

　둘째, 조직군의 밀도와 관련된 요인들이다. 보통 밀도의존이라는 개념으로 구체화되는데, 조직이 설립되는 시점을 기준으로 그전에 같은 조직군에 속하는 조직들이 얼마만큼 설립되어 있었는지(density dependence), 또 어떤 추세

---

14) 자료에 분명하게 나타나는 2013년 7월과 8월의 갑작스러운 강세에 대해서는 한 가지 추측이 가능하다. 그해 소상공인시장진흥공단에서 모집한 '협동조합협업화시범사업'의 효과로 볼 수 있다는 것이다(한국협동조합연구소, 2013). 5인 이상의 동종, 또는 이종 소상공인들이 모여 설립한 협동조합이 주된 지원대상으로, 선정될 경우 협동조합 설립 및 협업사업에 필요한 교육 및 컨설팅을 제공하고, 공동브랜드, 공동설비, 공동마케팅 등에 소요되는 비용을 조합당 최고 1억 원(자부담 20%)까지 지원해 주는 사업이다. 우대업종으로 정한 20개 업종에 포함될 경우 가산점이 주어진다. 첫해에는 전국적으로 452개 조합이 선정되어 407억이 지원되었고, 2014년에는 기존 선정 조합 200개, 신규 선정 조합 200개 등 총 400개 조합에 271억이 지원되었다. 하지만 이 추측을 확인할 수 있는 자료, 즉 어느 협동조합이 이 사업에 응모하였고, 그중 어느 협동조합이 실제로 지원을 받았는지에 대한 자료는 없다. 무엇보다도 2013년 이후에는 그런 강세가 관찰되지 않는다.

<표 3.4> 협동조합 설립을 설명하는 모형들(Poisson Regression)

Model	df	AIC	BIC	pseudo-R^2
(0) 상수	1	1638.06	1640.16	–
(1) 조합유형	2	988.57	992.76	.3981
(2) 경과시간(월차, 월차^2)	3	1458.52	1464.81	.1122
(3) 설립시기(1, 2, 3)	3	1460.58	1466.87	.1109
(4) 설립조합 수(전월, 누적, 누적^2)	4	856.33	864.58	.4591
(0+2+4)	6	727.08	739.44	.5441
(0+1+2+4)	7	649.50	663.93	.5948
(0+2+3+4)	8	639.85	656.33	.6022
(0+1+2+3+4)	9	586.16	604.70	.6377

로 설립되어 왔는지(rate dependence)가 그 시점에서의 조직 설립 가능성에 영향을 미친다는 가설이다(Hannan and Freeman, 1988; Hannan and Carroll, 1992; 김혁래, 1994; 한준, 2004; 신동준 외, 2005). 앞 절에서 다룬 결사체와 사업체의 조직원리를 대조해 볼 수 있는 중요한 변수이다. <표 3.4>와 <표 3.5>에 제시한 모형에서는 바로 전 달의 설립조합 수, 지난달까지의 총 누적조합 수, 그리고 그것의 2차 효과를 고려해 누적조합 수의 제곱 값을 넣어 조작화했다.[15]

마지막은 조합유형이다. <그림 3.6>에서 본 것처럼 사업자조합과 기타조합이 사뭇 다른 형태의 설립추이를 보인다는 점에 주목하고, 이 차이가 법을 포함한 제도의 영향에서 비롯된 것으로 추론한다. 그 영향은 조합유형에 따라 법이나 제도가 달라서 생긴 것일 수도 있고, 법과 제도가 같더라도 유형에 따라 실질적으로 끼치는 영향이 달라서 생긴 것일 수도 있다. 그리고 이런 실질적인 영향력의 차이는 각 유형의 조합이 핵심적으로 추구하는 조직원리가 결사체의 논리와 사업체의 논리로 서로 다르기 때문일 수도 있다.

이처럼 설명변수로 고려한 시간과 밀도, 조합유형을 여러 방식으로 조합해

---

15) 이 변수들의 경우, 숫자가 너무 커져서 계수값을 해석할 때 번잡해지는 것을 막기 위해 각각을 100으로 나누어 넣어 단위를 조정하였다.

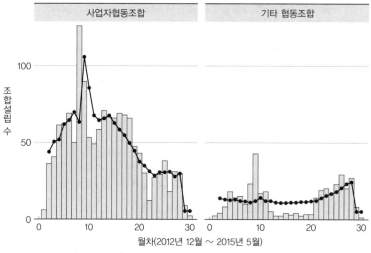

| 사업자협동조합 | 기타 협동조합 |

월차(2012년 12월 ~ 2015년 5월)

〈그림 3.10〉 관찰값과 기댓값(Model: 0+1+2+3+4)

구성한 모형들의 결과가 〈표 3.4〉에 정리되어 있다. 설립조합 수를 통해 조작화된 밀도 효과가 상대적으로 큰 것으로 보이고, 조합유형도 효과가 큰 것으로 보인다. 시간효과를 잡아내는 (2)와 (3)의 두 변수 세트들도 합쳤을 때 상당한 효과를 가지는 것으로 나타난다. 여기서 협동조합의 설립추이를 가장 효과적으로 설명하는 모형은 상수를 포함해 구성한 맨 마지막 모형으로, 의사결정계수(pseudo-R^2) 값을 보면 거의 64%에 달하는 설명력을 가진다. 그리고 이 모형으로부터 얻은 추정치(점들을 잇는 곡선)와 실제 자료에서 관찰된 값(막대로 표시된 월별 설립 수)이 서로 얼마나 가까운가를 보여 주는 것이 〈그림 3.10〉이다. 사업자협동조합과 기타협동조합으로 유형을 구분해 모형에서 얻는 기댓값과 관찰값을 함께 그려 본 것이다.

〈표 3.5〉는 이 최종 모형을 사용한 분석결과를 자세히 제시한 것이다. 승수효과로만 보면 설립추세에 큰 영향을 미치는 변수는 조합유형이다. 사업자협동조합이 기타협동조합보다 거의 3배 가까이 많이 설립되었다는 것을 확인할 수 있다. 「기본법」 시행 시점을 기준으로 한 시간효과는 그리 크지 않은 것으로 나타

<표 3.5> 협동조합 설립을 설명하는 모형들(Poisson regression)

설명변수		회귀계수	승수효과	유의수준
경과시간_월차		−.104	.901	.128
경과시간_월차^2		.003	1.003	.079
설립조합 수_전월(×1/100)		.591	1.806	.042
설립조합 수_누적(×1/100)		.245	1.278	.036
설립조합 수_누적^2(×(1/100)^2)		−.019	.981	.005
설립시기	1			
	2	.008	1.008	.972
	3	−1.718	.179	.001
조합유형		1.076	2.932	.004
상수		2.795	16.362	.000

났다. 또한 「기본법」 개정 시점을 기준으로 구분한 시기효과도 크지 않았다. 개정안이 협동조합 설립추세에 특별한 영향을 미치지 않았다는 뜻으로 읽을 수 있다.

반면 조직생태학에서 제안하는 밀도 의존 효과와 설립률 의존 효과는 유의미함을 확인할 수 있다. 후자의 경우, 이번 달의 설립조합 수는 지난달에 설립된 조합 수에 크게 영향을 받는 것으로 나타난다. 더 중요한 것은 그 아래에 보이는 두 항목이다. 이 자료는 지금까지 생겨난 조직의 수가 얼마나 되느냐가 앞으로 생겨날 조직의 수에 영향을 미친다는 조직생태학의 밀도 의존 가설을 지지한다. 하지만 이 누적빈도의 영향이, 〈그림 3.9〉에서처럼 후반으로 가면서 점점 줄어든다는 것을 잡아내기 위해 제곱값을 포함해 모형을 구성했다. 〈표 3.5〉의 결과대로면 이 두 가지가 동시에 실질적 역할을 하고 있음을 볼 수 있는데, 초기단계에서는 조직의 설립이 이후의 신규 설립을 촉진하지만, 환경이 그 조직군을 수용할 수 있는 능력의 한계에 도달한 이후부터는 조직의 설립이 이후의 신규 설립을 억제한다는 해석이 가능하다. 즉 〈그림 3.2〉에서 언급한 다다익선과 과유불급의 두 논리가 차례로 작동해 초반의 급속한 증가세가 후반에는 둔화된 증가세로 바뀌면서 〈그림 3.3〉에서 제시한 누적곡선의 형태를 만들어 내고 있음을 확인할 수 있다. 바로 이 점이 협동조합의 혼종성을 시간의 측면에서 보여 주는 부분이다.

4

바람은 일고, 또 지고: 혼종성의 조직생태학

지금까지 2012년 12월 「기본법」 시행 이래 서울시에서 설립된 1,807개 일반 협동조합의 공간적·시간적 분포를 검토해 협동조합 조직군의 구성 양상과 형성추이를 살펴보았다. 그동안 불었던 협동조합 바람의 풍향과 풍속을 재 본 것이다. 특히 이를 통해 협동조합이라는 조직형태가 갖는 '혼종성'이 어떤 식으로 드러나는지 찾아보고자 했다. 먼저 지역별로, 또 업종별로 협동조합의 설립이 활발한 곳을 확인했다. 또 지역과 업종의 관계구조를 통해 한편으로 지역의 업종별 특화를, 다른 한편으로는 업종의 지역별 집중을 파악할 수 있었다. 월별로 묶어 살펴본 시간에 따른 설립의 추이에서 찾고자 했던 것은 조직생태학적 관점에서 주목하는 법 제정·개정으로 대표되는 법제도적 환경의 변화에 따른 시기효과와, 기존의 조합 설립 양상이 이후의 설립에 미치는 영향으로서의 밀도와 설립률 효과이다. 분석 결과 밀도와 설립률 효과는 가설에서 예측하는 형태로 확인할 수 있었다. 여기서 한 가지 주목할 것은 사업자협동조합과 기타협동조합 간의 차이이다. 지금까지의 총 설립 수에서는 사업자협동조합이 기타협동조합보다 거의 3배 정도 많다. 그러나 증가세를 보면, 사업자협동조합은 이제는 증가세가 꺾인 반면, 기타협동조합은 수는 적지만 아직도 증가세에 있는 것으로 나타났다. 이들 공간과 시간의 분석을 통해 조직군 수준에서 조직원리의 혼종 양상을 간접적으로나마 보여 줄 수 있었다.

〈그림 3.11〉『생협평론』특집 주제들

　이 연구가 갖는 한계의 대부분은 자료의 한계에서 비롯된 것이다. 일반적으로 협동조합 조직군의 현황에 관한 논의들 대부분이 원론이나 추측으로 그치는 것도 상당부분 체계적 자료에 기초한 실증적 연구가 없기 때문인 것 같다.[16] 너무나 원칙적인 이야기지만, 협동조합을 설립하려는 사람이든 지원하는 사람이든, 협동조합이 나아가야 할 길에 대해 고민하는 사람이라면 장기적인 관심을 가지고 제대로 된 자료를 만들어 검토하고, 그에 근거해 지금까지의 성과와 한계를 평가하고 앞으로의 추세를 예측해 볼 필요가 있다. 이런 자료가 개별 조직의 생멸추이와 조직군의 상태 및 환경 간의 관계에 관심을 두는 조직생태학의 관점을 제대로 드러내려면 두 가지 요건을 충족해야 한다. 한편으로는 중장기

---

16) 현재 문헌의 주류를 이루는 연구경향은 국내외의 모범사례를 소개하는 것이다. 이탈리아나 캐나다 퀘벡 주의 사례를 소개하거나, 「기본법」 이전에 설립된 소비자생활협동조합이나 법 시행 이후 설립된 다양한 협동조합 사례를 소개하는 것이 대표적이다. 「기본법」 시행 이후 협동조합 설립 환경을 조성하려는 정책적 고려와 실제 협동조합을 설립하고 운영하는 데 필요한 지침에 대한 현장의 수요가 맞물리면서, 이런 모범사례 소개가 체계적인 연구로 채워야 할 부분을 대신하고 있다고 볼 수 있다.

추이를 볼 수 있을 만큼 충분한 관찰기간이 확보되어야 하고, 설립정보와 함께 소멸정보 등의 조직인구학적 정보도 확보되어야 한다. 전자의 경우, 지금 시점에서는 어쩔 수 없는 현실로 받아들여야 하겠지만, 후자의 경우 자료 수집의 노력이 부족한 것으로 보인다. 또 현재 가용한 자료임에도 불구하고 자료 수집기관이 바뀌면서 수집양식이 변경되거나 여러 기관의 자료를 수합하는 과정에서 정보가 부정확하게 입력되어 있는 경우를 분석과정에서 자주 발견했다. 게다가 한 차례 실시된 공식 실태조사(이철선 외, 2013)를 포함한 여러 실태조사(이철선 외, 2012; 조우석, 2013; 길현종·안주엽, 2014)의 경우, 조사를 수행한 기관들이 원자료를 공개하지 않고 있다.

이 연구 결과에서 끌어낼 수 있는 정책적 함의는 크게 세 가지이다. 그 첫 번째는 '입법만능주의' 또는 '지원만능주의'에서 벗어나야 한다는 것이다. 2012년에 「기본법」을 만들 당시의 맥락과 기대가 있었겠지만, 입법 이후의 분위기를 보면 한편으로는 법을 만들었으니까 다 될 거라는 일종의 입법만능주의에 빠져 있거나, 또 한편으로는 지원해 주면 다 된다는 또는 지원만 받을 수 있으면 다 하겠다는 일종의 지원만능주의에 빠져 있는 모습이 보인다. 이런 진단은 실제로 「기본법」 이전부터 협동조합에 대해 진지하게 생각하고 협동조합을 실천해 오던 사람들이 이미 공유하고 있는 것이기도 하다. 물론 조직의 생성과 성장, 그리고 소멸에 영향을 주는 정부의 제도 및 정책으로 대표되는 위로부터의 추동력, 또는 제도적 환경의 중요성을 감안해야 하기는 하지만(장현주, 2013), 인위적인 생태계가 만들어지는 과정을 보여 준 이 연구의 결과는 그들의 고민과 진단을 경험적으로 뒷받침하고 있다. 특히 지난 2012년의 입법을 통한 협동조합의 장려와 그를 위한 환경조성 정책이 성과를 거두기 위해서는 어떤 조직생태학적 요인을 고려해야 하는지에 대해 새로운 관점을 제공한다. 예를 들어 이 분석 결과에 따르면, 이제 새로운 협동조합을 더 만들어 내려는 설립지원은 효과가 크지 않을 것으로 보인다. 그보다는 이미 설립된 협동조합들의 운영과 성장을 지원하는 쪽으로 지원의 방향을 틀어야 할 것이다.

두 번째는 혼종성에 대한 논의와 관련된 문제이다. 글머리에서 인용한, 레이들로(2000[1980]: 71)가 국제협동조합연맹에 제출한 보고서에서 내린 혼종성의 어려움에 대한 결론을 다시 생각해 볼 필요가 있다. 이것이 혼종성의 가장 핵심적인 내용이라고 본다면, 이번 연구에서 찾은 협동조합의 공간적 구성의 분포와 시간적 추이의 전환은 시사하는 바가 크다.

마지막 세 번째는 '협동조합 생태계'라는 말을 비유를 넘어서 분석적 개념으로 고려할 때 가능해지는 것들이다. 이 개념은 보통 협동조합 부문의 지속과 성장에 영향을 미치는 환경 전반을 아우르는 표현으로 쓰이는데, 그 용법에서 사람들의 주장은 크게 둘로 묶인다.

하나는 협동조합이 공식조직으로 설립되고 운영될 수 있는 법제도적 기반을 마련해야 한다는 주장인데, 이는 앞에서 논의한 제도적 환경의 중요성을 강조하는 사람들의 입장이기도 하다. 다른 하나는 다양한 분야에서 설립된 협동조합들끼리 여러 수준에서 협력해야 한다는 주장이다(김재민 외, 2013; 장종익, 2014).[17] 조직형태로서의 협동조합은 사회의 다른 조직 및 제도와의 연결망 속에 존재한다(de Swaan, 2001). 물론 조직구성원들 간의 네트워크가 내적 핵을 구성하지만, 협동조합은 그 조직구성원과 관계된 거래자, 지역공동체, 국가와 직간접적으로 연결되고 다른 한편으로는 그들끼리도 연결된다. 그러면서 복합적·중층적 연결망의 구조를 띤 그들의 생태계를 형성한다. 이런 맥락에서 협동조합은 한 수준에서의 관계망이 다른 수준에서의 관계망의 구조 및 특성과 서로 영향을 주고받는 '네트워크 복합체'로 파악할 수 있다(Porter, 1980; DiMaggio and Powell, 1983; Abbott, 1988; White, 1992; Wasserman and Faust, 1994).

---

17) 협동조합 생태계를 말하는 대표 논자인 장종익(2014: 10장)에게 협동조합 생태계란 "한 사회가 협동조합을 바라보는 태도와 제도적 지원 수준, 그리고 협동조합 섹터의 연대 역량 수준"을 아우르는 말이다. 첫 번째 요소인 제도와 정책은 다시 법률이나 정책과 같은 공식적인 제도환경과 시민사회의 인식과 같은 비공식적 제도환경으로 구분된다. 두 번째 요소는 협동조합 부문 내 연대 역량이다. 연대의 범위는 개별 조직이나 하위 부문 간 협력에서 협동조합과 다른 유사 조직들 간의 협력을 아우른다.

이런 새로운 시각에서 그동안 있어 왔던 협동조합의 생태계에 관한 주장들이 가정하는 생태계의 모습은 과연 어떤 것인가를 새롭게 물을 수 있을 것이다.[18]

---

18) 가령 전 업종에 골고루 협동조합이 설립되어 있어 협동조합들이 자신들만의 상부상조로 생산생태계를 구성할 수 있고, 소비자 입장에서도 협동조합이 제공하는 재화 및 서비스만으로 모든 생활 영역에서 모자람이 없는 그런 상태를 상정하는 것인가? 말하자면, 원주 모델의 전국화를 상정하는 것인가?

사회적경제의 혼종성과 다양성

강희원. 2014. "협동조합 정책과 법제의 개선." 『경희법학』 49(2). 3-44.

국제협동조합연맹(ICA). 1995. "협동조합의 정체성에 관한 ICA 성명(The ICA Statement on the Co-operative Identity)." (http://ica.coop/en/whats-co-op/co-operative-identity-values-principles)

기획재정부. 2013. 『협동조합 설립운영 안내서: 아름다운 협동조합 만들기』. 기획재정부.

_____ · 한국사회직기업진흥원. 2014. "2014 협동조합사례집: 우리는 협동조합입니다." 기획재정부 · 한국사회적기업진흥원.

길현종 · 안주엽. 2014. "협동조합의 고용실태와 과제." 한국노동연구원.

김기태. 2013. "한국 사회 경제위기의 대안 하나, 협동조합 생태계." 『생협평론』 10(봄호). 7-19.

김두년. 2014a. "(일반)협동조합." 김기태 · 김형미 · 신명호 · 장종익 · 정병호 외. 『협동조합 키워드 작은 사전』. 서울: 알마. 246-249.

_____. 2014b. "한국의 사회적 협동조합." 김기태 · 김형미 · 신명호 · 장종익 · 정병호 외. 『협동조합 키워드 작은 사전』. 서울: 알마. 250-252.

김성기 · 김정원 · 변재관 · 신명호 · 이견직 · 이문국 · 이성수 · 이인재 · 장원봉 · 장종익. 2014. 『사회적경제의 이해와 전망』. 서울: 아르케.

김의영. 2015. "사회적경제의 혼종성과 정치학적 연구의 가능성: 조직지형, 국가 간 비교, 민주주의." 서울대학교 사회과학대학 설립 40주년 기념 심포지엄 발표문(2015. 10. 27.).

_____ · 임기홍. 2015. "한국 사회경제 조직 지형도." 『Oughtopia』 30(1). 61-92.

김재민 · 김정희 · 조옥. 2013. "서울여성협동조합 생태계 연구." 서울시여성가족재단.

김혁래. 1994. "한국 제조업 조직군의 역동성 연구: 조직생태학적 접근." 『한국사회학』 28(3). 1-29.

김형미. 2014. "결사체와 사업체." 김기태 · 김형미 · 신명호 · 장종익 · 정병호 외. 『협동조합 키워드 작은 사전』. 서울: 알마. 119-123.

레이들로, A. F. 2000[1980]. 김동희 역. 『레이들로 보고서: 서기 2000년의 협동조합』. 한국협동조합연구소출판부.

박승옥. 2012. "왜 협동조합 '운동'인가." 『녹색평론』 125(7-8월). 43-44.

_____. 2013a. "한국 생협운동에 대한 몇 가지 단상." 『녹색평론』 130(5-6월). 107-114.

_____. 2013b. "한국 생협, 성장신화 버려라." 『녹색평론』 128(1-2월). 50-63.

송인방. 2014. "사회적경제 조직의 지속가능을 위한 몇 가지 법적 검토." 『법학연구』 25(3). 393-427.

신동준 · 김광수 · 김재온. 2005. "한국 시민단체의 성장에 대한 양적 연구." 『조사연구』 6(2). 75-

101.

신명호. 2009. "한국의 사회적경제 개념을 정립을 위한 시론." 『동향과 전망』 75: 11-46.

신성식. 2013a. "협동조합의 이념과 사업성." 『녹색평론』 132(9-10월). 78-93.

_____. 2013b. "생협운동에 보다 진지한 성찰을 부탁한다." 『녹색평론』 129(3-4월). 58-68.

_____. 2013c. "협동조합 생태계에 대한 구상." 『생협평론』 10(봄호). 20-34.

신철영. 2013. "아이쿱생협은 과연 성장신화에 빠졌나?" 『생협평론』 10(봄호). 141-155.

여치현. 2012. "협동조합법에 대하여." 『녹색평론』 126(9-10월). 38-52.

오항식. 2013. "협동조합 생태계는 어떤 모습일까?" 『생협평론』 10(봄호). 68-79.

이명진. 2005. "대응분석." 이재열 편. 『사회과학의 고급계량분석: 원리와 실제』. 서울대학교출판문화원. 127-157.

이성복. 2015. 『불화하는 말들, 2006-2007: 이성복 시론』. 문학과지성사.

이철선·권소일·남상호·김미숙·오영호·윤강재·김현식·이상림. 2012. "협동조합기본법관련 현황조사 연구." 한국보건사회연구원.

이철선·노대명·김태완·권소일. 2013. "2013년 협동조합 실태조사." 한국보건사회연구원.

이현송. 2001. "생산자 협동조합 조직의 비교 연구." 『한국사회학』 35(4). 95-127.

장종익. 2014. 『협동조합 비즈니스 전략』. 동하.

장현주. 2013. "조직생태학적 관점을 통한 사회적기업 생태계 탐색: 밀도의존이론의 적용." 『한국공공관리학보』 27(4). 165-190.

전형수. 2011. "협동조합 정체성 확립을 위한 지도자의 자세에 관한 논의." 『한국협동조합연구』 29(2). 1-16.

조우석. 2013. "2013년 서울시 협동조합 실태보고서." 한국협동조합연구소/희망제작소.

한국협동조합연구소. 2013. "협동조합법 시행 1년: 전국 협동조합 설립 현황 보고서." 한국협동조합연구소.

한신갑. 2013. 『막힌 길 돌아서 가기: 남북관계의 네트워크 분석』. 서울대학교출판문화원.

_____. 2016. "협동조합의 조직생태학: 혼종성의 공간, 혼종성의 시간." 『한국사회학』 50(2). 165-198.

한준. 2004. "시장간 연결망과 조직의 생태학: 한국 제조업체의 역동성, 1981~1999." 『한국사회학』 38(4). 187-214.

Abbott, Andrew. 1988. *The System of Professions: An Essay on the Division of Expert Labor*. Chicago: University of Chicago Press.

Aldrich, Howard E. 1979. *Organizations and Environments*. Englewood Cliffs, NJ: Prentice-Hall.

Amin, Ash, Angus Cameron, and Ray Hudson. 2002. *Placing the Social Economy*. London: Routledge.

Cameron, A. Collin and Pravin K. Trivedi. 1998. *Regression Analysis of Count Data*. Cambridge: Cambridge University Press.

Carroll, Glenn R. 1988. "Organizational Ecology in Theoretical Perspective," in Glenn R. Carroll (Ed.), *Ecological Models of Organizations*. Cambridge, Mass.: Ballinger Publishing Co.

DiMaggio, Paul J. and Walter W. Powell. 1983. "The Iron Cage Revisited: Institutional Isomorphism and Collective Rationality in Organizational Fields." *American Sociological Review* 48(2). 147-160.

de Swaan, Abram. 2001. *Human Societies: an introduction*. Polity. (한신갑·이상직 역. 2015. 『함께 산다는 것』. 서울: 현암사.)

Freeman, John, Glenn R. Carroll, and Michael T. Hannan. 1983. "The Liability of Newness: Age Dependence in Organizational Death Rates." *American Sociological Review* 48. 692-710.

Han, Shin-Kap and Sang-Hyun Chi. 2012. "The Dichotomy Unspooled: Outlining the Cultural Geography of Seoul." *Korean Journal of Sociology* 46(6). 1-29.

_____. 1977. "Population Ecology of Organizations." *American Journal of Sociology* 82(5). 929-964.

_____. 1988. "Density Dependence in the Growth of Organizational Populations," in Glenn R. Carroll (Ed.), *Ecological Models of Organizations*. Cambridge, Mass.: Ballinger Publishing Co.

Hannan, Michael T. and John Freeman. 1993. *Organizational Ecology*. Harvard University Press.

_____ and Glenn R. Carroll. 1992. *Dynamics of Organizational Populations: Density, Legitimation, and Competition*. New York: Oxford University Press.

Kingsland, Sharon E. 1995. *Modeling Nature: Episodes in the History of Population Ecology*. Chicago: University of Chicago Press.

Levine, Joel H. 1993. *Exceptions Are the Rule: Inquiries on Method in the Social Sciences*. Boulder, CO.: Westview Press.

Porter, Michael E. 1980. *Competitive Strategy*. Free Press.

Powell, Walter W. 1990. "Neither Market Nor Hierarchy: Network Forms of Organization." *Research in Organizational Behavior* 12. 295-336.

Singh, Jitendra V., David J. Tucker, and Robert J. House. 1986. "Organizational Legitimacy and the Liability of Newness." *Administrative Science Quarterly* 31. 171-193.

Stinchcombe, Arthur L. 1965. "Social Structure and Organizations," in March, James (Ed). *Handbook of Organization*s. Chicago: Rand McNally.

Tolbert, Pamela S. and Lynne. G. Zucker. 1983. "Institutional Sources of Change in the Formal Structure of Organizations: The Diffusion of Civil Service Reform, 1880-1935." *Administrative Science Quarterly* 28. 22-39.

Wasserman, Stanley and Katherine Faust. 1994. *Social Network Analysis: Methods and Applications*. Cambridge: Cambridge University Press.

White, Harrison C. 1992. *Identity and Control: A Structural Theory of Social Action*. Princeton: Princeton University Press.

4 장

사회적경제에서 '사회적'이란?

사회적경제의 기본 전제들은 현대 인류학의 이론적 배경에 아주 익숙한 것들이다. 너무 익숙하기 때문에 오히려 명시적으로 논의되지 않는 주제들이기도 하다. 인류학의 전통에서 인류의 모든 경제형태들은 그 자체로서 모두 사회적 경제이다. 그렇기 때문에 '사회적'이란 수식어가 불필요하다. 만약 이 수식어가 필요하다면 그것은 '경제'라는 개념에 일정한 변이가 있었음을, 예를 들어 경제가 그 경제형태를 규정하는 사회적인 환경에서 분리되었거나 아니면 분리되었다고 인식하게 되었음을 의미한다. 사회적경제라는 표현에서 '경제'가 그 자체가 본질적으로 사회적인, 사회적인 속성이 내재한 의미에서의 경제와 비교해서 차이가 있다면, 반대로 우리는 다음과 같은 질문을 할 수 있다. 사회적경제에서 사회적이란 과연 무엇을 지칭하는가? 이는 경제에 내재한 의미에서의 사회적인 것과 같은 것인가, 아니면 전혀 다른 것인가?

　이 장에서는 위의 질문을 생각해 보겠다. 경제가 본질적으로 또 내재적으로 사회적 사실이라면, 여기서 사회적이란 것은 우리가 사회적경제라고 지칭하는 형태에서 경제에 외연화된 의미에서 사회적이라는 관념과 어떻게 다를까? 이 질문을 현대 인류학의 지적 계보에서 비교사회경제체제 연구에 중요한 이론적 배경이 되는 마르셀 모스(Marcel Mauss)의 일련의 저작들에 제시되는 관련된 주제들을 중심으로 생각해 보고자 한다. 모스의 경제생활에 관한 저작에서 보이는 경제는 경제적인 측면과 함께 정치적인 의미가 강했다. 그가 관심을 두었던 경제의 정치이론적인 지평은 무엇이었을까? 그리고 그의 노력은 현재의 시점에서 어떤 함의를 가질 수 있을까?

* * *

사회적경제를 논할 때 종종 등장하는 현대적 의미의 고전들 중에 칼 폴라니의 『거대한 전환(The Great Transformation)』이 있다(Polanyi, 1957[1944]; 폴라니, 1991). 인류학 강좌에도 널리 이용되고 경제인류학이라고 불리는 분과의 과목에서는 필독서 중의 하나이다. 이른바 경제적 인간(Homo economicus)이라 불리는 존재가 통시적이고 자연적 존재가 아니라, 특정한 역사적·이념적 구성물이라는 것을 주장하면서 이를 역사적으로 설명한 저작으로 널리 읽혀 왔다. 그가 제시한 질적 연구(substantivism)와 형식적 연구(formalism)의 차이점, 그리고 전근대사회의 호혜적 경제와 근대사회의 공리주의적 조직이념 등의 큰 구분들은 잘 알려져 있다. 질적 연구의 영역에서 경제의 사회적 본질에[종종 내포(embeddedness)라는 말로 표현되는] 관한 명제도 유명하다. 『거대한 전환』의 내용은 틀 자체가 극히 인류학적이라서 이 책을 인류학의 시각에서 탐구한 자본주의 기원의 역사라고 해도 과언이 아닐 것이다.

폴라니의 저작은 1944년에 처음 출간되었다. 이 책과 더불어 경제인류학에서 무척 중요하게 다루는 것은 마르셀 모스의 『증여론』이다. 『거대한 전환』보다 약 20년 먼저 세상에 나왔다(Mauss, 1990[1923-1924]; 모스, 2008). 통상적으로 '선물경제'에 대한 저작으로 알려져 있다. 『거대한 전환』과 『증여론』은 공히 호혜(reciprocity)를 중요시한다. 또한 두 저작 모두 공리주의(utilitarianism) 사상에 전투적으로 비판적이다. 나아가 경제관계의 사회적 삶이랄까, 앞서 잠깐 언급한 경제의 본질적인 사회성에 두 작품 모두 천착한다. 이러한 공통점들이 있지만 접근방식에서 이 두 저작은 상당한 차이를 보인다. 『거대한 전환』이 영국의 초기 산업혁명을 중심 주제로 하여 자본주의의 기원에 대해 역사적·통시적으로 접근한다면, 『증여론』은 소위 고대사회의 인간의 교환관계를 형태(morphology)론적으로 접근한다. 이때 형태론이란 어떤 사회적 사실의 역사적 기원이나 환경보다는 그 자체의 형식적 구성원리를 탐구하는 비역사적 접근방법으로, 20세기 전반 영불 사회이론에 풍미했던 역사적 방법(사회진화론적 시각을 포함)에 대한 깊은 회의를 반영한다. 따라서 『증여론』은 경제사 작품은 아니다. 그러나 『증여론』의 접근방법이 비역사적이라는 말이 이 책에 역사적 인식과 시각이 결여되었다는 것을 의미하는 것은 아니다. 나중에 다시 언급하겠지만, 모스의 선물교환을 포함한 교환에 대한 설명은 그가 아주 흥미로운 특이한 역사관을 갖고 있었음을 보여 준다.

모스의 『증여론』은 읽기 쉽지 않은 책이고, 책의 내용을 해석하는 방식 역시 다양하다. 전체적인 내용에서 뉴질랜드 마오리 족의 '하우'라는 개념이 중요하게 제시된다. 하우는 일종의 정신적인 존재(혹은 윤리적 원칙이라고 이해할 수도 있겠다)인데, 어느 누가 다른 이에게 제공하는 선물에도 이 하우가 있다. 마오리 사람들에게 선물이란 것은 단순한 물건 이상으로, 이 물건을 주는 사람의 존재가 하우의 형식으로 물건에 따라간다. 이 물건을 받는 사람의 입장에서 그 물건을 받는 순간 그 물건의 원주인의 존재의 한 부분을 동시에 받게 된다. 물론 그 존재에 대한 책임감과 함께 말이다. 이렇게 주고받는 교환의 관계가 계속되어 물건의 움직임이 시간적으로 더 깊고 공간적으로 더 넓은 지평을 갖게 되면 선물은 결국 여러 다른 존재의 요소들, 즉 그들의 하우들을 가지면서 그 사회성이 증폭한다(그러면서 계속 원주인으로 돌아가고자 하는 속성도 갖고 있다). 이러한 교환체제가 의미하는 것은, (1) 교환에 참여하는 개개인의 입장에서 물건을 주고받는 행위는 물건만이 아니라 자신들의 자아의 부분을 서로 주고받는 행위라는 것, 그리고 (2) 교환의 목적은 그 행위를 통하여 다양한 자아들이 서로의 부분을 상호공유하는, 말하자면 사회적 연대를 위해서라는 것이다.

모스의 『증여론』에서 호혜라는 개념은 무척 중요하다. 그런데 이 개념이 주는 것이 있으면 받는 것이 있어야 한다는 방식으로 교환과 교환의 가치에 관해 기계적으로 이해될 수만은 없다. 교환관계에서는 분명 가는 것이 있으면 오는 것이 있을 수 있고, 이러한 이해의 배경에는 물론 도의적인 인식이 있을 수 있다. 그리고 이 점에서는 선물교환이나 화폐를 매개로 한 교환 사이에 큰 차이가 없다. 그렇기 때문에 모스는 마오리 사회의 선물경제와 현대사회의 화폐경제 사이에 분명한 경계를 두지 않았다[따라서 폴리네시아 연구에서 이 두 경제 형태들의 다름을 강조한 말리노프스키(Malinowski)의 시각에 동의하지 않았다](Hart, 1986). 교환은 호혜적이지만, 모스가 말하는 호혜관계는 경제적인 의미를 넘어서 사회적, 특히 정치적 의미를 함유한다. 이 점은 1923년의『증여론』보다 훨씬 이전 1905년에 출간된 그의『에스키모 사람들의 삶의 계절적 변화(Seasonal Variations of the Eskimo)』(이하『에스키모』)라는 에세이를 들여다보면 확연해진다(Mauss, 1979[1905]). 이 저작에서 모스는 "호혜"라는 말을 중요한 분석적 개념으로서 처음 들여온다.

에스키모 혹은 이누이트 사람들의 전통적 삶의 방식은 여름과 겨울 사이에 큰 차이가 있다. 여름 주기에는 핵가족 조직을 중심으로 사람들이 널리 분산되어 살면서 그다지 상호관계를 가지지 않은 채 생업인 사냥에 몰두한다. 겨울이 되면 이렇게 분산되었던 사람들이 카심이라는 주거지를 중심으로 모두 모여 집단공동체 생활을 한다. 이누이트 사람들의 여러 중요한 종교적인 의례도 주로 이때 이루어지고, 이 생활공간에서는 사유재산에 대한 의식과 주장이 극히 희박해진다. 이렇게 생태적 주기와 밀접하게 연동된 사회생활의 계절적인 변화에 관심을 두고, 모스는 여름에는 거의 "개인주의"적으로 살다가 겨울이 되면 거의 "공산주의"적으로 사는 이누이트 사람들의 중층적인 생활형태를 논한다. 여기서 "공산주의"란 원시 공산사회의 의미일 것이다. 모스의『에스키모』는 두 계절의 극명하게 다른 이누이트 사람들의 삶의 형식에 많은 지면을 할애한다. 그러면서 그의 스승이었던 에밀 뒤르켐(Emile Durkheim)의『사회분업론』에서 제시되는 "이중적 인간(Homo duplex)"의 주제와 더하여 전근대적 기계적 사회/유기적 현대사회 등의 사회형태론에 대한 주요 개념구성들을 하나의 사회, 하나의 민족지적 환경에서 조명한다. 그런데 이누이트 사회의 이중적인 계절적 사회형태에 대한 모스의 논의에서 이중성만큼 중요한 것은, 여름의 개인주의적 삶과 겨울의 공산주의적 삶의 방식 사이에 어떤 상호관계가 있는가이다. 이 전혀 다른 삶의 패턴들 사이에 존재하는 패턴들 사이의 상호관계(reciprocal effects)를 모스는 호혜적 현상이라고 표현한다. 이 저작에서 제시된 호혜의 문제가 20년 후 그의『증여론』에서 본격적으로 논의된다.

동시대 유럽의 지식인들 사이에 널리 유행했던 사회진화론적 시각과 비교해 볼 때(뒤르켐의『사회분업론』에서 제시된 주제를 포함해서), 모스가『에스키모』에서 제시하고자 하는 것은 놀라운 주장이다. 집단적인 전근대 공동체와 개인주의적 현대사회를 극명하게 가르고 이를 대비하는 데 익숙한 20세기 초반 사회이론의 주된 경향에 모스의『에스키모』는 전혀 함께하지 않는다. 현대인이 생각하는 전근대와 현대의 사회조직 형식의 모습이 사회진화의 직선적 시간의 틀에서 벗어나 이 두 다른 형식들이 하나의 사회적 공간에 공히 존재할 수 있다는 모스의 메시지는 파격적이었다. 그것도 아주 단순한 사회라고 여겨지는 곳에서 말이다. 이누이트 사람들이 산업사회의 유럽인들처럼 "개인"일 수 있다는 주장(나중에 전개된 수렵사회의 실증적 연구에서 수렵채집 사회의 구성원들이 개인주의적 경향이 강하다는 것은 아주 익숙한 주제이다)도 그렇지만, 어느 사회의 조직원리가 개인주의적이면서 동시에 공산주의적일 수 있다는 주장은 충격적인 것이다(20세기 전체의 역사, 좁게는 후반기 세계 냉전의 역사를 생각할 때도 이 충격은 유효하다).

모스의 마지막 주장은 상당한 정치적 복선도 갖고 있었다. 20세기 초반 프랑스 지식인 사회에는 드레퓌스(Dreyfus) 사건에 대한 입장을 비롯해서 격한 좌우의 이념논쟁이 있었다. 산업자본주의의 부정적 측면에 대한 비판적 인식이 강해지고 있었고, 동시에 극우적인 정치이념과 세력의 급격한 성장도 있었다. 이러한 환경에서 20세기 전반에 걸쳐 좌우논쟁의 하나의 상징이 되었던 "개인"의 자유와 "공산"적인 삶이 [생시몽(Saint-Simon)과 프루동(Proudhon)의 의미에서도 그러하지만 마르크스의『공산주의 선언』의 의미에서] 상호부정하는 것이 아니라, 반대로 둘 다 모두 자연적인 것이며 둘이 함께 사회적 삶을 구성한다는 것이 모스가『에스키모』에서 보여 주고자 했던 것이었다고 생각한다. 모스의 이렇게 야심찬 이론 전개에서 "호혜"는 중요한 연결고리였다. 개인주의적 삶과 공산주의적 삶은 분명 형식과 내용에서 다른 것이지만, 어떤 사회에서는 이 서로 다른 두 조직형태들이 그 차이에도 불구하고 순환적·상호적 관계를 가질 수 있다. 이것이 모스의 주요 주장인데, 이러한 환경에서 다름은 공존의 가능성을 부정하는 것이 아니다. 그리고 두 형태가 순환적 관계를 갖기 때문에 둘 사이에는 호혜의 미학이 있다. 따라서 여름의 개인주의는 홀로 존재할 수 있는 것이 아니라 겨울의 공산주의의 역사와 미래를 내포하고 함유하는 그러한 의미의 개인주의이고, 겨울의 공산주의도 이 점에서 마찬가지이다. 결국 호혜의 관계에서는 호혜관계의 양극을 형성하는 형태들이 서로가 서로를 부정하는 적대적 관계가 아니라, 서로가 서로를 구성하고 또 서로가 서로를 기대하고 기다리는 상생의 관계를 갖게 된다(Kwon, 2014).

모스가 뒤르켐과 함께 발간하고 있던 저널『사회학 연보』에『에스키모』가 출간된 1905~1906년과 그의『증여론』이 같은 저널에 처음 활자화된 1923~1924년 사이에 유럽에는 엄청난 사건들이 있었다. 무엇보다도 1914~1918년 제1차 세계대전의 파괴는 모스 자신은 물론 연보학파 전체에 엄청난 일이었다. 이 학파에 소속된 모스의 가까운 동료 로베르트 에르츠와 뒤르켐의 아들 앙드레를 비롯한 다수의 청년 지식인들이 제1차 세계대전의 진지전에서 희생되었다. 아들을 잃은 뒤르켐은 학문과 삶 자체에 대한 열정과 의지를 잃었고, 결국 당시 그가 구상하고 있던 윤리의 사회성에 관한 저작을 끝마치지 못하고 세상을 등진다. 스승이자 삼촌인 뒤르켐이 없는 파리에서 모스는 뒤르켐 대신 연보학파를 이끌고 나갈 책임을 통감하였고, 이런 배경에서『증여론』을 쓰게 된다. 그러면서 20년 전『에스키모』에서 그가 생각했던 "호혜"의 사회이론적이고 정치이론적인 의미를 선물경제라는 틀에서 다시 논하게 된다. 인류학자 진 가이어가 지적하듯이,『증여론』을 당시 모스가 쓴 다른 에세이들과 함께 꼼꼼히 읽어 보면 거기에 나오는 호혜의 주제가 반드시 이론적 주제가 아니라 모스 자신에게 무척 중요한 도의적 문제였음을 알게 된다(Guyer, 2014). 한솥밥을 먹던 스승과 동료, 그들의 죽음과 생을 기억하면서 그들이 이루고자 했지만 끝을 보지 못한 일들을 이어 가고자 하는 정서가 『증여론』에 깊이 스며 있다. 이 정서란, 『증여론』에서 나오는 호혜는 하우의 미학이 마오리 족의 교환과 나눔에 대한 민족지학적인 측면과 함께 연보학파의 구성원들 사이에 존재했던(아이디어의) 나눔과 교환의 실천적인 윤리적 문제도 있었다고 말할 수 있다. 다시 말해 이 저작에서 호혜는 연구의 대상이기도 하지만, 그 대상을 접근하는 연구 주체자의 존재와 접근의 방법론적 의미도 포함하고 있었다.

『에스키모』와 『증여론』 사이의 또 하나의 큰 사건은 1917년의 러시아혁명이었다. 모스는 연보학파의 다른 동료들과 힘께(또 폴라니가 그러했듯이) 영국의 공리주의와 이 철학사조의 급진적 개인주의에 대한 반대 입장을 분명히 했다. 연보학파의 지식인들은 제1차 세계대전 전후로 프랑스의 사회주의 운동에 직간접적으로 관여하고 있었는데, 모스 자신은 이의 연장선상에서 당시 서유럽의 일각에서 활발했던 협동조합운동에도 큰 관심을 갖고 있었다. 모스의 정치이론적인 의미에서의 호혜에 관한 인식은 그의 협동조합에 대한 관심에서도 보인다. 그는 협동조합운동을 일종의 제3의 세력으로 이해했는데, 이 운동을 통하여 개인주의와 집단의식 그리고 사회적 결속과 개인의 자주성이 상호 모순관계가 아니라는 자신의 신념을 전개하였다.

협동조합운동에 대한 모스의 지극한 관심과 애정은 『에스키모』를 곰곰이 들여다보면 이해할 수 있다. 그의 공리주의와 러시아식 국가사회주의에 대한 비판적 시각 역시 그러하다. 모스에게 협동조합운동의 사회성은 기본적으로 자발적이라서, 유사한 사회성을 국가권력이 위로부터 폭력적으로 사회에 강제하는 혁명 이후 러시아의 현실과는 큰 차이가 있었다. 개인의 경제적 자유와 화폐의 힘 자체를 부정하는 소련의 정치경제적 움직임 역시 그는 인정하지 않았다. 모스에게 협동조합운동의 의미는 현대사회에서 사회적 삶의 보편적이고 자연적인 모습을 회복하는 데 있었다. 이때 사회의 자연적인 모습이란 그 사회에 사는 사람들이 인간의 개인주의적 면과 사회적(혹은 집단직, 혹은 "공산"적) 모습을 균형되게 공히 발현할 수 있는 그런 사회이다. 즉 『에스키모』에서 그가 그린 사람들의 모습이다. 이러한 그에게 공리주의의 이상사회와 러시아의 국가사회주의가 지향하는 이상사회는 둘 다 현대사와 현대이념의 결과일 뿐, 그가 에스키모 연구를 통해 본 보편사회와는 큰 거리가 있는 것들이었다.

모스는 경제가 사회적 사실임을 의심치 않았다. 이는 선물이 선물을 주고받는 사람들의 정신과 혼을 담보하는 선물교환 경제에서는 보다 확연하게 보일 수 있다. 그러면 교환 주체자들의 혼이나 정신이 전혀 비집고 들어갈 자리가 없다고 여겨지는 현대의 화폐경제에서도 과연 경제의 사회적 본질은 유의미할까? 모스는 그렇다고 믿었다. 앞서 잠시 언급한 바, 모스의『호혜론』은 비록 원시사회와 고대사회의 선물교환에 초점을 두고 있지만 교환이 형태적으로 선물 혹은 재화 내지 화폐의 모습을 갖더라도 그 기본적인 속성은 질적으로 다르지 않다는 시각을 가졌다. 마오리 족은 물론 말리노프스키가 연구했던 폴리네시아의 선물경제는 선물경제적인 측면과 동시에 화폐경제의 측면을 갖고 있었다는 확고한 인식이 자리잡고 있었다. 이 점은 경제인류학자 키이트 하트(Keith Hart)는 물론 남태평양 민족지 전공자인 알프레드 젤(Alfred Gell) 등 여러 학자들이 지적한 바 있다(Gell, 1992; Hart, 1986). 그럼 모스의 저작 전체에서 보이는 Homo duplex, 사회적 구성체의 이중성에 대한 강조가 사회적경제 연구에 시사하는 점은 무엇일까? 그가 말하는 이중성이 사회적경제와 협동조합 논의에서 자주 등장하는 이중성(경제적 목적과 사회적 목적) 혹은 혼종성과 어떻게 연결될 수 있는가에 대해 잠깐 생각하면서 이 글을 마치겠다(레이들로, 2015: 115–117).

* * *

이 책의 주된 관심은 사회적경제의 혼종성이다. 이 경우 혼종성이란, 경제적 인간의 의미에서의 경제적 측면과 함께 호혜와 연대의 측면에서의 사회적 측면이 혼존하고 있다는 의미에서 혼종성이라고 이해된다. 이때 호혜의 개념은 종종 "비화폐" 경제의 의미로 쓰이고 있다(김기태 외, 2014: 24). 사회적경제가 한편으로는 시장, 화폐와 다른 한편으로 비시장과 비화폐의 혼성체로 정의될 때 호혜는 후자를 의미하는 것으로 이해된다. 이런 방식의 개념적 이중구도의 틀 안에서 말하는 "호혜"는 모스가 이해한 호혜의 개념과 다르다. 모스가 말하는 호혜는 화폐경제/비화폐 경제의 틀에서 한쪽에 구속되는 것이 아니라 이러한 류의(예를 들어 말리노프스키의) 구분을 넘어서서, 즉 경제의 주된 형태가 선물경제든 화폐경제든 그 형식적 차이를 넘어서서 인간의 사회생활에서 보편적인 이중성을 지칭하는 것이었다. 그의 이런 시각을 따라가자면 사회적경제 연구에서 논하는 혼종성은 그 자체가 인간의 사회경제적 삶에서 본질적인 것을 의미한다. 혼존성 자체가 자연적이고 보편적인 것, 그래서 이를 부정하고 순수한 형태를 이상화하는 행위가 오히려 인위적이면서 역사적으로 특수하고, 이념적이고 지엽적인 것이 된다. 사람의 삶이 개인주의적이면서 "공산주의"적이듯이, 인간의 교환의 윤리는 선물과 화폐의 차이에 국한되어 생각할 수 없다. 모스에게 호혜의 진정한 의미는 이렇게 현대문명과 현대사상을 나누고 양극화하는 형태들 사이에, 나눌 수는 있을지 모르겠지만 양극화하고 무관계로 만들 수는 없는 지평이 분명히 있다는 말을 하기 위한 것이었다. 또한 그러한 지평을 형상화하기 위한 노력 그 자체였다. 다시 사회적경제라는 말로 돌아가서 생각해 보자면, 이 말에서 호혜란 사회적경제란 말 그 자체, 그 말이 지향하는 것 자체, 이 말에서 사회와 경제의 관계의 전체성 그 자체를 의미하지 않을까 생각한다. 마르셀 모스가 생각했던 호혜의 의미에 충실한다면 말이다.

김기태 외. 2014. 『협동조합 키워드 작은 사전』. 서울: 알마.

마르셀 모스. 류정아 역. 2008. 『증여론』. 서울: 지만지.

알렉산더 레이들로. 염찬희 역. 2015. 『21세기 협동조합: 레이들로 보고서』. 서울: 알마.

칼 폴라니. 박현수 역. 1991. 『거대한 전환: 우리 시대의 정치·경제적 기원』. 서울: 민음사.

Gell, Alfred. 1992. "Inter-tribal commodity barter and reproductive gift exchange in old Melanesia." in C. Humphrey and S. Hugh-Jones (eds.) *Barter, Exchange and Value*. Cambridge: Cambridge University Press.

Guyer, Jean. 2014. "The true gift: Thoughts on L'Annee sociologique of 1925." *Journal of Classical Sociology* Vol. 14, No. 1. 11-21.

Hart, Keith. 1986. "Heads of tails? Two sides of the coin," *Man* Vol. 21, No. 4. 637-656.

Kwon, Heonik. 2014. "Spirits in the work of Durkheim, Hertz and Mauss." *Journal of Classical Sociology* Vol. 14, No. 1. 122-131.

Mauss, Marcel. 1979[1905]. *Seasonal Variations of the Eskimo: A Study in Social Morphology*. London: Routledge.

_____. 1990. *The Gift: The Form and Reason for Exchange in Archaic Societies*, translated by W.D. Halls. London: Routledge.

Polanyi, Karl. 1957. *The Great Transformation*. Boston: Beacon.

5 / 장

한국형 복지국가 전략과 사회적경제의 역할

1

한국형 복지국가 전략, 그 성공의 조건

지금 한국의 자본주의는 고용 없는 성장, 노동시장의 양성불평등, 전반적인 불평등의 지속이라는 문제에 직면해 있다(안상훈 편, 2015). 일해서 먹고살고 싶지만 일자리가 없고, 애를 둘 이상 키우면서 여성들이 일한다는 것이 불가능하며, 노력해도 여전히 가난한 사회, '헬조선'이라는 자학이 퍼져 가는 와중이다. 우리만의 문제는 아니다. 다른 선진국도 우리보다 앞서 겪었던 문제들이다. 그리고 이러한 문제들을 동시에 해결한 나라 중에서 복지가 아닌 시장으로 해결한 경우는 없다. 다양한 복지국가 전략 중에서도 사회서비스를 강화하는 전략들이 가장 효과적으로 문제를 해결했다는 것도 기억할 부분이다. 어쨌거나 그동안 등한시되었던 복지국가 확충의 문제가 이제는 한국의 자본주의를 제대로 살려 내기 위해서라도 꼭 필요한 일로 떠오르고 있다. 이제 문제의 핵심은 복지국가를 할 것인가 말 것인가가 아니다. 어떻게 해야 좋은 복지국가를 만드느냐에 사회과학적 분석력과 상상력을 동원해야 할 시점이다. 결론부터 말하자면, 한국형 복지국가 전략의 핵심적인 방향성은 다음의 4가지로 정리할 수 있다(안상훈 외, 2015).

첫째, 정치적인 예산제약을 고려할 때 중부담·중복지가 현실적이며, 복지급여의 우선 대상을 취약계층으로부터 시작해 점차 확대하는 긍정적 선별주의 전략이 필요하다. 국제적인 경쟁에서 이기려면, 그리고 세금납부에 관한 한 매우 부정적인 민심의 향배를 보면 20세기 유럽 수준의 큰 복지를 당장 이루기는 어려워 보인다. 빚내서 하는 복지가 아닌, 재정적으로 지속가능한 복지를 위해서라면, 가능한 선택지는 복지 수준을 중간으로 잡고 가장 긴급한 욕구부터 풀어주는 방식일 것이다. 그러고도 남겨지는 욕구는 착한 민간의 활용을 통해 충족할 수 있을 것이다.

둘째, 복지 수준에 걸맞은 국민부담 수준을 유지하여 재정적 지속가능성을 견고히 하는 것도 중요하며, 국민부담을 현금이 아닌 다른 방식으로 다변화하는 것도 고려해야 한다. 더불어 중요한 일은 세대 간에 또 계층 간에 복지부담을 공정하게 지우는 조세정의의 확보이다. 망한 복지와 흥한 복지의 가장 중요한 차이 중 하나는 주어진 복지 수준을 유지하기 위해 필요한 만큼의 부담을 국민들로 하여금 세금, 보험료, 이용료 등의 형태로 납부하도록 할 수 있었는가이다. 비용부담의 형태는 이 밖에도 시간이나 노동력 품앗이와 같은 서비스의 제공일 수도 있다. 어떤 방식의 부담공유든, 공정하고 필요한 만큼의 국민부담은 지속가능한 복지국가의 기본적 요건이다.

셋째, 사회서비스 강화를 통해 고용을 매개로 한 성장과 복지의 선순환구조 형성에 힘써야 한다. 사회서비스는 도움이 필요한 사람들이 지닌 돌봄서비스 등과 관련된 욕구를 충족시킴으로써 한편으로는 불평등 완화에 기여하고, 다른 한편으로는 여성을 비롯한 취약집단의 사회 진출을 돕는다. 근로의욕을 해치지 않으면서 새로운 일자리를 창출하는 대표적인 복지전략이다. 자칫 근로동기 침해로 '복지병'을 유발하는 현금복지에 대한 유효한 대안이다.

넷째, 정부와 시장의 실패를 동시에 넘어서기 위한 민관협력의 대안 마련이 필수적이다. 복지 수혜의 대상 선정뿐만 아니라 복지 제공의 주체 선정에서도 선별과 혼합이 필요하다. 예산의 제약이 분명한 상태라면 국가복지 이외의 다른 민간주체들이 공공복지 확대에 기여하도록 엮어 내는 일도 중부담·중복지

전략에서 중요한 부분이다.

이상의 4가지 전략은 상호 연결되어 있다. 현금으로 계산되는 국민부담의 예산제약선이 중부담·중복지라면 공공복지의 완성도를 높이기 위해 기존 복지 전략에서 빠져 있던 창조적 노력이 부가되어야 한다. 현금복지보다는 사회서비스 복지로 고용을 통해 성장을 견인해야 할 것이고, 공공성을 담보하면서 효율적으로 운영될 새로운 민간 공급주체들을 찾아내야 한다. 국민부담도 세금과 보험료를 넘어서서 서비스 이용료 차등부과 체계를 활성화하거나 품앗이 방식으로 시간과 노동력을 통해 기여하도록 하는 것도 고려해야 한다.

새로운 한국형 복지전략의 이러한 과제들을 현실에서 담아내는 일이 쉽지만은 않을 것이다. 제도적 경로 의존이 지배하는 것이 복지정책의 세계이다. 그리고 한국의 제도적 상황은 꼬여 있어도 아주 단단히 꼬여 있다. 지금까지 우리 정부는 사회서비스 시장을 확대하면서 왜곡된 복지시장을 만들어 냈다. 복지 확대에 관한 요구에는 시장 조성으로 부응하면서도 세금은 되도록 쓰지 않는 방식이 정부의 전통적 전략이다. 정부는 재정부담을 회피함과 동시에 시장규제자로서의 권력만 휘두르면서 '닫힌 복지시장'을 만들어 냈다. 이렇게 만들어진 복지시장의 특징은 '의료, 요양, 양육 등 사회서비스 분야의 사업자들로 하여금 저가로 책정된 복지 제공을 떠맡게 하는 대신 정부는 그들의 왜곡된 수익 창출을 눈감아 주는 방식'으로 요약된다. 그 과정에서 의사, 약사, 요양사업자, 어린이집 원장 등의 업자그룹은 각 분야의 카르텔을 형성했고 정치적으로 매우 강력한 이익집단으로 부상하게 된다. 필요한 복지는 규제된 시장을 통해 충족되기 시작했지만, 사회구성원의 복지욕구와 취약계층의 근로를 지원하는 공공성이나 재원 사용의 효율성을 통한 사회서비스 품질 제고는 물 건너가게 된다.

이제 왜곡된 복지시장의 나쁜 공급자들을 몰아내고 착한 공급자 생태계를 조성하는 것에서 한국형 사회서비스 전략 성공의 발판을 마련해야 한다. 이와 관련해 최근 주목받고 있는 것이 사회적기업, 사회적협동조합 등으로 대표되는 사회적경제 조직들이다. 다음 절에서는 사회적경제에 대한 이론적 논의를 검토하고, 지속가능한 복지국가 구축에 사회적경제 조직이 기여할 수 있는 측면을 정리한 후, 실제 주요 국가의 제도 및 조직 사례에 대한 검토를 통해 성공의 실마리를 찾아보자.

2

사회적경제의 개념적 구성

기존에 제시된 사회적경제의 개념은 정의라기보다 대중의 현실적 필요에 의해 만들어진 다양한 조직들을 묶은 추상적 범주라고 하는 편이 나을 것이다(신명호, 2014). 사회적경제의 다양한 단초가 출현한 유럽을 보아도 그렇다. 학술적으로 명확하게 규정된 개념이라기보다는 역사적 흐름 속에서 그때그때의 필요에 의해 구성되어 온 미완성의 개념이 '사회적경제'이다. 여기서는 한국보다 역사가 길고 내용이 풍부하며 한국에도 큰 영향을 끼친 유럽 지역의 사회적경제 관련 논의의 흐름을 살펴보자.[1]

19세기 초반 유럽에서 산업화와 자본주의로 인한 문제에 대응하기 위한 자발적 결사체로서 전통적 사회적경제 조직인 상호공제조합, 민간단체, 협동조합[2]이 등장했고, 19세기 후반부터 제도화되기 시작한다. 하지만 두 차례의 세계대전과 복지국가 황금기를 거치면서 전통적 사회적경제 조직들은 쇠퇴하거나 타영리조직과의 차별성을 상실하게 된다.

1960년대 중반 이후 등장한 새로운 사회운동의 영향으로 자본주의와 국가사

---

1) 한국의 사회적기업 논의는 초기부터 유럽 모형의 영향을 많이 받은 편이고, 이탈리아의 사회적협동조합과 영국의 공동체 이익 회사 관련 법제가 2006년 제정된 「사회적기업 육성법」에도 영향을 미친 것으로 알려져 있다(Defourny and Kim, 2011).
2) 소비자, 노동자, 신용 등.

회주의 간 제3의 길을 찾는 움직임이 나타났다. 오일쇼크 이후 1970년대부터는 자본주의에 대한 대안으로서 사회적경제 조직과 새로운 활동들이 유럽 각국으로 확산되었다. 특히 전통적 사회적경제가 제도적 형태를 중시하는 데 비해, 새로운 움직임은 자율, 연대, 참여민주주의와 같은 가치를 강조한다는 점에서 차별적이었다. '새로운 사회적경제'는 구성원만의 이익을 넘어 사회적 약자와의 연대 및 생태적 문제까지 관심을 넓히고, 다양한 자원을 동원하는 체계를 갖추게 된다(엄형식·마상진, 2010: 16-24).

한편, 사회적경제 관련 새로운 활동과 조직에 대한 유럽 15개국 비교연구에서는 이들을 규정하는 경제적 기준과 사회적 기준을 제시하였다(Defourny, 2001: 16-18). 이 연구에서는 이들을 '사회적기업'이라는 개념으로 명명했다.[3] 경제적 기준은 (1) 재화와 서비스의 지속적 생산 및 판매, (2) 높은 자율성, (3) 의미 있는 수준의 경제적 위험, (4) 최소한의 유급노동이다. 사회적 기준은 (1) 지역사회에 기여한다는 목적, (2) 시민그룹의 주도로 설립, (3) 자본소유에 기반을 두지 않는 의사결정, (4) 다양한 이해관계자들의 참여, (5) 제한적인 이윤 배분이다.

사회적기업에 대한 이론적 논의가 주목받으면서 사회적기업 개념이 2000년대 초반 영국을 비롯한 유럽 각국에서 정책에 적용되며, 해당 개념이 전통적 사회적경제 영역까지 포괄하는 개념으로 범주가 확장되기에 이른다. 특히 사회적기업이 취약계층의 노동시장 통합, 사회서비스 전달, 지역공동체 활성화와 관련하여 보여 준 혁신적 문제해결 능력이 정책적 관심의 대상이 되기 시작한다(엄형식·마상진, 2010: 26-27). 즉 유럽의 맥락에서 '사회적기업'은 1980년대부터 본격화된 새로운 사회적경제 관련 활동 및 조직과 그 영향을 받아 민주성과 역동성을 회복해 가는 전통적 사회적경제 활동 및 조직을 포괄하는 개념으로 사용된다고 하겠다.

---

3) 이때의 '사회적기업'은 법에 의해 인증된 조직을 일컫는 한국의 '사회적기업' 개념보다 광의의 개념이며, 보다 포괄적인 개념인 '사회적경제'의 개념에 가깝다고 볼 수 있다.

한편, 한국의 경우에는 사회적경제 개념이 '경제'적 속성을 지닌다는 측면에 주목하여, 생산을 담당하는 사회적기업 외에 경제활동에 포함되는 소비, 교환, 분배를 담당하는 조직까지 논의에 포함시키는 논자도 있다(신명호, 2009; 김성기, 2011). 이들에 따르면 사회적경제는 공동체의 이익이라는 사회적 가치를 실현하기 위해 자원을 생산, 교환, 소비, 분배하는 조직들로 구성된 하나의 부문이다. 이는 앞서 제시된 유럽의 사회적경제 개념 혹은 사회적기업 개념보다 더욱 넓은 범주를 포괄한다. 어떤 경우라도 관련 논의에서 발견되는 공통분모는 존재한다. 즉 사회적 목적을 추구하는 경제조직이라는 것이 관련된 개념들의 핵심적 요소이다.

한국의 경우 정책현장에서 사회적경제로 열거하는 조직들로는 사회적기업, 마을기업, 농어촌공동체회사, 자활기업, 협동조합 등이 있다. 이에 더해, 농·수·산림조합, 소비자협동조합 등 사회적경제를 실현하거나 사회적경제 조직을 지원하기 위해 설립된 법인단체도 사회적경제 영역에 포함된다고 하겠다. 한국 사회적경제 영역 내 주요 조직의 현황과 관련 지원제도는 다음과 같다.[4]

〈표 5.1〉 한국 사회적경제 주요 조직 현황

구분	사회적기업	마을기업	농어촌 공동체회사	자활기업	협동조합
소관 부처	고용노동부	행정자치부	농림축산식품부	보건복지부	기획재정부
근거 법령	「사회적기업 육성법」	「도시재생 활성화 및 지원에 관한 특별법」	「농어업인 삶의 질 향상 및 농어촌 지역개발 촉진에 관한 특별법」	「국민기초생활 보장법」	「협동조합기본법」
시작 연도	2007	2010 (시범사업)	2011	2000	2012

(계속)

---

4) 제18대대통령직인수위원회 자료 및 김정원(2014: 111)을 토대로 내용을 일부 수정하였다.

목적	취약계층 대상 일자리 및 사회서비스 제공, 지역사회 공헌	지역단위 소규모 공동체 및 지역경제 활성화	향토자원을 활용하는 마을단위 공동체 지원, 고용 창출 및 소득 증대	기초생활수급자의 일자리 창출 및 탈빈곤화	협동조합 설립 및 활동 촉진을 통해 시장경제 문제점 보완
주 참여자	취약계층 중심	지역주민 중심	농어촌주민 중심	저소득층 중심 (수급자, 차상위)	이해관계자 및 이해당사자 중심
지원 제도	공공기관 우선 구매, 경영컨설팅 지원, 인건비 지원, 법인세 및 소득세 50% 감면	사업비지원, 전문교육, 경영컨설팅 지원 (시설비, 경영 컨설팅 등 최대 2년. 기업당 8000만 원)	제품개발 및 마케팅 지원, 컨설팅 및 홍보지원 (기업낭 5000만 원)	공공기관 우선구매, 초기창업 인건비 지원(기초생활수급자 최대 2년), 초기 사업 자금 융자, 자활 근로 매출적립금 활용	직접지원 없음. 단, 협동조합 상담 및 컨설팅, 교육 및 홍보 제공
개수	인증 1,423개 (2015. 10. 기준) ※예비 사회적 기업은 별도로 지정됨(2014. 6. 기준 1,463개)	1,297개 (2014. 11. 기준)	867개 (2013. 12. 기준)	1,204개 (2014. 12. 기준)	8,052개 일반 7,707개 사회적 345개 (2015. 10. 기준)
중간 지원 조직	사회적기업진흥원, 권역별 통합 지원기관	권역별 통합 지원기관	농어촌공사	지역, 광역, 중앙 자활센터	사회적기업진흥원, 권역별 협동조합 상담센터

3

복지국가에 대한 사회적경제의 보완 가능성

사회서비스 제공과 관련해 국가, 시장, 시민사회 섹터에 속하는 조직 간 협업에 초점을 두는 '복지혼합(welfare mix)'을 넘어, 한 조직의 내부에 여러 섹터의 원리가 융합되는 '복지혼종(welfare hybrid)' 조직이 급증하고 있다(김수영,

2015). 새로운 혼종조직의 대표적인 형태가 바로 사회적기업 혹은 사회적경제이다. 사회적경제는 태생적으로 시민사회의 호혜성, 시장의 수익성, 정부의 공공성을 동시에 실현하고자 하는 속성을 지니고 있고, 복지서비스 제공에서 주요 역할을 담당하고 있다. 사회적경제 조직은 취업취약 계층을 위한 노동통합이나 사회서비스로부터 배제된 계층을 위한 서비스 제공을 주요 기능으로 한다(김성기, 2011: 58).

복지 제공에 기여하는 사회적경제 조직의 역할은 실제 사례들에서도 확인된다. 사회서비스 공급과 관련된 대표적인 사례가 이탈리아의 사회적협동조합이라고 한다. 충족되지 않은 사회서비스 수요에 대한 대안 마련의 과정에서 이탈리아의 사회적협동조합이 등장했다는 관찰들이 여러 연구에서 제기되는 것이다(채종헌·최준규, 2012: 209). 특기할 것은 이탈리아 사회적협동조합이 복지에 대한 국가의 부담을 줄이고자 하는 목적으로 의도적으로 도입된 것은 아니라는 점이다. 이들은 이탈리아 고유의 전통에 따라 등장한 조직이 제도화된 것으로, 복지국가를 대체하는 역할보다는 상호보완적 관계에 놓여 있다고 여겨진다(기획재정부, 2012).

그렇다면 사회적경제 조직들은 한국형 복지국가 전략을 구현하는 데에서 어떠한 역할을 수행할 수 있을까? 사회적경제 조직들이 지니는 상대적인 강점을 강화하면서, 예산제약이 분명한 상황에서의 사회서비스 강화전략을 보완하기 위해 어떠한 방향으로 지원방안을 마련할 수 있을까? 이러한 궁금증에 답하기 위해 사회복지정책 분석의 고전적인 분석틀을 적용하려 한다(Gilbert and Terrell, 2010: 61). 사회복지정책 분석틀은 할당(allocation), 급여(provision), 전달(delivery), 재정(finance)의 차원들로 이루어진다.[5] 이를 토대로 해서 우

---

[5] 이 4가지 측면은 각각 '누구에게(사회복지정책의 대상), 무엇을(현금 혹은 사회서비스 등 사회복지정책을 통한 급여형태), 어떤 방식으로(사회복지정책을 통해 제공되는 급여가 전달되는 조직적 구조), 무슨 돈을 사용해서(공적 재원 혹은 민간재원 등 사회복지정책의 재원형태와 재정이 전달되는 방식) 줄 것인가'와 관련된 개념이다(Glibert and Terrell, 2010: 62–63).

선 사회적경제 조직을 통한 사회서비스 전달 전략이 사회서비스 전달 대상의 범위, 사회서비스 형태로 제공되는 급여의 양과 질, 사회서비스 제공에 사용되는 재원의 효율성에 어떠한 영향을 미칠 것인지를 이론적 견지에서 살펴보도록 하자. '착한 공급자'로서 사회적경제 조직들을 통한 사회서비스 전달(delivery)의 확대가 나머지 세 측면에 미칠 것으로 예상되는 긍정적인 기여는 다음과 같이 정리할 수 있다.

첫째, 누구에게 할당(allocation)할 것인지의 측면에서 보면 사회적경제가 사회서비스 공급의 사각지대를 완화할 수 있으리라고 기대된다. 사회서비스는 돌봄이 필요한 취약계층의 이용자들을 포괄하고 있어 사회적 연대성이 요구되는 분야이다. 공공재로서 사회서비스의 성격이 중시되는 분야인 것이다. 동시에 사회서비스 영역은 한정된 시간 속에서 대인서비스 형태로 제공되므로 노동생산성을 높이기 위한 기술 도입이 어려운 노동집약적이고 비표준적인 성격을 지닌다(장원봉, 2010: 45). 따라서 일반 영리기업들이 진출하여 높은 수준의 수익을 기대하기는 어려운 영역이다. 이러한 상황에서 사회적경제 조직들이 사회서비스를 제공할 경우, 각 조직이 추구하는 사회적 목적에 따라 다양한 방식으로 공급대상의 확대가 가능하다. 공공복지 제도나 영리시장에서 포괄되지 않는 사각지대의 취약계층으로까지 서비스 공급 대상을 확대할 수 있다는 말이다 (김성기, 2011: 63).[6] 특히 사각지대의 서비스 대상을 발굴하고 포괄하는 과정에서 사회적경제 조직이 지닌 풀뿌리 조직으로서의 성격이 긍정적 영향을 미칠 수 있다(Borzaga and Sacchetti, 2015). 가령 지역사회 내 타 시민조직이나 타 사회적경제 조직, 그리고 공공기관과의 협업을 통해 소외된 대상자를 연계받아 사각지대를 효과적으로 줄일 수 있다.

---

[6] 강원도 원주시 소재 '두루바른사회적협동조합'이 이에 해당하는 사례이다. 언어치료사들로 구성된 이 협동조합은 정기적으로 지역사회 현장방문을 시행해 언어치료 욕구는 있으나 센터 방문이 어려워 서비스를 받지 못하는 대상자들에게까지 서비스를 제공하는 것을 주요 미션 중 하나로 삼고 있다 (http://blog.naver.com/durubarun1).

둘째, 어떤 방식으로 급여를 제공(provision)할 것인가와 관련해서 보아도 사회적경제는 사회서비스의 질적 개선을 위해 다양한 기능을 수행할 수 있으리라 기대된다. 지속가능한 전략의 원칙으로 사회서비스 강화가 제기되지만, 이는 사회서비스에 대한 질 관리가 잘 이루어져야 한다는 것을 조건으로 한다. 그런데 사회서비스는 그 질에 관한 정보비대칭이 문제가 되며 관리비용이 많이 드는 분야이다(장원봉, 2010: 45). 서비스의 질에 대한 수요자의 평가가 서비스 이용 이후에 사후적으로만 이루어진다는 점에서 그러하다. 그런 연유로 사회서비스는 시장이 잘 작동되지 않는 분야이기도 하다. 하지만 사회적경제 조직들은 다르다. 사회적경제 조직들은 영리 추구보다는 사회서비스를 제공하는 종사자의 처우를 개선하고, 종사자들이 의사결정에 참여하도록 보장해 줌으로써 조직 내 만족도를 높이는 것을 우선시하는 본연의 가치를 추구하는 과정에서 사회서비스의 질적 제고를 이룰 수 있다. 종사자의 만족도가 높아질 경우 이직 의사를 낮추고 이에 따라 숙련도를 높여 서비스 질 개선에도 기여할 수 있게 되는 것이다. 부산 마을기업에 관한 연구에서 조영복·하태영(2015)은 기업 내 활발한 의사소통과 의사결정 참여가 조직 내 갈등 해소와 구성원의 직무열의 향상에 긍정적 영향을 미침을 보여 주었다. 박시남 외(2015)도 사회적기업에서 조직구성원의 의사결정 구조에 대한 참여가 이직의도를 낮춘다는 것을 보여 주었다.[7]

그리고 사회적경제 조직은 지역사회 내 이해관계 당사자의 참여와 사회적 자원 동원을 통해 지역공동체 복원에도 기여할 수 있으며, 그 과정에서 보다 섬세한 사회서비스 제공의 기반을 조성할 수도 있다(김성기, 2011: 64). 사회적경제 조직들은 대부분 지역밀착형 조직으로서 설립되고 운영되기 때문에 주민들의 욕구에 보다 신속하고 유연하게 대응할 수 있는 것이다.

또한 사회적경제는 근로능력이 있는 취약계층에게 적합한 사회서비스 일자리를 제공해 줌으로써 돌봄서비스 종사자 공급을 통해 다양한 돌봄서비스의 질

---

[7] 이러한 영향관계는 조직이 구성원들을 공정하게 대하는지에 대한 인식과 조직이 구성원들에게 관심이 있는지에 대한 인식을 매개로 한다.

제고에 도움을 준다. 사회적경제 조직 중 노동통합형 사회적기업(work integration social enterprise, WISE)은 취약계층의 재활과 노동을 통한 소득 보장이라는 가치를 추구하는 기업이다(김성기, 2011: 63). 이러한 유형의 기업은 취약계층에 교육과 훈련을 제공하여 이들이 사회적으로 유용한 서비스를 제공할 수 있도록 도움으로써, 취약계층이 사회서비스의 수급자로서만 머무르지 않도록 지원한다.[8] 점증하는 돌봄서비스 관련 사회적 욕구를 충족하기 위해 추가로 필요한 돌봄서비스 관련 종사 인력을 확보하는 데 사회적경제가 이러한 방식으로 도움을 줄 수도 있을 것이다.

셋째, 재정(finance)과 관련해 보자면 사회적경제가 사회서비스 공급에 사용되는 재정의 효율성을 높이는 데도 기여할 것으로 기대된다. 사회적경제 조직은 크게 두 가지 측면에서 사회복지 재정의 효율성을 높일 수 있다. 먼저, 사회적경제가 취약계층에 고용기회를 제공해 납세자의 규모를 키우고, 해당 취약계층이 일하지 않을 경우 이들에게 소요되는 복지재정 지출을 줄일 수 있다(박태규, 2015: 6). 또한 사회적경제 조직은 정부의 위탁을 받아 복지 관련 사업을 진행하는 일반적인 비영리법인과는 달리 시장에서의 경쟁을 통한 생존을 본질적 속성으로 지닌다. 경쟁에서 살아남기 위한 혁신적 방안을 적용하는 것이 이들의 본질적 속성인 것이다. 이처럼 사회 변화에 대응하는 혁신적 성격과 공공적 성격을 동시에 지니기 때문에 사회적경제는 정부 재정부담 감소에 기여하면서도 사회적으로 필요한 욕구를 충족하는 역할을 수행할 수 있다. 박태규(2015: 18)에 의하면, 사회적기업은 기존의 비영리조직들과는 달리 기업적 특성을 살려 경쟁력을 높이고 시장성을 지속할 수 있는 혁신을 이끌어 내며 이를 통해 복지재정의 효율성에 기여할 수 있다고 한다. 사회적경제 조직에 속하는 사회적

---

[8] 인증사회적기업 1호인 재단법인 다솜이재단이 이에 해당하는 사례이다. 이 기업은 사회서비스 확충과 여성친화적 일자리 창출이라는 사회적 목적 달성을 위해 2004년부터 취약계층 여성을 간병인으로 고용해 저소득층 환자에게 무료 간병서비스를 제공했고, 2006년 하반기에 유료 공동간병서비스 사업을 실시해 간병인의 자립기반을 마련하였다(한국사회적기업진흥원, 2012: 404).

협동조합이 국공립 복지시설인 시립노인전문요양원을 위탁받아 운영하는 사례도 있으나, 이 사례에서도 모태가 되는 협동조합의 기존 사업팀은 여전히 돌봄서비스 시장에서의 경쟁을 토대로 하기 때문에 기본적으로 경쟁에 의한 효율을 담보한다.[9] 이처럼 시장에서의 경쟁을 통한 생존과 함께 안정적인 재원 확보를 위한 공공서비스의 위탁 운영이 결합된 방식으로 사회적경제 조직이 운영되는 사례들이 국내외에서 다수 발견되며 점점 늘고 있는 것으로 보인다. 마지막으로, 일부 대규모 사회적경제 조직의 경우에는 더욱 야심찬 복지 제공 주체로서의 기능도 수행하는 등 정부재정에 의한 복지 지출의 대안으로 작동하기도 한다. 예컨대 정부가 제공하지 않는 분야에서의 실업급여 등 사회보험을 자체적으로 운영하는 사례도 있는 것이다.[10]

4

이탈리아의 복지국가와 사회적경제

사회적경제가 복지국가를 보완하는 사례는 도처에서 발견된다. 유럽에서 우수 사례로 꼽히는 이탈리아, 스페인의 주요 지역 및 기업들뿐만 아니라 영국이나 미국과 같은 앵글로·색슨 지역의 나라, 북유럽과 대륙유럽의 나라, 그리고 인근 대만과 일본 등 동아시아 나라들에서도 다양한 방식으로 사회적경제와 복

---

9) 서울시 광진구 소재 '사회적협동조합 도우누리'의 사례이다. 2013년 11월부터 서울특별시립중랑노인
전문요양원을 위탁받아 운영하고 있다. 기존에 진행하던 돌봄서비스(재가요양, 장애인 지원, 신생아
및 산모 지원 등)는 광진구 지역을 대상으로 지속하고 있고, 이와는 별도의 회계를 갖는 조직으로서
중랑노인요양원을 동시에 운영하고 있다. 하지만 크게 두 팀 모두 가장 주요한 의사결정은 모법인인
사회적협동조합 도우누리의 의사결정 구조를 따른다.
10) 이는 사회적경제 조직의 피용자가 일반적인 노동자로서 인정받지 못하던 국가 내의 협동조합 조직
에서 자체적인 해결책을 모색한 결과이다.

지국가의 조우가 이루어지고 있다. 이 중에서 이탈리아에 우선적으로 주목하고 자 한다. 복지국가가 상대적으로 덜 발달해 있으면서 사회적경제의 전통이 매우 긴 나라가 이탈리아이다. 복지국가의 예산제약을 보완하는 기제로서 사회적경제의 가능성을 가장 극적으로 확인할 수 있는 사례이자, 한국에 주는 시사점이 큰 사례이다.

먼저 이탈리아의 공공 사회서비스 전달체계의 특성을 살펴보자. 잘 알려진 바와 같이 가톨릭 전통이 강한 이탈리아는 복지 제공에서 가족 역할에 대한 의존도가 높고, 중앙정부보다는 주정부에 복지의 책임이 쏠려 있는 나라이다. 유현종(2014)에 의하면, 이탈리아의 사회서비스 전달체계 관련 공적 제도는 다른 유럽 국가에 비해 발전이 더딘 상황이다. 돌봄서비스에서 가족 역할에 대한 의존성이 커서 여성의 노동시장 참여가 어렵고 출산율도 낮은 편이다.

2000년에는 통합적 사회서비스 실현을 위한 '제328법'을 제정해서 중앙정부와 지방정부의 사회서비스에 관한 각자의 역할을 정리했다. 중앙정부는 사회서비스의 최저수준을 정하고, 주정부는 프로그램의 조정·계획·모니터링을 담당하며, 시정부는 서비스 전달의 업무를 담당하게 되었다(한국보건사회연구원, 2012: 100; 유현종, 2014: 16 재인용). 이와 동시에 재정지방분권주의의 실현을 위한 '제56법령'이 시행되어 지방정부에 대한 국가보조금 지급이 중지되고 지방정부의 재정적 독립성이 강화되었다. 또한 지방분권화를 명시한 제117항을 신설하는 2001년의 헌법 개정으로 인해 주정부가 사회정책을 규정하는 유일한 행위자가 됨과 동시에 국가의 개입이 배제되었다. 결과적으로 각 주정부의 책임하에 사회서비스가 공급되는 것으로 정리됨으로써 국가 전체적인 일관성이 결여된다(한국보건사회연구원, 2012: 28). 제328법에 따른 주정부와 중앙정부 간 역할분담이 불분명해진 것이다(한국보건사회연구원, 2012: 100-101).

이에 더해 중앙정부에서 지방정부로의 예산 지원을 담당하는 부처가 재무부와 내무부로 이원화되어 있으며, 양자 간 조정이 비효율적이라는 특징을 지닌다. 또한 정당체계가 분절적이고 비효율적이라 좌파정당이 집권하더라도 사회서비스를 포함한 복지급여의 전면적 확대가 이루어지지 못하는 상황이다(유현종, 2014: 16). 이에 따라 전반적인 돌봄서비스 제공의 수준이 낮아 동유럽 출신의 이민자 여성을 고용하는 돌봄서비스 암시장이 성장하고 있기도 하다(유현종, 2014: 17).

한편, 이탈리아는 협동조합 전통이 강한 나라이다. 이미 1980년대에 사회적 목적을 추구하는 활동과 조직들이 지속적인 경제활동을 위해 노동자협동조합의 지위를 차용했고 사회연대협동조합이라는 명칭을 사용하기 시작했다. 1991년 「사회적협동조합법」 제정을 통해 본격적인 제도화가 이루어졌고, 이는 사회적경제 조직이 독자적인 법적 지위를 얻은 최초의 사례로 기억된다. 이탈리아의 사회적경제는 활동내용에 따라 '사회서비스 제공 모델'[11]과 '취약계층 고용 모델'[12]로 구분된다(엄형식·마상진, 2010: 32). 또한 2006년에 시행된 「사회적기업법」은 기존의 사회적협동조합 외에도 더 넓은 범주를 포괄하고자 했다. 이 법에 따르면, 공동이익을 추구하는 비영리조직[13]으로서 사회적으로 유용한 재화와 서비스를 생산하는 기업활동을 수행하는 민간조직들이 이에 속한다(장원봉, 2010: 50).

이탈리아의 사회서비스 전달체계와 사회적경제 조직은 지역에 따라 다양한 방식으로 연관된다. 지방마다 서로 다른 방식의 모형들이 도입되고 있지만 대부분은 민간과 공공이 계약을 맺는 식으로 사회서비스의 공급이 이루어진다. 이탈리아 복지국가의 사회서비스가 사회적경제 조직을 통해 공급되면서 얻어지는 부가적인 이익은 한두 가지가 아니다.

첫째, 주어진 예산제약하에서 필요한 사회서비스를 공급하며 취약계층의 서비스 접근권을 높여 준다. 조상미 외(2011: 23)에 의하면, 이탈리아에서 사회적협동조합은 제381법에 의거해 사회서비스 제공이나 노동 통합활동과 관련하여

---

11) A유형: 사회·보건·교육 서비스 담당
12) B유형: 전체 노동자의 30%를 취약계층으로 채워야 한다.
13) 여기에서는 영리 추구를 최우선에 두지 않는다는 의미로서 '비영리'라는 용어를 사용한다.

공공단체와 계약을 맺을 수 있다. 그리고 이탈리아의 사회적경제 조직들은 대부분의 공적 사회서비스를 제공하는 주체로 자리매김하고 있다(장원봉, 2010: 50). 지방정부의 위탁을 받아 사회서비스를 공급하는 기관 중 대부분이 사회적경제 조직이라 할 수 있는 것이다. 이는 종교기관과 정부 간의 오랜 협력적 전통의 현대적 변용이라 할 수 있다. 예전에는 종교기관이 도맡았던 것들을 1980년대 이후에는 각 지역의 사회적협동조합 연합조직들이 대체하게 된 것이다(장원봉, 2010: 50). 그 과정에서 가톨릭 교구가 담당하던 빈곤구제 기능을 사회적경제가 일부 대신하게 된다. 예컨대 이탈리아의 사회적협동조합은 빈곤 취약계층에 사회서비스를 무료로 제공하거나, 지불능력에 따라 가격차별을 두어 지역사회 차원에서의 재분배 기능을 수행하고 있다(이해진·김철규, 2014: 175).

둘째, 사회서비스 노동자의 노동조건 개선을 통해 서비스 질의 개선 효과를 확보한다. 이탈리아 사회적협동조합은 영리기관과 비교할 때 비정규직 비율이 낮고 고용안정성도 높은 편이면서 급여상 크게 처지지도 않는다. 이에 따라 사회적협동조합을 통해 사회서비스에 참여하는 노동자의 일자리 만족도는 상당히 높은 수준이다. 이처럼 우호적인 노동조건은 사회서비스의 질 제고로 이어진다(이해진·김철규, 2014: 174-175).

셋째, 지역사회 구성원의 참여를 통해서 지역적 욕구를 반영하는 등 서비스의 질 개선을 위한 창발적 역할을 맡고 있다. 이탈리아의 사회적협동조합은 경제활동 조직인 협동조합 모델을 기본으로 하되 영리 배분을 금지하고 공익을 수행하는 과정에서 다양한 이해관계 당사자들의 참여를 보장하는 구조를 도입하였다(엄형식·마상진, 2010: 32).[14] 2008년 기준으로 이탈리아 사회적협동조합의 70% 이상이 지역사회 기여 활동에 참여하고, 지역 내 다양한 기관들과 연대하며 네트워크를 확산하고 있다(이해진·김철규, 2014). 이를 통해 지역사회의 욕구를 보다 시의적절하게 파악하고 지역사회 내 자원을 효과적으로 연결하

---

14) 이는 사회적경제의 장기적인 발전과 지속적인 유지를 위해 유용한 방식이라 여겨진다(장원봉, 2010: 50).

는 것이 가능해진다(Laville and Nyssens, 2001: 314). 예컨대 지역사회 취약계층에 돌봄, 보건, 교육, 지역공동체 시설운영, 재가 방문 등의 사회서비스를 제공하는 사회적협동조합들은 설립 초기부터 마을 단위의 지역사회 조직, 서비스 이용자, 자원봉사자, 공공기관과의 협의를 통해 지역사회 문제와 욕구를 논의하였고 지역사회 자원을 효과적으로 동원하고 있다(엄형식·마상진, 2010: 53). 그리고 각 지역의 색채를 반영한 창조적인 사회서비스 제공이 이루어지고 있다.

넷째, 사회서비스 공급을 위한 재정 사용에서 사회적경제가 효율성을 담보하고 있다. 이탈리아의 경우, 사회서비스를 제공하는 A유형 사회적협동조합의 72.8%가 재정자원을 중앙정부나 지방정부의 공적 기금에 의존할 정도로 정부와 밀접하게 연관되어 있다. 공공이 재정 부담을 지고, 전달은 사회적경제 조직이 효율적으로 하는 방식이다. 사회적경제 조직들은 위탁계약을 통한 수요 확보 이외에도 새로운 주체를 형성하는 것을 전제로 신규 활동 개발, 혁신 및 품질개선 프로젝트에 대한 보조금을 지원받고, 노동시장 통합에 참여하는 조합원들의 노동비용 중 33%를 차지하는 사회보험료 납부를 면제받는다. 이외에도 다양한 세제지원 정책이 시행 중이다. 또한 창업을 지원하는 유럽펀드나 은행에서의 저금리 대출, 사회적경제 조직의 활동을 지원하기 위한 대규모 금융재단의 지원과 같은 자금조달 지원도 존재한다(조상미 외, 2011: 23-24). 공공자원이 대규모로 투입되고 있지만 일부 국가들에서 왜곡된 복지시장 문제로 골치를 썩이는 것과는 다른 일이 벌어진다. 이들 이탈리아의 사회서비스 제공형 사회적협동조합은 재원 사용에서 투명성과 공개성을 원칙으로 하여 재원의 낭비를 막고 있는 것이다(이해진·김철규, 2014: 174). 사회적경제의 특성 자체가 공공자원의 효율적 사용을 담보하는 것이다. 보다 구체적으로 보자면, 공공영역이나 민간의 자선영역에서 제공되는 재원을 효율적으로 사용하기 위해 이탈리아의 사회적경제 조직들은 컨소시엄을 구성하여 서비스 수요에 대응한다. 컨소시엄의 체계는 개별 협동조합-지역 및 주 단위 컨소시엄-전국 컨소시엄으로 구성되는데(조상미 외, 2011: 21, 24), 이를 통해 지역 차원에서 중복과 누락을 관리하고 협업을 통한 규모의 경제를 창출할 수 있게 된다. 사회서비스 사회적협동조합의 대규모 지역연합이 결성된 대표적인 사례로는 카디아이(CADIAI) 그룹을 들 수 있다(스테파노 자마니 · 베라 자마니, 2013: 133).[15]

카디아이는 돌봄서비스를 제공하는 대규모 사회적협동조합이다. 이탈리아에서 협동조합이 활성화된 대표적인 도시인 볼로냐를 활동영역으로 삼고 있는 카디아이는 취약계층의 고용과 사회서비스 제공을 동시에 수행하는 사회적협동조합이다. 1974년 볼로냐 시에서 재가 돌봄서비스를 제공하였으나 정식 노동계약을 체결하지 못한 채 낮은 급여로 일하던 29명의 여성노동자들이 근로조건을 개선하고자 스스로 직원협동조합을 설립한 것이 그 시초이다. 볼로냐에 있는 협동조합연합회(Legacoop)의 지원과 조합원들의 자체적 노력을 통해 근무여건의 향상을 기했고, 공공기관 업무위탁을 통해 운영상의 안정적인 기반을 다질 수 있었다. 1991년 사회적협동조합법 제정 이후 사회적협동조합으로 전환한 뒤로 다양한 복지사업을 위탁받아 규모가 더욱 확장되었다(한국협동조합연구소, 2013: 277–279).

노인 및 장애인 돌봄서비스가 매출의 60.3%를 차지하는 등 주 사업이다. 재가 돌봄서비스는 볼로냐 및 인근 지방정부와 계약을 맺어 제공한다. 4개의 거주시설, 1개의 재활센터, 1개의 주간보호센터 등을 운영하고 있으며, 그 외에도 매출의 34.3%를 차지하는 교육 서비스, 매출의 5.4%를 차지하는 직장 내 안전관리 및 위험예방 서비스도 진행하고 있다(CADIAI, 2014). 국제프로젝트 담당자인 푸리에리 씨(Ms. Furieri)에 따르면[16] 카디아이(CADIAI)는 2014년 기준 1,367명을 고용하였으며, 그중 조합원은 904명으로 66.1%에 이른다. 카디아이에서 일하는 직원들은 공공이 직접 운영하는 사회서비스 기관에서 일하는 사람

---

15) 이는 독일과 같은 나라에서 디아코니 혹은 카리타스 등 종교기반의 전국조직이 공공서비스를 지역 차원에서 효율적으로 관리하는 것과 유사한 방식이다.

16) 다음 내용은 2015년 7월 13일 볼로냐 내 CADIAI에서 진행된 인터뷰 내용을 토대로 작성하였다.

들에 비해서는 급여 수준이 15~20% 정도 낮은 편이지만, 새로운 서비스를 제공한다는 사명의식과 직원 교육 등을 통한 동기부여로 인해 만족도가 높다고 한다. 특히 사회서비스를 제공받는 이용자의 가족들과 서비스를 공급하는 직원 간 관계를 중요시하고 있으며, 정기적으로 서비스 공급자와 수요자 조사를 진행해 문제점을 미리 발견하고 문제 예방을 위한 프로그램을 제공하기도 한다.

특히 카디아이는 컨소시엄을 구축하여 아동돌봄 사업을 진행하기도 한다. 10년 전 시정부가 아동돌봄 관련 수요를 충족하기 위해 새로운 아동돌봄 서비스 제공 주체에 대한 공모를 진행했고, 카라박(KARABAK) 컨소시엄이라는 이름으로 5개의 협동조합[17])이 컨소시엄을 구축해 입찰에 성공하여 25년간 아동돌봄 기관 운영을 위탁받았다. 은행 대출과 프로젝트 파이낸싱(project financing) 등을 통해 자금을 모아 건물을 지어 시설을 구축했고, 25년 위탁기간이 종료되면 건물은 시정부로 귀속될 예정이다. 해당 사업을 위해 투입한 비용은 25년의 위탁운영 기간 동안 아동돌봄 관련 수익으로 회수가 가능한 구조이다. 현재 9개 컨소시엄이 70명의 아동을 돌보는 10개의 아동돌봄 기관을 운영하고 있다. 이와 같은 컨소시엄을 통해 서비스의 질을 높은 수준으로 유지하면서도 동시에 비용 지출을 낮출 수 있다. 또한 카라박 컨소시엄이 운영하는 아동돌봄 기관은 공공이 직접 운영하는 기관에 비해 수요자의 욕구에 맞게 유연한 운영을 제공하여 인기가 높다. 가령 공공 아동돌봄 기관은 여름 휴가철에는 문을 닫고, 등원 시간(아침 7:30~9:00 사이)과 하원 시간(오후 4:00~5:30 사이)이 짧다. 이에 비해 카라박 컨소시엄이 운영하는 기관은 최소 아동 인원만 충족되면 1년 내내 서비스를 제공하고, 등원(아침 7:00~11:30 사이) 및 하원(오후 1:30~6:00 사이) 시간이 상대적으로 길어 아동의 부모가 자신의 사정에 따라 유연하게 아동을 맡길 수 있다.[18])

---

17) CADIAI 포함 2개의 사회적협동조합, 1개의 급식협동조합, 1개의 친환경건축협동조합, 1개의 정원 관리협동조합이 있다.

18) 한국의 경우에도 공공에 의한 전일제 보육의 대안으로 유연한 돌봄서비스를 제공하는 'YMCA 아가

5

사회서비스 시장의 착한 공급자로서의 사회적경제

2012년 총선과 대선을 거치면서 한국에서도 복지정치가 활성화되었다. 하지만 한강의 기적으로 요약되는 성장만능주의의 정책적 관성은 여전히 작동 중이다. 조세정의가 확보되지 못한 상황에서 우리 국민들이 가지고 있는 복지증세에 대한 거부감을 정치인들이 정면으로 돌파할 것이라고는 기대할 수 없는 상황이기도 하다. 사회 일각에서는 북유럽과 같은 수준의 큰 복지를 주장하기도 하지만, 재정적으로 지속가능한 한국형 복지국가의 예산제약은 분명한 현실로서 받아들여야 할 것 같다. 적어도 중단기 시계를 전제로 할 때, 중부담·중복지가 답이라는 얘기이다.

한국형 복지국가의 예산제약에도 불구하고 나름대로 좋은 복지전략을 추구할 여지는 있다. 자본주의 황금기, 서구 선진 복지국가들보다 더 짜임새 있고 효율적인 전략이 가능하다는 말이다. 그리고 그 요체는 현금복지보다 사회서비스를 강화하는 것에서 찾을 수 있다. 사회서비스 복지는 고용, 특히 여성고용을 늘이고 성장에 기여하는 효과가 크다. 성장과 선순환하는 복지전략으로서 사회서비스 강화책이 유효함에도 불구하고 한 가지 전제가 제기된다. 공공이 사회서비스를 직접 전달하기 힘든 예산제약하에서 '착한 사회서비스 복지시장'이 필수조건으로 부상하는 것이다. '착한 민간'의 이슈는 미할 칼레키(Michal Kalechi)가 말한 『자본주의 4.0』에서 강조하는 민관협력적 선순환구조의 절대적 조건이기도 하다.

문제는 이를 위해 넘어서야 할 한국의 왜곡되고 닫힌 복지시장이 만만치 않은 상태란 점이다. 정부의 책임 전가와 봐주기 속에서 이미 커질 대로 커져 버린

야 사업이 있다. 하지만 보건복지부의 보육사업 규정에 어긋난다는 이유로 제도권 편입을 포기하였다.

복지시장의 민간업자들은 '나쁜 공급자'로서의 행태에 익숙해 있다. 쓰레기 급식, 아동과 노인에 대한 학대, 부정수급 등 그들의 나쁜 공급자 행태는 고발언론의 단골주제이기도 하다. 정치적으로 이들을 일소하는 것은 불가능에 가깝다. 수요에 맞는 공급 제한을 정부가 보증하는 상황에서, 또 나쁜 공급자 카르텔이 신규 공급자 진입을 방해하는 상황에서 이들을 일거에 몰아낼 방책은 마뜩잖다. '악(惡)'을 몰아낼 최선의 방책은 '선(善)'을 투입하는 것이다. 그리고 최근 가장 뜨거운 주목을 받고 있는 사회적기업, 사회적협동조합, 자활기업, 마을기업 등과 같은 사회적경제 조직들이 착한 사회서비스 공급자로서 역할을 할 수 있으리라 기대된다.

여기서는 이탈리아의 사례를 중심으로 그 가능성을 타진했으나, 사실 그 밖의 여러 나라에서 각각의 맥락에 맞는 사회적경제 조직들이 복지시장의 공급자로서 '창조적'인 면모를 드러내고 있다. 참여성, 자율성, 민주성 등 사회적경제 조직의 공통적 구성원리들은 사회서비스 복지시장의 착한 공급자로서 사회적경제가 기능할 수 있는 토대로 작동한다.

사회서비스 산업에서 사회적경제 조직이 수행할 수 있는 순기능을 강화하기 위해서 필요한 과제도 만만치는 않다. 가장 필요한 것들만 열거해 봐도, (1) 영세 개인사업체의 한계를 극복하기 위해 대규모화가 가능하도록 사회서비스 제공방식 개선, (2) 사회적경제 조직의 양성 및 확산 추진, (3) SIB(social impact bond), 사회적 크라우드 펀딩, 사회책임조달제도 도입 등을 통해 사회서비스 시장의 우선권을 사회적경제 조직에 부여 등을 들 수 있다(이철선, 2014).

선진국의 복지전략 중 어떤 것도 한국의 미래를 담보해 주지 못한다고 보면 우리에게 남겨진 선택은 하나이다. 한국형의 전략을 '창조'해 내는 것이다. 그리고 그 중심에서 사회적경제가 할 일은 넘쳐날 것이다. 상상만으로도 행복해지는 정책담론의 발견이다.

・ 참고문헌 ・

기획재정부. 2012. 『상생과 통합의 미래 협동조합과 함께』. 협동조합 자료집.

김성기. 2011. 『사회적기업의 이슈와 쟁점: '여럿이 함께'의 동학』. 서울: 아르케.

김수영. 2015. 혼종조직으로서의 사회적기업: 국가−시장−시민사회의 조직 내 충돌과 대응방식을 중심으로. 『한국사회정책』 22(1). 345−379.

김정원. 2014. "제3장 한국의 사회적경제 현황 및 전망." 김성기 외. 2014. 『사회적경제의 이해와 전망』. 서울: 아르케. 91−124.

박시남・배귀희・이윤재. 2015. "사회적기업에서 조직구성원 참여가 이직의도에 미치는 영향: 조직공정성 및 조직후원인식의 매개변수를 중심으로." 『한국사회와 행정연구』 25(4). 251−277.

박태규. 2015. "사회복지서비스 공급과 사회적기업의 역할." 2015년 제1차 사회적기업학회 토론회 사회복지 재정과 사회적기업 자료집. 3−21.

스테파노 자마니・베라 자마니. 2013. 송성호 옮김・김현대 감수. 『협동조합으로 기업하라: 무한 경쟁시대의 착한 대안, 협동조합 기업』(개정판). 한국협동조합연구소・북돋움.

신명호. 2009. "한국의 '사회적경제' 개념 정립을 위한 시론." 『동향과 전망』 75. 11−46.

_____. 2014. "제1장 사회적경제의 이해." 김성기 외. 2014. 『사회적경제의 이해와 전망』. 서울: 아르케. 11−50.

안상훈 편. 2015. 『한국 사회의 이중구조와 생애주기적 불평등』. 서울: 집문당.

_____・김병연・장덕진・한규섭・강원택. 2015. 『복지정치의 두 얼굴』. 서울: 21세기북스.

엄형식・마상진. 2010. "유럽의 농촌지역 사회적기업 현황과 시사점." 농촌지역 활성화와 일자리 창출을 위한 사회적기업 육성방안 연구 연구보고서. 한국농촌경제연구원.

유현종. 2014. "사회서비스 전달체계의 비교복지국가론적 분석: 사회적 돌봄 서비스의 5가지 복지레짐 비교를 중심으로." 『한국행정연구』 23(1). 1−38.

이철선. 2014. "사회서비스 산업과 사회적경제의 상생." 『보건・복지 Issue & Focus』 250. 한국보건사회연구원.

이해진・김철규. 2014. "지역사회복지의 실천주체로서 사회적협동조합의 의의." 『한국지역사회복지학』 51. 155−189.

장원봉. 2010. "사회서비스 영역에서 사회적기업의 역할과 과제." 『보건복지포럼』(2010.4). 42−56.

조상미・김진숙・강철희. 2011. "사회적기업 정책특징 비교 분석 연구: 영국, 프랑스, 이탈리아, 한국을 중심으로." 『사회복지정책』 38(2). 1−38.

조영복・하태영. 2015. "기업 내 소통과 참여가 성과에 미치는 영향에 관한 연구." 2015 사회적기업학회 발표논문집. 137-158.

채종헌·최준규. 2012. "지역사회 활성화를 위한 사회적경제의 역할에 관한 연구: 이탈리아 사
회적 협동조합 사례를 중심으로." 『한국지방자치연구』 14(3). 195-225.

한국보건사회연구원. 2012. 『주요국의 사회보장제도 이탈리아』.

한국사회적기업진흥원. 2012. 『2012 사회적기업 개요집』.

한국협동조합연구소. 2013. "부록4 우리에게 적합한 협동조합 유형은?" 스테파노 자마니·베라
자마니(송성호 역, 김현대 감수). 2013. 『협동조합으로 기업하라: 무한경쟁시대의 착한 대
안, 협동조합 기업』(개정판). 한국협동조합연구소·북돋움. 258-283.

Borzaga, C. and S. Sacchetti. 2015. "Why Social Enterprises Are Asking to Be Multi-stake-
holder and Deliberative: An Explanation around the Costs of Exclusion." *Euricse Working
Papers*. 75/15.

CADIAI. 2014. A way of caring : social, healthcare and educational services, booklet for visi-
tors in English.

Defourny, J.. 2001. "Introduction: From third sector to social enterprise." in Borzaga, C. and
J. Defourny (eds.) *The Emergence of Social Enterprise*. 1-28.

_____. and Shin-Yang Kim. 2011. "Emerging models of social enterprise in Eastern Asia: a
cross-country analysis." *Social Enterprise Journal* 7(1). 86-111.

Gilbert, N. and P. Terrell. 2010. *Dimensons of Social Welfare Policy*(seventh Edition). Boston:
Allyn & Bacon.

Laville, J.-L. and M. Nyssens. 2001. "The social enterprise: Towards a theoretical socio-
economic approach." in Borzaga, C. and J. Defourny (eds.). *The Emergence of Social Enter-
prise*. 312-332.

6장

인간의 이타성과 사회적경제

이 글은, 첫째, 사회적경제는 인간의 본성에 부합하는가? 둘째, 사회적경제 참여자의 심리적 특징은 무엇인가?라는 질문에 대한 심리학적 관점을 제공하는 것을 목표로 한다. 사회적경제 활동은 이타심을 위장한 이기심의 발현인가, 아니면 순수한 이타심의 발현인가? 이 질문들에 관해 어떤 입장을 취하느냐에 따라 사회적경제 활동을 바라보는 시각이 근본적으로 달라질 수 있다. 사회적경제 활동을 '결국은 이기적 행위'라고 규정하게 되면, 사회적경제 활동에 대한 시선은 냉소적일 수밖에 없다. 반면에 사회적경제 활동을 '순수한 이타적 행위'라고 규정하면, 일반인들에게는 오직 성인만이 참여할 수 있는 도덕적 행위로 인식될 수 있기 때문에 사회적경제행위 참여에 대한 심리적 장벽이 높아질 수밖에 없다. 만일 사회적경제 활동이 이기심이나 이타심 둘 중 하나의 단독 행위가 아니라 이 둘의 조합의 결과라면, 사회적경제 활동 참여에 대한 불필요한 냉소주의와 심리적 장벽 모두를 극복할 수 있을지도 모른다. 지금껏 사회적경제에 대한 국내의 논의 과정에서 거의 다루어지지 않았던 이 근본적인 질문들을 살펴보는 것이 사회적경제의 의의와 전망을 논하는 데 새로운 관점을 제공할 수 있을 것이라고 본다.

　사회과학에서 가장 폭넓게 받아들여지는 인간의 본성에 관한 가설은 '인간은 이기적이다'이다. 경제행위를 포함한 인간의 중요한 행동은 철저하게 자신의 효용 혹은 행복을 극대화하기 위한 이기심의 산물이라는 것이 이 가설의 핵심이다. 철학자 니체(Nietzsche)는 *The Dawn of Day*(1881)에서 자기 이해가 관여되지 않은 동정(pity)이란 거짓이라고 주장하였다. 인간에게 순수한 의미의 이타심(pure altruism)이란 없다는 것이다. 이 견해에 따르면 사회적경제 활동은 여러 가지 의구심을 유발한다. 사회적경제 활동은 이타적 행위인가, 아니면 이타성을 가장한 이기적 행위인가? 인간의 본성이 이기적이라면 사회적경제 활동은 실패할 수밖에 없는 것이 아닌가? 만일 사회적경제가 가능하다면 그 이유는 사회적경제의 배후에 이타심을 가장한 이기심이 자리 잡고 있기 때문이 아닌가? 이러한 질문들에 답하는 것 자체가 사회적경제의 성공을 위한 해결책을 자동으로 제공해 주지는 않는다. 그러나 이 질문에 대한 고민을 통하여 사회적경제 활동이 사회적 존재로서의 인간에게 어떤 의미가 있는 것인지를 성찰해 보고, 이 질문이 인간의 본성에 대해 던지는 근본적인 의미를 살펴보는 것은 사회적경제에 대한 보다 근본적이고 장기적인 시각을 제공해 줄 수 있다. 또한 이 타성에 대한 우리의 관점을 재점검해 보는 기회도 제공해 줄 것이다. 순수한 이 타성을 행위자에게 돌아오는 어떤 형태의 이득도 없는 것을 전제로 정의하는 것이 바람직한지, 아니면 자기에게 이득이 되는 결과가 있더라도 '동기'가 이타 적이면 이타적 행위라고 규정하는 것이 옳은지 등을 성찰하는 기회를 줄 수 있을 것이다.

사회적경제 활동에 참여하는 사람들의 심리적 특성을 이해하려는 노력도 첫 번째 질문의 연장선상에 있다. 과연 이타심 하나만으로 사회적경제 활동에 참여하는 요인을 충분히 설명할 수 있는가? 이타심과 독립적으로 사회적경제 활동 참여를 유발하는, 혹은 이타심 자체를 촉진하는 심리적 요인들은 무엇인가? 이 질문의 답은 왜 어떤 사회적경제 조직과 사회적기업가는 성공하는 데 반해 다른 조직이나 사회적기업가는 실패하는지의 답을 찾는 데 실마리를 제공해 준다. 그뿐만 아니라 성공적인 사회적경제 활동가를 교육하고 양성하는 데 필요한 지식들을 제공해 준다.

이 두 가지 질문은 사회적기업 및 사회적경제에 관한 기존의 논의에서는 비교적 많이 다루어지지 않은 주제들이다. 이번 발표는 이 주제들에 대한 명확한 답을 제시하려 하기보다 향후에 이 주제들에 관해 보다 많은 연구와 심도 있는 논의가 필요함을 제안하려고 한다. 이 발표가 사회적경제 활동과 인간 본성의 관계, 사회적경제 활동의 심리적 이유 등 비교적 개인 심리에 초점을 두고 있기 때문에, 이후 글에서는 거시적인 뉘앙스의 '사회적경제'라는 용어보다는 좀 더 미시적인 의미의 '사회적기업'이라는 용어를 사용할 것이다.

1

사회적기업은 인간 본성에 부합하는가?

사회적기업은 사회와 공동체의 웰빙을 추구하면서 사회적기업 종사자의 경제적 이윤도 동시에 추구하는 일종의 하이브리드(hybrid) 형태의 기업활동을 추구한다. 물론 사회적기업이 반드시 사적 영역(private sector)에만 존재하는 것은 아니다. 공적 조직 역시 사회적기업의 성격을 띠고 사회적경제 활동에 참여할 수 있다. 그러나 대부분의 사회적기업 활동은 기업이라는 시장경제 조직을 기반으로 이루어진다. 사회적기업이 사적 영역인가, 공적 영역인가의 문제와 상관없이 사회적기업 활동은 전통적 경제의 대안으로 학계, 미디어, 그리고 대중의 큰 관심의 대상이 되고 있다. 영국 수상이었던 토니 블레어(Tony Blair)의 말처럼 "공동체를 위한 행동의 폭발(explosion of acts of community)"을 요구하는 시대정신과 맞물리면서 사회적기업에 대한 관심이 커지고 있다. 그럼에도 불구하고 사회적기업의 가능성에 대해 회의적인 시각이 존재하는 이유는, 전통적(traditional) 혹은 상업적(commercial) 기업활동(entrepreneurship)의 목적이 주주의 이익 극대화라고 믿는 공감대가 강하게 형성되어 있기 때문이다. 이 관점에 따르면, 타인의 효용을 극대화하기 위한 순수한 의미에서의 이타적 기업활동은 상상할 수 없다. 따라서 이타성을 표방하는 사회적기업 활동이 성공하기 위해서는 이타심을 위장한 이기심의 존재를 가정하거나, 이타적 기업

활동이 결과적으로는 자신의 효용을 극대화하기 위한 수단이라고 가정해야만 한다. 그런데 과연 그래야만 하는 것일까? 이 이슈는 자연스럽게 인간이 과연 순수하게 이타적일 수 있는가? 이기심과 이타심은 공존이 가능한가?라는 인간의 본성에 관한 근본적인 성찰을 요구한다. 더 나아가 '순수한 이타심'을 어떻게 정의할 것인가에 대한 근본적인 문제를 제기한다. 즉 사회적기업 활동이 결과적으로 참여자에게 이득이 된다고 해서 그 행위를 이기적이라고 규정해야 할 것인가, 아니면 의도가 이타적이면 결과와 무관하게 이타적이라고 볼 수 있을 것인가라는 문제를 제기한다.

인간에게 순수한 이타성이 존재하는가에 관한 논쟁이 새로운 것은 아니다 아리스토텔레스, 아퀴나스, 홉스, 벤담, 니체, 그리고 프로이트에 이르기까지 서양 지성사의 중심부에는 순수한 이타성의 존재 여부에 대한 고민이 늘 존재했었다(Batson & Shaw, 1991). 또한 사회과학의 다양한 하위 학문 분야(대표적으로 경제학, 정치학, 심리학)뿐만 아니라, 최근 들어서는 신경과학과 생물학에서까지도 순수한 이타심의 존재 여부에 대한 논의가 활발하게 진행되고 있다(Hamilton, 1964; Trivers, 1971; Nowak & Sigmund, 2005; Panchanathan & Boyd, 2004). 이들의 공통된 결론은, 인간은 철저하게 이기적이어서 스스로에게 이득이 되는 한에서만 타인을 위하는 행위를 한다는 것이다. 물론 최근 들어 이에 반하는 주장들이 등장하고(Wilson, 2012), 공감(empathy)을 담당하는 뇌의 특정 영역이 발견되는 등(Decety, 2011; Zaki, 2012), 이타심에 대한 새로운 연구결과들이 신경과학과 생물학에 등장하고 있지만, 인간이 이기적이라는 가설은 여전히 광범위하게 받아들여지고 있다. 특히 인간의 경제행위는 개인 혹은 가족의 이윤을 극대화하기 위한 철저하게 이기적인 행위라고 보는 견해가 지배적이다(Baumol, 1990; Licht, 2010). 이러한 견해를 취하는 사람들은 애덤 스미스의 빵가게 주인에 대한 언급을 자신들의 견해를 뒷받침하는 근거로 자주 사용한다.

사람은 언제나 동포의 도움을 얻을 일이 있다. (그러나) 동포의 자비로운 마음에만 기대어서는 도움을 얻을 수 없다. 오히려 그들의 자기애를 자극하면 설득할 가능성이 높다. … 우리가 저녁을 먹게 되는 것은 정육점 주인이나 양조장 주인이나 빵가게 주인이 자비로운 마음을 가졌기 때문이 아니라, 자신의 이익에 관심을 가지기 때문이다. 우리는 그들의 인간성이 아니라 자기애에 호소해야 한다(『국부론』, 1776).

인간의 본성을 이기적이라고 본다는 것이 반드시 물질적 보상만이 인간 행동의 인센티브라는 것은 아니다. 남을 돕는 자기 자신을 보고 자존감이 향상된다든지, 혹은 돕지 않는 행위로 인한 내면의 죄책감이나 책임감을 면하는 것 등도 금전적 보상은 아니더라도 이타적 행위의 충분한 동기가 될 수 있다. 실제로 경제학이나 경영학에서도 경제적 이윤 추구만이 인간의 경제활동의 유일한 이유라고 주장하지는 않는다. 비금전적인 보상물들(nonpecuniary rewards)에 대한 욕구가 경제활동의 동기가 될 수 있음은 이미 반복적으로 지적되어 왔다. 창업하는 행위에 대해서도 밀러 외(Miller et al., 2012)는 금전적 보상이 아닌 성취욕, 자율성, 다양성들을 중요한 이유로 제시하였다. 또한 개인의 가치 실현, 일과 가정의 균형 등과 같은 비금적인 보상의 중요성도 자주 지적되어 왔다(Ageev et al., 1995; Herron & Sapienza, 1992). 그럼에도 불구하고 이런 비금전적인 동기들도 궁극적으로는 개인의 이해를 위한 것이지, 타인의 이해를 위한 것은 아니기 때문에 여전히 이기심이 경제활동의 핵심동기라는 점에는 논란의 여지가 없었다.

그렇다면 자기애가 없는 순수한 이타적 활동은 불가능한가, 아니면 인간은 이기심과 함께 순수한 이타심을 동시에 보유할 수 없는가? 이 질문에 답하기 위해 다음 절에서는 이기심과 이타심에 대한 심리학적 논쟁을 소개하고, 인간은 이기적이면서 동시에 이타적일 수 있음을 주장하고자 한다.

2

이타성에 대한 심리학적 관점: 대니얼 뱃슨의 연구를 중심으로

1) 이기심과 이타심의 공존

정육점 주인이나 빵가게 주인은 오직 자신의 배를 채우기 위한 동기만으로 일을 하는 것일까? 모든 정육점 주인과 모든 빵가게 주인은 아니더라도 일부 어떤 주인들은 순수한 이타심으로 일을 하는 것은 아닐까? 혹은 동일한 빵가게 주인이라도 적어도 어느 순간에는 이타적인 마음으로 빵을 만들지는 않을까?

순수한 이타심의 존재에 대한 심리학적 논쟁의 중심에 대니얼 뱃슨(Daniel Batson)이 있다. 뱃슨은 경제학이나 생물학에서처럼 행위의 '결과(conse-quences)'를 가지고 이기심과 이타심을 구분하지 않는다. 이 점이 다른 사회과학자들과 생물학자들로부터 그를 구분시키는 가장 중요한 특징이다. 그는 행위의 '결과'가 아니라 행위의 '동기'를 가지고 이기심과 이타심을 구분해야 하며, 더 나아가 그 구분이 경험적으로(empirically) 가능하다고 주장한다.

뱃슨의 이론을 이해하기 위해 순수 이타성의 존재에 대한 진화심리학의 입장을 먼저 살펴볼 필요가 있다. 이타심은 진화심리학을 가장 곤혹스럽게 만드는 현상 중 하나이다. 자신의 생명을 희생하면서까지 타인을 돕는 행위는 전통적인 진화론의 관점으로는 쉽게 설명되기 어렵기 때문이다. 진화심리학은 행위의 동기가 아니라 행위의 결과를 가지고 이타성을 판단한다. 진화심리학이 순수 이타성을 부정하는 첫 번째 근거는 혈연선택(kin selection, Hamilton, 1964) 이론이다. 이 이론은 유전적으로 연결되어 있는 친족들의 생존 가능성을 높이는 행위들이 자연적으로 선택된다고 주장한다. 따라서 친족을 돕는 행위는 비록 이타적으로 보일지 모르지만, 결국 자신과 유전자를 공유하고 있는 사람들의 생존 가능성을 높여서 결과적으로 자신의 유전자를 확산시키는 데 도움이 되는 이기적 행위인 셈이다. 신장 기증자들이 친족이 아닌 사람들보다 친족에게 기증하는 확률이 더 높다는 점(73% 대 27%, Borgida, Conner, & Manteufel, 1992)이나, 협동을 요하는 과제에서 일란성 쌍둥이가 서로 도울 확률이 이란성 쌍둥이의 확률보다 2배가량 높다는 연구(Segal, 1984) 등이 혈연선택의 주장을 뒷받침한다.

두 번째 근거는 호혜적 이타성(reciprocal altruism) 이론이다(Trivers, 1971). 인간은 친족을 도울 뿐만 아니라 생면부지의 사람들까지 자기 손해를 감수하면서까지 돕는다. 그 이유는 도움을 받은 타인이 언젠가 도움을 돌려줄 것이라는 기대 때문이다. 상호성(reciprocity)은 실제로 인간 사회의 가장 강력한 행위규범 중 하나이다. 따라서 생면부지의 사람을 돕는 행위를 이타적이라고 볼 수 없는 이유는, 도움을 제공받은 사람이 도움을 제공한 사람에게 언젠가 도움을 다시 돌려줄 수 있기 때문이다.

세 번째 근거는 사회적 보상(social rewards) 이론이다(Nowak & Sigmund, 2005). 타인을 돕는 행위는 도움을 주는 사람에게 좋은 평판과 명성을 가져다준다. 공동체 내에서 칭찬, 공개적 언급, 명예, 감사 등 다양한 형태의 사회적 보상을 가져다주기 때문에 남을 돕는 행위를 순수한 이타적 행위라고 볼 수 없다고 주장한다.

이처럼 진화심리학은 순수한 이타성이라는 골치 아픈 현상을 '결과'를 중심으로 이타성을 판단하는 방법을 통해 결국은 이기적 행위라고 규정해 버린다. 그러나 뱃슨은 이런 방법을 거부하고, 인간의 '동기'에 주목하여 이타성을 판단해야 한다고 주장한다. 더 나아가 그런 판단이 경험적으로 가능하다고 주장한다.

이타심(altruism)이라는 용어 자체는 콩트(Comte, 1851, 1875)에 의해 만들어졌다(Batson & Shaw, 1991). 콩트는 자기만족을 위해서든, 자기를 위한 유형의 이득을 얻기 위해 타인을 돕든 상관없이 자기를 위하는 '동기(motive)'를 이기심(egoism)이라고 불렀다. 반면에 철저하게 타인을 위하는 동기 혹은 그의 표현대로 '타인을 위한 삶(live for others)'을 사는 동기를 이타심(altruism)이라고 불렀다(Batson & Shaw, 1991). 콩트가 행위의 동기를 기준으로 이기심과 이타성을 구분했다는 점에 힘입어 뱃슨은 이기심과 이타심을 다음과 같이 정의 내린다(Batson & Shaw, 1991: 108).

Altruism is a motivational state with the ultimate goal of increasing another's welfare. Egoism is a motivational state with the ultimate goal of increasing one's own welfare.

이 정의에서 중요한 점은 뱃슨이 동기 상태(a motivational state)와 행위의 궁극적 목표(ultimate goal)를 강조한다는 점이다. 행위의 결과는 이기심과 이타심의 정의에 포함되어 있지 않다. 따라서 의도하지 않았던 이득이 행위자에게 발생했다고 해서, 그 행위가 이기적이라고 볼 수는 없다는 것이다. 이는 경제학이나 진화론의 주장과는 배치되는 주장이다. 또한 궁극적인 목적을 중시하기 때문에, 설사 자신의 이득을 추구했다고 하더라도 그 이득은 수단일 뿐 궁극적인 목적이 여전히 타인의 행복이라면 여전히 그 행위는 이타적이라고 본다.

이기심과 이타성에 대한 뱃슨의 관점이 이타성 논쟁뿐 아니라 사회적기업에 대해 갖는 함의는 매우 크다. 혹자는 이타적 행위는 이타적 행위자 자신에게 손해가 된다고 가정하는데, 뱃슨의 주장에 따르면 자기희생이나 자기 손해는 이타성의 전제 조건이 될 수 없다. '자신을 희생하면서 남을 돕는 사람'이라는 고정관념이 강력하게 존재하지만, '이타성=자기 손해'라는 공식은 성립하지 않는다. 이는 사회적기업 활동이 이타적이라는 점을 보여 주기 위해서, 사회적기업에 참여하는 사람들이 반드시 자기희생이나 자기 손해를 감수해야만 하는 것은 아니라는 점을 시사한다. 극단적인 형태의 자기희생을 이타성이 지불해야만 하는 비용이라고 주장하는 학자들이 있지만, 뱃슨은 그들의 주장이 행동의 결과를 가지고 이타성을 평가하기 때문에 범하는 오류라고 지적한다. 그뿐만 아니라 궁극적인 목적이 타인의 웰빙 증진에 있다면, 타인의 웰빙을 추진하는 과정에서 생기는 자기 이득이 그 행위가 이타적이라는 사실 자체를 부정하는 근거가 될 수 없다고 주장한다.

이타성에 대한 뱃슨의 주장을 받아들이면 사회적기업 활동에 대해 비관론자들이 가지고 있는 냉소적 태도는 설득력을 잃게 된다. 사회적기업은 자기 이득과 타인의 이득을 동시에 추구한다. 적어도 타인의 이득을 추구하는 과정에서 발생하는 자기 이득을 부정하지 않는다. 결과적으로 이기적인 혜택이 발생한다고 해서 그 행위를 이타적이 아니라고 주장할 수는 없다는 뱃슨의 견해는 사회적기업의 '친사회성' 혹은 '이타성' 논쟁에 대한 새로운 시각을 제시한다고 할 수 있다.

만일 행위자가 자신에게 발생한 이익을 염두에 두고 이타적 행동을 했다면, 그때는 어떻게 될까? 그 행위도 이타적이라고 할 수 있을까?

이 문제에 대한 답은 콩트와 뱃슨의 기준에 등장하는 '궁극적 목표'에 달려 있다. 이기적 동기와 이타적 동기 중 어느 것이 더 궁극적인가가 이타성 판단의 결정적인 기준이 된다고 이들은 주장한다. 그러나 내면의 심리상태를 직접 관찰하거나 측정할 수 없기 때문에 어떤 동기가 더 궁극적인지를 판단하는 것은 매우 어려운 과제이다. 그래서 많은 학자들이 동기 기준의 이타성 진단법을 포기하고 결과 기준의 이타성 진단법을 채택하고 있다.

그러나 심리학자들은 일반인들이 상대방의 숨겨진 행위의도를 추론해 나가는 과정을 오랫동안 연구해 왔고, 이에 근거하여 소위 귀인 이론(attribution theories)들을 발전시켜 왔다. '귀인'이란 글자 그대로 행동의 원인을 찾는 심리적 과정이다. 귀인에서 가장 중요한 변수 중 하나는 상대의 행동을 반복적으로 관찰할 수 있는지 없는지의 여부이다. 단 한 번의 행위만을 관찰할 수 있을 때는 그 행위의 원인을 추론하기가 쉽지 않지만, 반복적 관찰이 가능한 경우에는 하이더(Heider, 1958)와 존스와 데이비스(Jones & Davis, 1965)가 제안한 귀인 원리에 따라 행위의 원인들을 추론해 나갈 수 있다. 어떤 행위가 궁극적으로 자신을 위한 것인지 타인을 위한 것인지의 여부를 판단하는 것도 귀인 이론의 원리를 따르면 된다는 것이 뱃슨의 주장이다. 따라서 이타적으로 보이는 행동의 궁극적 동기가 이타적인지 이기적인지를 판단하는 과정은 염려하는 것만큼 어렵지 않으며, 사람들은 일상에서 큰 어려움 없이 그 작업을 잘해 내고 있다고 보는 것이다. 귀인 이론을 소개하는 것은 이 발표의 범위를 벗어나는 것이기 때문에 여기서는 자세히 소개하지 않기로 한다.

뱃슨의 핵심주장을 정리하면 다음과 같다.

(1) 이기심과 이타성은 동기를 기준으로 구분되어야 한다.
(2) 동기에 근거하여 이기심과 이타성을 구분하는 것은 경험적으로 가능하다.
(3) 인간에게 오직 이기적 동기만 존재하는 것이 아니다.
(4) 이기심을 충족하면서 이타성을 발휘하는 것은 가능하다.

사회적기업은 이 중 (4)의 가장 대표적 경우라고 할 수 있다.

2) 우리가 타인을 돕는 이유

인간에게 이기심만 존재하는 것이 아니라 이타심이 동시에 존재한다면, 인간은 이기적인 이유로도 타인을 도울 수 있고 이타적인 이유로도 타인을 도울 수 있다. 또 사회적기업의 경우처럼, 둘 다의 이유로 도울 수도 있다. 이 가능성들을 고려하여 뱃슨은 우리가 타인을 돕는 이유를 크게 세 가지 경우로 요약하였다.

첫 번째 경로는 물리적인 보상을 추구하거나, 타인을 돕지 않았을 때의 처벌을 피하기 위해서 돕는 경우이다. 이는 이기적인 동기로 남을 돕는 가장 전형적인 경우이다. 두 번째 역시 이기적인 동기로 남을 돕는 경우인데, 어려움을 겪고 있는 타인을 관찰할 때 경험되는 내면의 스트레스를 해소하기 위해 돕는 경우이다. 타인의 고통이 나를 고통스럽게 할 때, 내 고통을 덜기 위해 타인을 돕는 경우라고 볼 수 있다. 이 경우가 이타적인 동기로 타인을 돕는 경우로 착각되기

〈그림 6.1〉 뱃슨의 three-path model

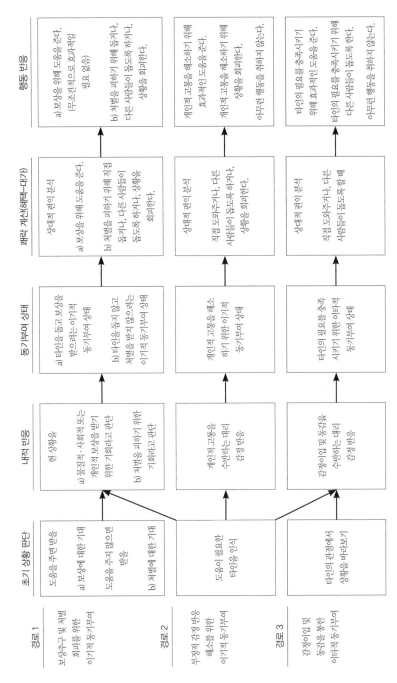

초기 상황 판단	내적 반응	동기부여 상태	쾌락 계산(헤태~대가)	행동 반응

경로 1
보상추구 및 처벌
회피를 위한
이기적 동기부여

도움을 주면 반응
a) 보상에 대한 기대
도움을 주지 않으면
반응
b) 처벌에 대한 기대

현 상황을
a) 물질적·사회적 보상을 받기
위한 기대라고 판단
b) 처벌을 피하기 위한
기대라고 판단

a) 타인을 돕고 보상을
받으려는 이기적
동기부여 상태
b) 타인을 돕지 않고
처벌을 받지 않으려는
이기적 동기부여 상태

상대적 편익 분석
a) 보상을 위해 도움을 준다.
b) 처벌을 피하기 위해 직접
돕거나, 다른 사람들이
돕도록 하거나, 상황을
회피한다.

a) 보상을 위해 도움을 준다.
(무조건적으로 효과적일
필요 없음)
b) 처벌을 피하기 위해 돕거나,
다른 사람들이 돕도록 하거나,
상황을 회피한다.

경로 2
부정적 감정 반응
해소를 위한
이기적 동기부여

도움이 필요한
타인을 인식

개인적 고통을
수반하는 대리
감정 반응

개인적 고통을 해소
하기 위한 이기적
동기부여 상태

상대적 편익 분석
직접 도와주거나, 다른
사람들이 돕도록 하거나,
상황을 회피한다.

개인적 고통을 해소하기 위해
효과적인 도움을 준다.
개인적 고통을 해소하기 위해
상황을 회피한다.
아무런 행동을 취하지 않는다.

경로 3
감정이입 및
동감을 통한
이타적 동기부여

타인의 관점에서
상황을 바라보기

감정이입 및 동감을
수반하는 대리
감정 반응

타인의 필요를 충족
시키기 위한 이타적
동기부여 상태

상대적 편익 분석
직접 도와주거나, 다른
사람들이 돕도록 할 때

타인의 필요를 충족시키기
위해 효과적인 도움을 준다.
타인의 필요를 충족시키기 위해
다른 사람들이 돕도록 한다.
아무런 행동을 취하지 않는다.

도 한다. 세 번째 경우는, 순수하게 타인의 고통을 경감시켜 주기 위해 돕는 경우이다. 콩트와 뱃슨의 용어를 빌리자면, 두 번째 경우는 타인의 고통이 유발하는 내 고통을 줄이는 것이 궁극적 목적이 되는 경우이고, 세 번째 경우는 타인의 고통을 줄이는 것 자체가 궁극적인 목적이 되는 경우이다.

순수한 이타심이 존재한다고 믿는 뱃슨도 첫 두 가지 경우처럼 이기적인 이유로 남을 돕는 행위를 인정한다. 그가 인간에게는 이기심만 있다고 주장하는 학자들과 다른 점은, 바로 세 번째 경로를 인정하기 때문이다. 타인의 고통 경감 자체가 궁극적인 목적인 사람이나, 타인의 고통 경감 자체가 궁극적인 목적이 되는 상황이 있을 수 있다고 가정하는 것이다. 타인을 돕는 세 가지 경로를 자세히 들여다보면, 결국 순수 이타성의 존재는 두 번째 경로와 세 번째 경로를 구분할 수 있느냐의 문제로 귀결된다. 고통을 겪고 있는 타인을 목격할 때 타인의 고통을 덜어 주기 위해 동기화가 되느냐, 타인의 고통 때문에 관찰자의 내면에 생기는 스트레스를 없애기 위해 동기화가 되느냐가 관건인 셈이다. 이는 경험적인 방법으로 검증되어야 할 문제이며, 뱃슨은 일련의 실험을 통해 세 번째 경로가 실제로 존재함을 증명하였다.

3

사회적기업의 정서적 메커니즘: 공감과 연민

경제이론들이 경제행위를 자신의 효용을 극대화하기 위한 다분히 계산적이고 합리적인 행위로 규정하다 보니, 정서가 경제행위에 미치는 영향은 상대적으로 간과되어 왔다. 특히 기업가행위(entrepreneur behavior)의 경우에는 더욱 그러하다(Baron, 2008; Goss, 2008). 그러나 자신에게 발생할 수도 있는 희생을 감수하면서까지 타인을 돕는 행동은 타인의 고통을 자신의 고통인 것처럼 경험하는 공감(empathy) 혹은 연민(compassion)의 감정을 가정하지 않고서는 제대로 설명되기 어렵다(뱃슨이 주장한 세 번째 경로). 앞에서 소개한 뱃슨의 이론이 '공감-이타성 가설(Empathy-altruisim hypothesis)'이라고 불리는 이유도 이와 같은 맥락에서 이해될 수 있다. 특히 사회적기업에 참여하는 사람들의 심리는, 이들이 사회의 약자들에 대해 경험하는 정서적 유대감을 빼놓고는 설명하기 어렵다. 기업을 창업하는 창업자들의 행동은 자기 이윤을 극대화하려는 경제적 동기로 설명되어 왔지만, 사회적기업의 경우는 전통적인 합리성 이론으로는 설명하기 쉽지 않다(Carsrud & Brännback, 2011). 애덤 스미스도 『도덕감정론(The Theory of Moral Sentiments)』(1759/1853)에서 empathy라는 단어 대신에 sympathy라는 단어를 사용하였지만, 타인의 고통을 자신의 고통인 것처럼 공감하는 것의 중요성을 기술한 바 있다.

타인의 고통을 자기의 고통으로 경험할 때 느껴지는 정서를 empathy, sympathy, compassion, pity 혹은 tenderness 등의 다양한 이름으로 불러 왔으나 심리학에서는 empathy라는 이름으로 이들을 통합하여 사용하는 추세이다(Batson & Shaw, 1991). 따라서 심리학 외의 분야에서 사회적기업 활동의 심리적 이유를 분석할 때, sympathy나 compassion 등의 용어를 사용하더라도 큰 맥락에서는 심리학에서 이야기하는 empathy와 동일한 개념인 것으로 이해할 필요가 있다.

도대체 공감의 정서는 어떤 기제를 통하여 이타적 행동을 가능하게 하는가? 밀러 외(Miller et al., 2012)는 공감이라는 감정은 크게 두 가지 심리적 요소를 포함한다고 기술한다. 뱃슨도 이 두 가지 요소를 명시적으로 언급하지는 않았으나 그의 이론 역시 그 두 가지 요소를 포함하고 있다고 해도 무리는 아니다.

첫째, 공감은 타인지향성(other-oriented)을 기초로 한다. 뱃슨은 이를 'perspective taking'이라는 말로 대체하고 있다. 타인의 고통을 자신에게 일어난 고통으로 경험하기 위해서는 완전한 perspective taking이 발생해야 한다. 이는 고통을 겪고 있는 타자가 자신의 상황에서 어떤 정서적 경험을 하고 있는지를 세밀하게 상상해 보는 것을 기초로 한다(Stotland, 1969). 때로는 자신의 유사 경험을 떠올리거나, 지인들의 유사 경험을 떠올리기도 한다. 이 과정을 통하여 타인의 고통이 관찰자 자신의 개인적인 고통으로 경험되는 것이다. 그런데 사회적기업 활동이라 함은 한 개인의 고통을 경감시켜 주는 것에 관심이 있는 것이 아니라, 그런 어려움을 겪고 있는 불특정 다수의 고통을 경감시켜 주는 것에 관심이 있기 때문에 일종의 감정의 전이가 발생해야 한다. 다시 말해, 특정 개인에 대한 공감에서 특정 집단의 사람들 일반에 대한 공감으로의 전환 작업이 필요하다. 밀러 외는 이를 'transfer of compassion'이라고 부르고 있다.

두 번째, perspective taking을 통한 강력한 정서적 애착이 발생한다. 공감이 유발하는 정서에는 연민(compassion), 온유(tender)와 같은 감정도 포함되지만, 타인의 고통으로 인한 슬픔(sadness)이나 분노(outrage) 등도 포함된다. 이런 강한 공감적 정서 반응이 강하면 강할수록 타인을 돕고자 하는 이타적 행동의도 역시 증가한다.

뱃슨의 이론이 공감−이타성의 연결에 관한 일반적인 이론이라면, 밀러 외의 이론(2012)은 공감을 사회적기업이라는 맥락에 구체적으로 적용한 케이스이다. 이들은 공감이 이타적 행동으로 표현되기 위해서는 몇 가지 심리적 변화가 수반되어야 한다고 주장한다. 그 변화들이 일종의 공감−사회적기업 활동 사이의 매개 변인 역할을 한다고 볼 수 있다.

우선, 밀러 외는 공감적 감정 상태에서 통합적 사고능력(integrative think-ing)이 발생하고, 이는 다시 친사회적 행동으로 이어진다고 주장한다. 통합적 사고란 대립되는 두 개의 주장을 양자택일의 문제로 보지 않고, 큰 틀에서 통합하려고 시도하는 인지적 능력이다. 이타적 동기를 지닌 사람들이 이기적 동기를 지닌 사람들보다 흑백논리를 따르지 않고, 협상과정에서도 보다 유연한 입장을 취하는 것으로 밝혀진 바 있다(Carnevale & Probst, 1997). 통합적 사고능력이 사회적기업에 중요한 이유는 개인적 이해를 추구하는 것과 공동체의 행복을 추구하는 것을 양자택일로 보지 않는 것이 사회적기업의 핵심이기 때문이다. 사적 이윤과 공동체의 선을 양립 불가능한 것으로 보는 좁은 시각으로는 사회적기업은 성립될 수 없다. 통합적 사고는 문제 해결을 위한 다양한 생각들, 익숙지 않은 생각들, 새로운 생각들에 열려 있는 마음자세도 포함한다. 기존의 국가 시스템으로 해결되지 않는 문제들을 새로운 아이디어를 통해 해결하고자 하는 것이 사회적기업이기 때문에, 사회적기업 활동에 통합적 사고 보유자가 참여할 확률이 높다는 것은 어렵지 않게 상상해 볼 수 있다.

두 번째, 밀러 외는 또 다른 매개 변인으로 친사회적 관점의 비용−편익 분석을 들고 있다. 사실 이는 이타성을 다른 말로 풀어 놓은 것으로 볼 수 있기 때문에 어떤 의미에서는 동어반복이라고도 할 수 있다. 쉽게 말하면, 공감을 통해 자신에게 발생할 비용과 편익보다는 타인에게 발생할 비용과 편익을 더 중시하는 심리적 변화가 발생해야 한다는 것이다.

세 번째, 밀러 외는 공감은 이타적 행동을 지속적으로 하게 만드는 강한 개입(commitment)을 유발하게 된다고 가정한다. 공감적 정서만으로 친사회적 행동이 지속가능할 수는 없으며, 보다 근본적인 자신의 정체성의 변화를 통하여 공감이 친사회적 행동을 지속적으로 이끌어 낸다는 것이다. 다시 말해, 친사회적 행동 실행을 위해서는 자기 자신을 '타인을 돕는 자, 타인에게 베푸는 자'로 보는 근본적인 자기 개념의 변화가 수반되어야 한다는 것인데, 다음 절에서 이 부분을 자세하게 다룰 것이다.

요약하면, 이타심의 존재를 믿는 심리학자들은 이타적 행동은 '공감'이라는 정서적 반응에 의해 유발된다고 주장한다. 공감은 타인의 고통을 자신의 고통으로 경험하는 강한 타인지향성과 타인의 고통에 강하게 반응하는 정서적 현상이라는 두 가지 특성을 갖는다. 타인의 고통에 대한 공감이 사회적기업 활동으로 연결되기 위해서는 친자기적 관심과 친사회적 관심을 통합 가능한 것으로 보는 열린 사고, 타인의 웰빙에 큰 가중치를 부여하는 비용−편익 분석, 그리고 지속적인 사회기업활동을 가능하게 하는 정체성의 변화가 수반되어야 한다.

4

사회적기업 활동에 필요한 기타 심리적 속성들

앞에서도 언급하였듯이 공감이라는 감정만으로 사회적기업 활동과 같은 이타적 행동이 일어나는 것은 아니다. 공감이라는 감정적 요인과 함께 다른 심리적 요인들이 결합되어야 사회적기업 활동이 효과적 그리고 지속적으로 이루어질 수 있다. 이 절에서는 사회적기업 참여자들의 심리적 속성에 관한 지금까지 이루어진 소수의 연구들에 기초하여, 사회적기업 활동에 필요한 공감 외의 심리적 요인들을 소개하고자 한다.

1) 공동체적 가치관

가치(value)는 행동의 중요 유발자이다. 가치관을 측정할 때 "귀하의 행동을 인도하는 원칙(guiding principles)으로서 아래의 가치들이 얼마나 중요합니까?"라고 물을 정도로 가치는 행동의 중요한 유발자로 간주된다. 가치를 연구하는 학자들은 가치를 "삶의 일반적인 지침 혹은 원칙 역할을 하는 바람직한 상태"라고 정의한다(Rohan, 2000). 또한 가치는 광범위한 행동들을 동기화하는 매우 포괄적이고 일반적인 목표라고 볼 수도 있다. 가치관 연구자들은 범문화적으로 존재하는 가치 리스트들을 발견하는 것을 중요한 연구주제로 삼고 있는데, 대표적으로 슈워츠와 빌스키(Shwartz & Bilsky, 1987)의 연구에 따르면 다음 그림에 제시되어 있는 10개의 가치관들이 문화에 걸쳐 보편적으로 존재한다.

슈워츠와 빌스키의 연구에 따르면 이 보편적 10개의 가치들은 다시 두 개의 심층 차원으로 요약될 수 있는데, 그중 하나가 '자기 고양적(self-enhancement) 가치-자기 초월적(self-transcendence) 가치' 차원이고, 다른 하나가 '보수적(conservatism) 가치-개방적(openness to change) 가치' 차원이다. 홍

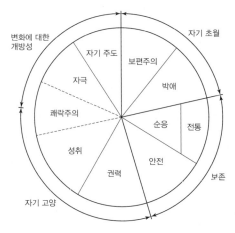

변화에 대한
개방성

자기 초월

자기 주도

보편주의

자극

박애

쾌락주의

순응 전통

성취

안전

권력

보존

자기 고양

〈그림 6.2〉 슈워츠의 보편적 가치들

미로운 점은, 인간의 행동을 안내하는 핵심가치들이 결국은 자기를 위한 가치와 자기를 초월하여 공동체를 지향하는 가치로 구분될 수 있다는 점이다. 이는 앞서 논의하였던 대로 인간의 동기가 이기적 동기와 이타적 동기로 나뉜다는 점과 부합하는 결과이다.

개인의 가치가 크게 자신을 위한 것과 사회를 위한 것으로 구분된다는 점은 또 다른 가치 연구가인 로키치(Rokeach, 1973)에 의해서도 확인된 바 있다. 로키치는 이를 개인적 관심(personal focus)과 사회적 관심(social focus)으로 칭하기도 하고, 자기중심적 가치(self-concentered values)와 사회 중심적 가치(society-centered values)라고 부르기도 하였다. 대표적인 가치 연구자들인 이들의 연구는 개인마다 중시하는 가치가 다르다는 점을 보여 준다. 예를 들면, 메글리노와 래블린(Meglino & Ravlin, 1998)은 타인에 대해 높은 관심을 가지는 사람과 자신에 대해 높은 관심을 가지는 사람으로 개인들을 구분하였다.

사회적기업에 직접 참여하거나 우호적인 사람들은 개인적 관심보다는 사회적 관심을 크게 가지고 있는 사람들이라고 짐작할 수 있으며, 사회적기업 활동을 성공적으로 시작하고 유지하기 위해서는 자기중심적 가치보다는 사회 중심적 가치를 보유하고 있어야 한다는 점을 가정해 볼 수 있다. 실제로 제르막과 그로젯(Germak & Robsinson, 2013)이 질적 연구를 통해 밝혀낸 사회적기업가들의 심리적 프로파일을 보면, 사회를 돕고자 하는 가치(helping society)가 중요한 심리적 요인으로 등장한다.

가치와 밀접하게 관련되어 있는 개념이 개인적 목표(goal)이다. 문화에 보편적인 가치들을 규명하고 근저에 존재하는 핵심적인 차원들을 밝혀내는 것이 가치 연구의 주된 목표이듯이, 개인적 목표를 연구하는 분야에서도 사람들이 추구하는 목표에 문화보편성이 존재할 수 있음을 보이고, 문화보편적인 목표 리스트들을 발견하고, 그 목표들의 기저에 있는 심층구조를 발견하는 것을 중요한 연구주제로 삼고 있다. 이런 연구들 중 대표적인 것이 그로젯 외(Grouzet et al., 2005)의 연구로서 이들은 15개 문화권에 걸쳐 보편적으로 존재하는 11개의 개인적 목표들을 발견하였다.

흥미롭게도 이 연구에서도 개인적인 목표들의 기저에 2개의 심층 차원이 있음을 발견하였는데, 그중 하나가 '신체적 자기(physical self) 관련 목표-자기 초월(self-transcendence) 목표'였다. 자기 초월 목표에는 영성을 추구하는 목표뿐 아니라 공동체를 지향하는 목표가 포함되어 있다. 이는 앞서 소개한 보편

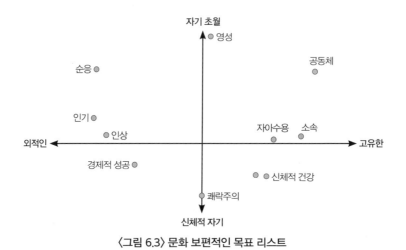

〈그림 6.3〉 문화 보편적인 목표 리스트

적 가치관 연구 결과와 동일하게 인간의 목표도 자기 자신을 위한 목표와 자기를 초월하는 목표로 구분될 수 있다는 점을 시사한다. 따라서 사회적기업 활동에는 개인적 목표보다는 자기 초월적 목표를 가지고 있는 사람들이 적극적으로 참여할 것이라는 가설을 쉽게 도출할 수 있다.

2) 개방적 가치

사회적기업은 전통적인 기업과는 추구하는 목표가 다를 뿐 아니라, 인간의 이기심과 이타심의 관계를 바라보는 관점에서도 다르다. 전통적인 기업활동은 인간은 이기적이라는 가정을 가지고 있다. 모든 기업활동은 금전적이든 비금전적이든 결국은 개인과 가족의 이윤을 극대화하기 위한 것으로 본다. 반면에 사회적기업 활동은 사회적 가치를 실현하기 위해 전통적인 시장경제 조직을 이용할 수 있다고 믿는다. 다시 말해서 이기적 욕구와 이타적 욕구가 상호배제의 관계에 있는 것이 아니라 상호보완적인 관계에 있다고 본다. 이는 기존의 가정과 기존의 조직을 뛰어넘는 사고와 상상력을 요구한다. 따라서 기존의 구조를 유지하려는 심리적 속성, 즉 보수적 사고를 갖고 있을 경우에는 받아들이기 힘든 개념이다.

이러한 면에서 통합적 사고(intergrative thinking)를 사회적기업에 필요한 심리적 속성으로 지적한 밀러 외(Miller et al., 2012)의 연구에 주목할 필요가 있다. 통합적 사고의 가장 큰 특징은 서로 다른 의견들을 양자택일의 문제, 혹은 흑백논리로 보지 않는다는 점이다. 전통적인 기업이론에서 가정하는 자기애와 사회적기업에서 추구하는 타인에 대한 관심을 양자택일의 문제로 보지 않고, 통합 가능한 것으로 보아야만 사회적기업 활동을 할 수 있기 때문에, 사회적기업 활동에 참여하는 사람들의 심리적 프로파일에는 기존의 생각을 그대로 수용하지 않는 개방성이 중요할 것으로 짐작할 수 있다.

앞에서 소개한 슈워츠(Schwartz)의 가치모형을 보면, 핵심기저에 자기중심적 가치와 사회 중심적 가치 차원만 있는 것이 아니라, '보수적 가치-개방적 가치' 차원이 존재함을 볼 수 있다. 보수적 가치는 기존의 전통을 중시하는 가치(tradition), 기존 질서에 동조하는 가치(conformity), 그리고 안전을 중시하는 가치(security) 들로 구성되어 있다. 반면 개방적 가치에는 새로운 자극(stimulation), 자기 주도적 삶(self-direction) 가치들이 포함되어 있다. 따라서 슈워츠의 가치모형 용어를 빌리자면, 사회적기업 활동가들은 전통을 고수하는 보수적 가치보다는 새로운 변화를 수용하려고 하는 개방적 가치를 지닌 사람들일 것이라고 짐작할 수 있다.

3) 비물질적 가치: 자아실현

전통적인 기업은 비록 비금전적인 보상들의 효과를 배제하지는 않지만, 여전히 기업 혹은 경제활동의 근본원인으로 금전적 보상을 꼽는다. 이윤 극대화가 전제되지 않는 기업활동은 전통적인 기업관에서는 상상하기 어렵다. 따라서 개인의 이윤 극대화를 궁극적 목적으로 삼지 않는 사회적기업 활동에 참여하기 위해서는 이타심, 공동체적 가치, 개방적 사고 등과 함께 또 다른 주요한 심리적 요인들이 필요하다. 바로 사회적기업 활동 행위를 통해 자신의 정체성을 확인하고 자기실현 욕구를 만족시키고자 하는 열망이다. 자기실현 욕구는 매슬로(Maslow, 1943)의 욕구 위계에서 가장 상위에 존재하는 욕구로서, 의식주와 관련된 생존의 욕구나 안전의 욕구, 소속의 욕구를 초월하는 욕구이다. 또한 물질적 가치관과는 반대 개념이다.

앞서 소개한 그로젯 외의 연구에 따르면 인간의 개인적 목표는 크게 신체적 자기 관련 목표-자기 초월적 목표 차원과 함께, 내재적(intrinsic) 목표-외재적(extrinsic) 목표의 두 차원으로 구성되어 있다. 쉽게 표현하면, 인간의 목표는 그 목표 추구를 통한 효과가 자기를 지향하느냐 자기 밖을 지향하느냐에 따라 다르고, 그 목표를 추구하는 이유가 즐거움과 의미를 주기 때문이냐(내재적) 아니면 그 목표를 통해 얻게 되는 외적인 보상들 때문이냐(외재적)로 구분될 수 있다. 대표적인 외재적 목표에는 '인기(popularity)', '외모(image)', '경제적 성공(financial success)' 등이 있다. 이 세 가지는 물질주의 가치를 구성하는 대표적인 트리오이다(Belk, 1985). 반면에 대표적인 내재적 목표에는 '소속(affili-ation)', '자기 수용(self-acceptance)' 등이 있다. 전통적인 상업적 기업활동은 외재적 목표 추구를 전제로 하는 반면, 사회적기업 활동은 내재적 목표 추구를 전제로 한다고 가정할 수 있다.

사회적기업 활동 유발자로서의 비물질적 가치, 특히 자기실현적 가치의 중요성은 이 가치가 공동체적 가치의 역할과는 독립적으로 사회적기업 활동을 유발할 수 있다는 데 있다. 개인이 오직 공동체와 타인의 안녕만을 위해서, 때로는 자신에게 돌아올 금전적 보상의 기회를 희생하면서까지 시간과 노력을 들이는 행위를 한다는 것은 불가능하지는 않지만 쉬운 일은 아니다. 금전적 보상을 넘어서는 어떤 강력한 보상이 존재해야만 이런 일이 용이한데, 그러한 보상 중 가장 대표적인 것이 바로 자기실현 욕구의 충족이다. 비슷한 맥락에서 소명의식(calling)이나 공적 의무감(civic duty)도 사회적기업 활동의 중요한 심리적 요인으로 가정해 볼 수 있다. 실제로 몇몇 연구에 따르면 사람들 중에는 기업보다는 공공 분야에서 일하려는 강한 욕구를 지닌 사람들이 있으며, 이들은 자신의 일을 통하여 자신의 소명이나 공적 의무감을 실현하려고 한다(Perry & Wise, 1990).

자기실현 욕구가 사회적기업 참여에 미치는 영향력을 경험적으로 검증하기 위해 제르막(Germack, 2013)은 미시간 대학교의 사회과학연구소(Institute for Social Research)에서 보유하고 있는 PSED II(the Panel Study of Entrepre-neurial Dynamics II) 데이터베이스를 활용하였다. 이 패널 연구에서 연구자들은 참여자들로 하여금 개인들의 자기실현 욕구가 새로운 비즈니스 시작에 얼마나 중요한지를 측정하기 위해 '비즈니스를 시작하는 이유가 자신의 개인적 비전 실현에 얼마나 중요한지'를 5점 척도에서 평정하게 하였다. 종속변수는 사회적기업 활동가 여부였다(1: 사회적기업가, 0: 상업적 기업가). 성, 교육수준, 소득수준 등 기본적 인구통계학적 변인들과 사회적기업가 부모나 친구, 그리고 친척들이 있는지의 여부를 통제변인으로 채택하여 분석한 결과, 사회적기업가가 되는 확률은 참가자들이 자기실현 욕구를 강하게 가질수록 비례해서 늘어나는 것으로 나타났다. 그러나 이 연구에서는 다른 동기들, 예를 들어 금전적 보상, 지위에 대한 욕구 등과 같은 전통적 기업활동에서 중시되는 동기들을 함께 측정하지 않았기 때문에 전통적 기업가가 될 확률은 물질적 동기를 중시할수록 증가하고, 사회적기업가가 될 확률은 물질적 동기를 중시할수록 낮아지는지의 질문은 해결되지 않았다.

4) 의미 추구

자기실현 욕구와 구분이 쉽지 않은 심리적 요인이지만 '의미 경험'도 사회적기업 활동의 중요한 심리적 요인으로 생각해 볼 수 있다. 다시 말해 사회적기업 활동의 가치가 경제적 보상에 있지 않고, 개인의 정체성과 가치에 중요한 의미가 있다고 느끼는 것이 사회적기업 활동을 유발하는 심리적 요인으로 작동한다고 가정해 볼 수 있다. 문과 고(Moon & Koh, 2015)는 한국사회적기업진흥원을 통하여 사회적기업 훈련 프로그램에 참가한 910명의 한국 사람들을 대상으로 사회적기업 활동에 관한 서베이를 실시하였다. 종속 측정치인 친사회적 동기(prosocial motivation)는 "사회적기업 활동을 내가 추구하는 이유는 타인을 위해서 선을 베푸는 것이 내게 중요하기 때문이다", "사회적기업 활동을 내가 추구하는 이유는 내 사업을 통하여 타인에게 뭔가를 베푸는 것이 중요하기 때문이다"와 같은 4개의 문장들에 대한 동의의 정도로 측정하였다. 주된 독립변인으로 연민(compassion)을 측정하였고, 연민이 친사회적 동기에 미치는 영향을 매개하는 변인으로 '의미 경험'을 측정하였다. 의미 경험은 "사회적기업 활동은 나에게 개인적으로 의미가 있다", "사회적기업 활동은 내개 아주 중요하다"와 같은 문장들에 동의하는 정도로 측정하였다.

분석 결과, 예상대로 연민이 친사회적 동기에 정적 영향을 주었을 뿐만 아니라, 이 과정에서 개인의 의미 경험이 중요한 매개 변인으로 작동하는 것으로 밝혀졌다. 그뿐만 아니라 의미 경험은 친사회적 동기와도 .54 수준의 정적 상관을 보였다. 이는 사회적기업 활동에서 개인적 의미를 경험하는 것이 사회적기업 활동 참여에 중요함을 보여 준다.

앞서 소개한 자기실현 관련 연구와 앞의 의미 경험 연구는 개념적으로 서로 중복된다고 할 수 있다. 두 연구가 자기실현과 의미 경험을 동시에 측정하지 않았기 때문에 두 개념이 어느 정도 중복되는지는 알 수 없으나, 적어도 개념적으로는 자기실현이 의미 경험을 포함하는 것으로 볼 수 있기 때문에, 결국 두 연구를 통해 사회적기업 활동에는 개인적인 의미 경험을 통한 자기실현 욕구의 충족이 중요한 심리적 동인으로 작동한다고 추론해 볼 수 있다.

5) 원칙주의

도덕 철학자들은 보편적인 도덕적 원리, 예를 들면 '정의'(Rawls, 1971)를 중요한 행동원칙으로 제안해 왔다. 이들이 연민이나 공감을 이타성의 유일한 원인으로 삼지 않는 이유 중 하나는, 사람들이 고통을 겪고 있는 모든 사람들에게 동일한 정도로 공감이나 연민을 경험하지는 않기 때문이다. 물론 앞에서 언급한 밀러 외(Miller et al., 2012)는 공감의 전이 현상을 통해 특정 개인을 넘어서서 고통받고 있는 모든 사람들에게 공감을 느낀다고 주장하였지만, 실제로 한 행위자가 모든 개인들에게 동일한 정도로 공감을 느끼는 것은 불가능에 가깝다. 이 문제를 해결하기 위해서는 원칙주의(principlism) 개념을 상정하지 않을 수 없다(Batson, 1998).

물론 원칙주의에 대해 이기심의 발현이라고 반론을 제기할 수 있다. 어떤 도덕원리를 모든 사람에게 동일하게 적용하려고 노력하는 사람은 타인에게 '선한 사람', '원칙이 있는 사람' 등의 좋은 평가를 받을 가능성이 있다. 따라서 원칙주의를 이타심이나 이기심과 완전히 무관한 새로운 심리적 요인으로 상정하는 것이 무리라고 할 수도 있는데, 이는 향후 연구에서 경험적으로 검증되어야 할 것이다.

5
결어

　이 발표는 사회적기업을 인간 본성의 문제로 연결하려는 무모하지만 도전적인 시도였다. 사회적기업의 문제를 굳이 인간 본성의 문제로 연결시킬 필요가 있을까라는 의구심을 가질 수도 있을 것이다. 그러나 인간의 모든 행동을 이기심의 발현이라고 보는 관점에서 보자면 사회적기업은 냉소적인 시선에서 자유로울 수 없다.

　우리 주변에는 이타적인 행위들이 넘쳐난다. 영웅적이라고까지 부를 수 있는 살신성인의 이타적 행위들도 드물지 않다. 그럼에도 불구하고 우리는 그런 행위들을 이기심의 발현이거나, 혹은 자신에게 닥칠 위험을 사전에 고려하지 못한 결과라고 설명하는 경향이 있다. 그런 입장에서 보자면 사회적기업은 아름다운 명분을 가지고 있지만, 실상은 이기적 동기의 산물일 수밖에 없다. 이 발표에서는 이런 회의적인 혹은 합리적인 시각이 이타성의 존재 여부 행위의 결과로 판단하기 때문에 생긴다는 점을 지적하고, 이타성을 행위의 결과가 아닌 동기로 판단해야 한다는 주장을 소개하였다.

　심리학자 뱃슨에 따르면 순수한 이타성의 기준은 가혹하리만큼 이상적이다. 행위자를 위한 어떤 이득도 없어야만 순수하게 이타적이라는 기준을 충족시킬 수 있는 행위는 찾기가 거의 불가능하다. 또한 타인을 돕는 행위가 '언젠가' 자신에게 도움으로 돌아온다는 진화심리학의 주장은 그 언젠가가 정확히 언제인지를 명확하게 하지 않기 때문에 다분히 임의적일 수밖에 없다. 이기적 결과가 이타적 동기를 부인할 수 없다는 뱃슨의 주장은, 사회적기업 활동을 숨겨진 이기적 동기의 산물이라고 치부할 수 없게 만들어 주는 이론적 방어벽을 제공해 준다. 타인의 웰빙을 추구하면서 동시에 경제적 이윤을 추구하는 것이 현실적으로 가능한지의 문제를 떠나서, 뱃슨의 이론은 그것이 명분상 타당함을 보여 주기 때문이다. 또한 사회적기업 활동을 순수한 이타심만의 결과로 보지 않게 만들어 주기 때문에, 사회적기업 활동 참여에 대한 과도한 도덕적 진입 장벽을 완화시켜 주기 때문에 뱃슨의 주장은 매력적이다.

이 발표에서는 사회적기업 활동을 가능하게 하는 다른 심리적 요인들에 대한 탐색도 시도하였다. 전통적 기업활동과는 달리 사회적기업 활동은 경제적 보상 추구를 넘어서서 자기실현, 의미 추구, 공동체적 가치, 통합적 사고, 비물질주의적 가치, 원칙주의 등의 심리적 요인들에 의해 유발된다고 할 수 있다. 그러나 이 분야의 연구들은 아직 미미한 단계로서 더 많은 경험적 연구들이 요구되는 실정이다.

마지막으로, 이 발표가 비록 개인 심리에 초점을 두었지만, 이타적 행위는 사회문화적 요인들의 영향을 크게 받는다는 점을 지적하지 않을 수 없다. 예를 들어 시간을 물어보는 상황이나, 부상을 당한 보행자가 있는 상황 등을 연출해 놓고 얼마나 많은 사람들이 도움을 주는지를 다양한 지역에서 관찰한 연구에 따르면, 도시보다는 시골에서, 대도시보다는 소도시에서 돕는 행위가 높게 나타난다(Steblay, 1987). 이는 개인적 특성과는 무관하게 개인이 소속되어 있는 사회의 특징이 이타적 행위의 가능성을 좌우할 수 있다는 점을 시사한다. 따라서 사회적기업의 활성화 정도 및 성공 가능성도 사회적기업에 참여하는 개인들의 인지, 정서 및 동기적 특징뿐 아니라 한 사회와 국가의 사회문화적 특징들에 의해 큰 영향을 받을 것이라고 짐작할 수 있다. 앞에서 개인의 공동체적 가치, 비물질적 가치, 자기실현적 가치 등의 중요성을 언급하였는데, 이를 확대해 보면 한 사회 안에 물질적 가치와 개인 중심적 가치가 팽배할 경우 사회적기업 활동의 빈도와 성공 가능성이 낮을 수밖에 없을 것이라고 예상해 볼 수 있다. 향후 연구에서는 이런 사회문화적 변수와 개인 심리적 변수들을 함께 고려하여 사회적기업에 대한 사회심리학적 이해를 높여야 할 것이다.

Ageev, A. I., Gratchev, M. V., & Hisrich, R. D.. 1995. "Entrepreneurship in the Soviet Union and post-socialist Russia." *Small Business Economics* 7. 365-376.

Baron, R. A.. 2008. "The role of affect in the entrepreneurial process." *Academy of Management Review* 33. 328-340.

Batson, C. D., & Shaw, L. L.. 1991. "Evidence for altruism: Toward a pluralism of prosocial motives." *Psychological Inquiry* 2. 107-122.

Baumol, W. J.. 1990. "Entrepreneurship: Productive, unproductive, and destructive." *Journal of Political Economy* 98. 893-921.

Belk, R. W.. 1985. "Materialism: Trait aspects of living in the material world." *Journal of Consumer Research*. 12. 265-280.

Borgida, E., Conner, C., & Manteuful, L.. 1992. "Understanding living kidney donation: A behavioral decision-making perspective." In S. Spacapan & S. Oskamp (Eds). *Helping and being helped: Naturalistic studies*. 183-211.

Carnevale, P. J., & Probst, T. M.. 1997. "Good news about competitive people." In C. K. W. De Dreu & E. Van De Vliert (Eds.), *Using conflict in organizations*. 129-146. London: Sage.

Carsrud, A., & Brännback, M.. 2011. "Entrepreneurial motivations: What do we still need to know?" *Journal of Small Business Management* 49. 9-26.

Comte, I. A.. 1875. *System of positive polity*. 1. London: Longmarts, Green. (Original work published 1851)

Decety, J., & Ickes, W.. 2011. *The social neuroscience of empathy*. MIT Press.

Germak, A. J.. 2013. *Social Entrepreneurship Motivation: A Quantitative Analysis of Nascent Social Entrepreneurs*. EMES-SOCENT Conference Selected Papers, no. LG 13-69.

_____. & Robinson, J. A.. 2013. "Exploring the motivation of nascent social entrepreneurs." *Journal of Social Entrepreneurship* 1-17.

Goss, D.. 2008. "Enterprise ritual: A theory of entrepreneurial emotion and exchange." *British Journal of Management* 19. 120-137.

Grouzet, F. M. E., Kasser, T., Ahuvia, A., Dols, J. M. F., Kim, Y., Lau, S., et al. . 2005. "The structure of goal contents across 15 cultures." *Journal of Personality and Social Psychology* 89. 800-816.

Hamilton, W. D.. 1964. "The genetical evolution of social behaviour" II. *Journal of theoretical biology* 7(1). 17-52.

Heider, F.. 1958. *The psychology of interpersonal relations*. New York: Wiley.

Herron, L., & Sapienza, H. J.. 1992. "The entrepreneur and the initiation of new venture launch activities." *Entrepreneurship Theory and Practice* 17. 49-55.

Jones, E. E., & Davis, K. E.. 1965. "From acts to dispositions: The attribution process in person perception." In L.Berkowitz (Ed.) *Advances in experimental social psychology*. New York: Academic Press.

Licht, A. N.. 2010. "Entrepreneurial motivations, culture, and the law." In A. Freytag & A. R. Thurik (Eds.) *Entrepreneurship and culture*. Berlin: Springer-Verlag.

Maslow, A. H.. 1943. "A theory of human motivation." *Psychological Review* 50. 370-396.

Meglino, B. M., & Ravlin, E. C.. 1998. "Individual Values in Organizations: Concepts, Controversies, and Research." *Journal of Management* 24(3). 351-389.

Miller, T. L., Grimes, M. G., McMullen, J. S., & Vogus, T. J.. 2012. "Venturing for others with heart and head: How compassion encourages social entrepreneurship." *Academy of Management Review* 37. 616-640.

Moon, C. W., & Koh, Y. S.. 2015. *Compassion, Pro-social Motivation and Social Entrepreneurship: An Empirical Investigation*. Paper presented at Proceedings of the Third Asia-Pacific Conference on Global Business, Economics, Finance and Banking, Singapore.

Nietzsche, F.. 1881. *The Dawn of Day*. English translation by McFarland Kennedy, J.

Nowak, M. A., & Sigmund, K.. 2005. "Evolution of indirect reciprocity." *Nature* 437(7063). 1291-1298.

Panchanathan, K., & Boyd, R.. 2004. "Indirect reciprocity can stabilize cooperation without the second-order free rider problem." *Nature* 432(7016). 499-502.

Perry, J. L., & Wise, L.. 1990. "The Motivational Bases of Public Service." *Public Administration Review* 50(3). 367-373.

Rawls, J.. 1971. *A Theory of Justice*. Cambridge. MA: Harvard University Press.

Rohan, M. J.. 2000. "A rose by any name? The values construct." *Personality and Social Psychology Review* 4. 255-277.

Rokeach, M.. 1973. *The nature of human values*. New York: Free Press

Schwartz, S. H., & Bilsky, W.. 1987. "Toward a universal psychological structure of human values." *Journal of Personality and Social Psychology* 53. 550-562.

Segal, N. L.. 1984. Cooperation, competition, and altruism within twin sets: A reappraisal. *Ethology and Sociobiology* 5. 163-177.

Smith, A.. 1776.. *An Inquiry into the Nature and Causes of the Wealth of Nations*. London:

Deut and Sane Ltd.

_____. 1976. *The Theory of Moral Sentiments*. Oxford: Clarendon Press. (Original work published 1759)

Stotland, E.. 1969. "Exploratory studies of empathy." In L. Berkowitz (Ed.). *Advances in experimental social psychology*. New York: Academic Press.

Trivers, R. L.. 1971. "The evolution of reciprocal altruism." *Quarterly review of biology*. 35-57.

Wilson, E. O.. 2012. *On human nature*. Harvard University Press.

Zaki, J., & Ochsner, K. N.. 2012. "The neuroscience of empathy: progress, pitfalls and promise." *Nature neuroscience* 15(5). 675-680.

7장

언론인의 자율성: 언론 공공성의 새로운 원천

1

문제 제기: 위기 담론에서 생산에 대한 논의로

언론이 위기라 한다. 여러 지표를 종합해 보면, 언론 위기란 언론사의 수익 감소임을 알 수 있다. 그러나 개인의 뉴스 이용이 감소한다는 증거는 미미하며, 오히려 다양한 경로의 정보 이용 행위는 증가하는 가운데 다양한 매체, 채널, 서비스를 통한 뉴스와 의견에 대한 접촉은 안정적으로 유지되고 있다는 관찰이 일반적이다. 언론사 수익이 감소하는 이유는, (1) 인터넷 기업들이 새로운 광고 플랫폼으로 자리 잡으면서 전통 언론사의 광고비 수익을 잠식하는 가운데, (2) 광고주들도 과거 신문 지면과 방송 시간을 구매하는 방식으로 마케팅하던 관행을 변경하기 때문이다. 광고주는 특히 검색 포털과 교류매체 서비스(SNS)에 광고비를 집행하며, 심지어 직접 판매촉진 내용을 제작해서 자체 플랫폼과 채널을 통해 구매자에게 직접 접근하고 있다. 반면 언론사는 전통 부문에서 광고비 수익 감소를 보전할 정도로 인터넷 부문에서 새로운 수익을 확보하지 못하고 있다.

언론사의 이윤 감소는 투자 감소로 이어진다. 부정적 전망에 휩싸인 언론사는 편집국을 축소하고, 비용절감형 경영기법을 도입하고, 이도 저도 어려우면 시장에서 퇴출한다. 이른바 '혁신'이란 구호는 주로 투자 우선순위의 변화를 의도하지만 동시에 투자 감소를 의미한다. 이 때문에 뉴스의 품질이 낮아지고, 언론사의 다양성이 감소하며, 결정적으로 언론의 고유한 기능인 정치적 의견 형성 기능이 위축된다는 우려가 있지만, 이런 우려의 목소리는 잘 들리지 않는다. 언론사의 경제적 위기에 대한 장탄식이 언론의 공적 기능 위축에 대한 논의를 가리기 때문이다. 생각해 보면, 불과 10년 전만 해도 언론에 대한 논의는 주로 내용과 효과에 관한 것이었다. 학자와 평자들은 언론의 공적 임무와 역할을 논의했다. 그러나 이제 언론사 경영자는 물론 학자와 평자들도 언론의 경제적 토대와 사업적 전망에 대해 염려한다. 언론사 신입 기자들까지 언론산업의 위기를 말하고, 언론사의 수익을 걱정한다. 언론을 염려하는 비판과 자성은 언제나 있었지만 언론의 생존 자체를 문제 삼게 된 것은 최근의 일이다.

무엇이 문제인가? 이 질문을 정교하게 제시하자는 것이 이 글의 문제이다. 따라서 답변도 광고비 수익 감소에 따라 전통적 언론사업 모형이 붕괴한다는 식의 작금의 염려에 대응하자는 것이 아니다. 지금 언론사의 사업모형을 해체하는 경향을 넘어선 언론계의 근본적 구조변동이 진행 중인데, 이는 '언론인의 자율성 확대'와 관련이 있다는 것이 이 글의 첫 번째 주장이다. 지금까지 언론 자유에 대한 담론은 언론 자유, 그것도 '산업으로서의 언론'이나 '제도로서의 언론'의 자유에 주목해 왔다. 산업과 제도로서의 언론 자유는 물론 중요하다. 그러나 언론인의 자율성 신장으로 인해 언론 자유의 양상도 변화하고 있다고 제시하는 것이 이 글의 첫 번째 목표이다.

언론인의 자율성은 왜 중요한가? 필자는 전래의 언론매체에 대한 정책적 접근을 지배해 온 개념인 공공성을 생산자의 자율성 개념을 중심으로 재구성할 수 있다고 주장하겠다. 언론의 공공성은 역사적 맥락에서 공개성, 객관성, 공정성, 공익성 등의 다른 이름으로 다른 함의를 가지고 등장했다. 그런데 최근 언론의 경제적 토대가 흔들리면서 언론의 생산성, 사업성, 효율성에 대한 논의가 지배적인 가운데 생산자 자율성에 대한 논의는 별로 없는 것은 확실히 이상하다. 왜냐하면 언론의 가치는 언론인의 창의적 노동에서 유래하는바, 생산기반의 물적 자원과 제도적 자원은 이 창의적 노동을 가능하게 하는 조건에 대해 무심할 수 없기 때문이다. 필자는 고전적 자유주의 언론관이나 수정된 공적 관리론에 기초한 언론관 모두 이 문제에 특별히 주목하지 않았던 이유가 있다고 생각한다. 그리고 그 때문에 지금 이른바 언론의 위기에 대응하는 데 어려움을 겪고 있다고 본다. 사정이 이렇게 된 연유를 역사적 맥락을 고려해서 제시하고, 언론 관련 담론의 전환을 언론인의 자율성에 따른 공공성 실현으로 이끌어 보려는 것이 이 글의 두 번째 목표이다.

결국 이 글은 전통적 언론매체의 공공성 개념을 확장해서 새로운 공공성 개념을 시론적으로 제시하는 데 목적이 있다. 전통적 언론매체의 공공성 개념이 내용의 보편성이나 공정성, 또는 생산기반의 공적 관리 등을 의미했다면, 여기서 제기하는 공공성 개념은 내용생산자의 자율성 확장과 이를 위한 최소 생산기반의 지속가능성을 포함한다. 이와 같이 공공성을 확장해서 보면, 최근 전개되는 다양한 생산기반과 사업모형의 타당성 논의는 물론 전통적인 권력 감시 및 여론 형성에 대한 언론의 역할에 대해 새롭게 접근할 수 있다는 생각이다. 이 생각이 타당한지의 여부는 당연히 후속적인 관찰과 경험적 연구를 통해 결정될 일이다. 이 글은 더 많은 관찰과 경험적 연구를 위해서라도 언론인 자율성 개념에 기초한 확장된 공공성 개념을 고민해야 한다는 제안을 긴급하게 제시하기 위해 쓴 것이다.

2

언론인 정체성의 다면성

현대 언론은 광고가 언론의 주요 수입원이 된 1830년대에 제도적으로 자리 잡은 이후 크게 변하지 않았다(Schudson, 1981; Starr, 2004). 19세기 초는 대도시를 중심으로 상업적 대중언론이 등장해서 독자와 광고주를 놓고 경쟁을 벌이던 시기였다. 거대한 편집국을 만들어 공장에서 시간에 맞춰 뉴스라는 제품을 대량생산하여 대량전달하기 시작한 때이기도 하다. 이 모든 것이 광고에 기반한 사업모형의 안정성 때문에 가능했다. 현대적 의미의 언론인 정체성 형성이 이루어진 것도 이때이다. 이른바 '독립적 언론인'이라는 집합적 정체성이 형성된 것이다. 그러나 여기에서 '독립성'이란 제한적 의미를 가졌을 뿐이고, '언론인'이 하나의 직역을 지칭했던 것은 아니다. 요컨대 '독립적 언론인'이란 모호하고 제한적인 의미를 지녔다.

1830년대 이전에 신문은 지불능력이 있는 신사라야 구입할 수 있을 정도의 가격인 6페니에 팔렸다. 독자 규모가 적었다는 뜻이다. 구독자 기반에 근거한 광고와 구독료만으로 신문발행의 수지를 맞추기는 어려웠다. 신문의 주요 수익원은 정치적 영향력을 행사하려는 후원자 또는 발행인이 제공하는 보조금이었다. 이때 직인으로서 언론인의 수는 적었고, 업무도 분화되지 않았다. 직인으로서 언론인은 편집·제작·인쇄 등을 종합적으로 수행하면서, 정치적 주창자인 발행인과 후원자를 돕는 역할을 수행했던 것이다. 물론 발행인이 직접 편집을 담당하는 경우도 적지 않았다. 그러나 중간관리자, 교열자, 인쇄공, 부정기적 원고작성자 등이 광범위하게 신문 제작에 관여했던 경우 이들은 어디까지나 발행인에 귀속된 고용인이었을 뿐, 독자적으로 편집권을 담당하는 독립적인 언론인이란 자의식을 갖지 않았다.

광고는 현대 언론의 지배적 사업모형이 되면서 동시에 현대 언론의 제도적 특성을 결정했고, 언론인의 정체성 형성에도 결정적으로 기여했다. 미국 신문의 경우 광고는 18세기 초반부터 등장했지만, 19세기가 지나서야 지배적인 수익원으로 자리 잡기 시작했다. 광고 때문에 안정적인 언론사 경영이 가능해졌으며, 이와 함께 언론인의 역할에 대한 인식과 자의식이 등장하기 시작했다.

이 당시 신문 제호의 변화가 미묘한 변화를 증거한다. 애초에 광고는 통상정보나 신상품과 하역물 정보 등 상인들이 관심을 보였던 정보로서 기능했다. 당시에 광고는 신문의 주요 독자의 계층적 이익은 물론 발행인과 후원자의 계층적 속성을 반영한 것이었다. 초기 신문은 '광고지(advertiser)', '상업지(commercial)', '상인지(mercantile)' 등과 같이 상업적 정보 제공이라는 본연에 충실한 제호를 따른 경우가 많았으며, 이는 발행인과 후원자의 자산가적 성격을 반영하는 것이기도 했다. 흥미롭게도 이후 광고를 수입원으로 한 상업적 대중신문이 본격화되면서 신문은 본격적으로 광고와 정보를 구분하기 시작했으며, 이때부터 새로운 제호를 채택했다.

1820년대 이후 인쇄에 증기기관을 도입해서 대량인쇄가 가능해지고, 운송수단의 발전으로 단시간에 대량의 광고가 담긴 신문을 배포할 수 있게 됨으로써 신문은 본격적으로 광고주와 소비자를 연결하는 매개자가 되었다. 상업적 대중신문인 『페니페이퍼(penny paper)』가 그런 역할을 수행했다. 독자들은 광고를 함께 보는 수고 덕분에 과거 가격의 1/6 수준으로 신문을 볼 수 있게 되었다. 이당시 상업적 대중신문이 내건 정치적 이념이 중립성이었다는 사실은 의미심장하다. 그러나 이들이 실제로 정치와 무관하거나 주요 사안에 대해 불편부당한 편집을 했던 것은 아니다. 그때에도 정치적 논쟁과 스캔들 관련 기사는 언제나 잘 팔렸다. 따라서 당시 언론은 정치적 사건사고 기사뿐만 아닌 논평양식을 도입하여 정치기사의 양과 질을 확대했다. 이 당시 신문의 제호는 '비판자(critic)', '전령(herald)', '호민관(tribune)' 등과 같이 신문의 사회적 역할을 강조하거나, '태양(sun)', '별(star)', '시대(times)' 등 모든 이를 비추고 관련된다는 은유를 담았다. 그래야 잘 팔렸기 때문이다. 즉 중립적이고, 서민적이고, 비판적으로 보여야 인기가 있었다. 그러나 실제 당시 언론의 독립성이란 '평소 지지하는 정당에 비판도 할 수 있다는 정도'를 의미했다.

상업적인 대중신문 간 경쟁이 격화되면서 언론사 발행인의 성격이 자리 잡은 사정을 보면 흥미롭다(차배근, 2014). 이전 시기의 발행인은 주로 정치적으로 영향력을 행사하려는 유력한 자산가였다면, 이 시기부터 발행인이란 모험적인 신사업에 뛰어든 야심찬 사업가를 의미했다. 예컨대 데이(Benjamin Day), 베넷(James Gordon Bennett), 퓰리처(Joseph Pulitzer), 허스트(William Randoph Hearst) 등 당시 발행인들이 그랬다. 상업적 대중신문의 성공과 실패는 흔히 개성 있는 발행인들의 상업적 성공과 실패를 중심으로 기록된다. 언론이란 철저하게 사업인 동시에, 개성과 수완을 발휘할 수 있는 모험적 무대가 되었다. 편집인이 전문적 언론인의 면모를 띠기 시작한 것도 이때부터이다. 당시 편집인이란 발행인이 발탁한 사이드킥, 즉 수완 좋은 사업기획가 및 관리자의 역할을 담당했다. 일반 기자는 당시 범죄현장을 누비며 사건을 '발견하고' 법원과 경찰서 및 공공기관에서 인터뷰를 수행하여 기사를 '만들었다'. 그러나 기사를 작성하던 기자는 발행인과 편집인이 고용한 '아이들'에 불과했다.

19세기 중반 무렵 확립된 광고비에 기초한 언론의 사업모형은 20세기 말까지 이어진다. 이는 정부보조금이나 공적 재원을 기반으로 한 유럽의 공영방송 모형을 제외하고 장기적으로 유지된 유일한 사업모형이기도 하다. 20세기 말 인터넷의 등장으로 광고비 집행의 관행이 급격하게 변하기 전까지, 광고비에 기초한 사업모형에 따라 언론사들은 지역마다 구획되어 분포하는 이용자 집단을 대상으로 한 경쟁에 몰두했다. 경쟁은 근본적으로 구독률과 시청률 같은 성과지표를 이용한 광고비 수주경쟁을 의미했다. 구독률과 광고비 경쟁을 위한 경쟁도 전면화되었다. 조·석간 발행 경쟁, 부대산업 경쟁, 통신사 독점제공 경쟁, 인쇄기계 도입 경쟁 등 모든 분야로 퍼졌다. 동시에 복잡해지는 취재 및 제작 과정에 소요되는 비용을 통제하기 위한 수단이 등장했으며, 이는 원래 그리 높지도 않았던 언론인의 인건비를 더욱 강력히 통제하기 시작했다는 것을 의미했다.

상업적 대중신문이 자리 잡으면서 언론사 간 경쟁의 격렬한 양상을 보였다. 이는 언론시장에서 기본적으로 이용자 규모와 그에 비례한 광고비 규모에는 변화가 없으며, 따라서 수익률을 올리기 위해서는 이용자—광고비 분할을 유발하는 경쟁자의 시장 진입을 막겠다는 자명한 전략을 택한 것이다. 경쟁자는 적을수록 좋았으며, 언론사는 이를 달성하기 위해 수단과 방법을 가리지 않았다. 특히 언론사 간 상호 비방과 도덕전쟁(moral war)이 언론인 정체성 형성에 중요한 역할을 수행했다. 한 도시에서 독자와 광고주를 놓고 경쟁하는 언론사들이 상대 언론을 무책임한 저질 언론이라고 비난했다. 상대방 발행인에 대한 비방과 중상, 그리고 그에 따른 소송을 포함한 복수전이 일어났다. 결국 고결하고 진정한 언론인이라는 전형은 경쟁시대 언론사가 몰두한 저열한 도덕전쟁의 산물이기도 했다. 상대 언론과 언론인을 저질이라 비난하면서 자신도 마찬가지라고 인정할 수는 없었는데, 이런 상황에서 반사실적인 언론인상으로서 '책임 있는 언론인'이라는 모습이 등장했던 것이다.

상업적 경쟁이 심했던 20세기 초·중반 언론은 내용 개선을 통한 품질 경쟁과 더불어 인수합병을 통한 집중화 경향을 보였다(Cooper, 2003, 2006). 20세기 언론 성장의 역사는 곧 독과점화를 의미한다. 이미 1940년대에 그전 30년을 돌아보며, 언론의 독과점 경향이 위험하다는 경고가 등장했다(Villard, 1944). 1970년 「신문보호법(Newspaper Preservation Act)」은 동일지역 내 신문사들이 광고비를 결정할 때 담합하는 행위를 용인하는 등 사실상 '반독점법'을 피할 수 있게 돕는 법이었다. 「신문보호법」을 옹호하는 논지는 한 지역 내에 2개 이상의 신문이 살아남아 복수의 의견을 전달하는 것이 중요하다는 것이었지만, 실제로는 지역을 넘어선 언론의 체인화를 가속하면서 언론기업의 독과점적 이익을 보장했다(Bagdikian, 2000). 20세기 말까지 계속된 미국 내 언론시장을 둘러싼 집중화 경향에 대한 논쟁은 흔히 부질없는데(Compaine, 2000; Waterman, 2000), 왜냐하면 논쟁이 시작되었던 1980년대 말 이미 언론산업은 사실상 집중이 완료된 것과 다름없는 상황이었기 때문이다(Bagdikian, 2000).

언론사의 경쟁과 집중이 이루어지면서 언론인의 '전문직화(professionalization)' 개념이 형성되었다. 그런데 이 과정에서 언론노동운동의 역할을 이해하는 것이 중요하다. 미국의 언론노동운동은 언론사 간 경쟁이 가장 심했던 뉴욕에서 1930년대에 출현하여 급속하게 전국화되었다. 당시 기자들은 인쇄공이나 신문배달 운전사보다 봉급이 적다고 불만을 터뜨리며 노동조합을 조직했다. 기자들은 발행인과 편집인에 대항해서 노동조건 개선을 요구했다. 이들은 스스로를 직공과 같은 노동자로 규정했는데, 이렇게 하는 것이 집합적 행동에 유리했기 때문이다. 반대로 기자들의 이런 요구를 무력화하기 위해 발행인 쪽에서 동원한 논리가 바로 '언론인은 전문직'이라는 주장이었다(Lebovic, 2016). 전문직은 외부적 이해관계로부터 독립적이며, 자신의 가치를 높이기 위해 노력할 뿐 조합을 형성해서 단체행동에 나서지 않는다는 논리였다. 전문직의 최고 가치가 '독립성'이라는 것을 생각해 보면, 기자를 고용한 발행인에 의해 언론인의 전문직 개념이 제기되었다는 사실은 의미심장하다.

미국 언론직 전문직화를 탐구한 연구에 따르면(Schudson, 2001), 20세기 초 미국 언론인은 정부의 공보활동과 기업의 홍보의 영향력에 대항하는 독자성을 갖추는 가운데 '전문성'을 언론인의 집단적 정체성의 하나로 발전시켰다고 한다. 언론인들이 이렇게 형성한 집단정체성을 유지하기 위해 후배들을 재교육하는 과정에서, 인터뷰 기술과 정보원 보호와 같은 핵심적 관행을 정립하고 윤리 규범을 채택하면서 전문직의 양상을 갖추기 시작했다. 그러나 전문직화 과정에 언론인에 대한 노동 통제가 그 중요한 배경이 되었으며, 발행인과 편집인이 기자의 노동권을 제어하기 위한 논지로 활용되었다는 사실을 잊어서는 안 된다.

아직도 언론인은 전문직이 될 수 있다는 주장, 전문직이 되어야 한다는 주장, 이미 전문직이라는 주장이 경합하고 있다. 이런 식으로 언론의 전문직에 대한 주장이 혼란스럽게 경쟁한다는 사실 자체가 언론인의 전문직 지위가 취약하다는 명제를 뒷받침한다. 특히 상업적 대중언론의 형성기에 등장하여 이후 굳어진 다양한 언론인의 역할은, 도저히 하나로 요약해서 정리할 수 없는 다기능적이며 다차원적인 언론인의 정체성을 반영한다. 많은 언론인들이 서로 확인할수 있는 특정한 기술과 규범을 지는 전문가 집단이라는 정체성을 갖기를 원했지만, 정치적 주창자로서의 언론인, 사업가로서의 언론인, 문필가로서의 언론인, 노동자로서의 언론인 등 다양한 정체성 관련 요인들이 경합하는 가운데 통일적 언론인상을 만들어 내지 못했다. 이는 언론인 자율성의 신장과 관련해서 중대한 함의를 갖는다. 어떤 정체성을 중심에 놓고 보느냐에 따라 언론인 자율성의 특성이 달라진다. 즉 언론인이 누리는 자유란 도대체 누구로부터의 자유이며, 무엇을 위한 자유인지 달라진다는 것이다. 언론인의 자율성이란 경영전략, 편집의 경향성, 취재 및 제작의 결정력, 노동력의 보호 등을 각각 의미하기도 하고 모두를 의미하기도 하는데, 이는 확실히 혼란스럽다. 언론 자유도 마찬가지이다. 언론제도가 확립되는 가운데 언론의 자유는 언론사 경영의 자유, 편집의 자유, 취재 및 제작의 자유, 노동의 자유 등 서로 충돌하는 다른 권리를 지칭했다.

3
사업자의 자유와 언론인의 자유

언론의 자유가 언론이라는 제도의 보장을 의미하는지, 아니면 언론인 개인의 권리를 의미하는지는 혼란스럽다. 이 두 자유는 구분 가능할 뿐만 아니라 심지어 상충되기도 하는데, 이 경우 어떤 자유가 선행하는지 논란의 대상이 된다. 예컨대 언론사를 대표하는 발행인이 국가의 간섭과 무관하게 자유롭게 출판할 수 있는 자유와, 언론사에 속한 기자가 양심에 따라 보도할 자유가 상충하는 경우 어떤 자유가 우선하는가? 역사적으로 이 질문에 대한 답변은 쉽지 않았다.

언론사에 속하지 않은 이가 수행하는 언론활동의 자유를 보장해야 하느냐의 문제를 생각해 보자. 언론사에 속하진 않지만 언론기능을 수행하는 자들이 분명 있는데, 이들의 언론행위를 얼마나 보장할 수 있느냐는 것이다. 예컨대 정부기구나 기업이 프리랜서 독립 언론인에게 언론 브리핑에 참여할 기회를 부여해야 하는지의 문제가 있다. 세계 언론사에서 무수히 많은 '홀로 팸플릿을 작성해서 배포하는 자(lonely pamphleteer)'들을 찾아볼 수 있다. 미국 언론사를 보더라도 '추문폭로자'나 '뉴저널리스트'의 사례가 있으며, 익명의 언론활동가들이 남긴 자취도 쉽게 찾을 수 있다. 최근 인터넷 시대에 블로그나 게시판 활동을 통해 등장한 '인터넷 시민 저널리즘'의 경우를 보면 이런 언론인이 단지 역사적 사례가 아님을 알 수 있다.

미국 언론사를 놓고 보면, 언론의 자유란 언론인 개인의 자유를 뜻하지 않는다. 적어도 이는 언론인이 취재나 보도상의 어떤 별다른 특권을 갖는다는 것을 의미하지 않는다. 미국 연방대법원은 수정헌법 제1조가 보호하는 언론의 자유에 언론인의 취재 및 보도의 자유를 포함하지는 않는다는 이유로 언론의 자유와 언론인의 자유를 구분하고, 후자에 대해 특권을 인정하지 않는 판례법을 확립했다. 이 사안의 선도적 판례인 「브랜즈버그 대 헤이즈(Branzburg v. Haze)」(1972)에 따르면, 언론인 개인은 일반 시민들이 갖는 권리 이상으로 법적 보호를 받을 수 있는 특별한 권리를 갖지 않는다고 한다. 브랜즈버그 사건 판결에서 다수 의견을 제시한 와이트 판사가 염려했듯이, '홀로 팸플릿을 작성해서 배포하는 자'를 포함하여 누가 언론인인지 규정하기조차 어려운 상황에서 그 권리를 확인하기 어렵기 때문이다. 미국에서 언론의 자유란 '사업자로서의 언론'과 '제도로서의 언론'의 자유를 의미하지, 언론활동을 하는 일반 시민이 누려야 마땅한 자유는 아니었던 셈이다. '사업자로서의 언론'과 '제도로서의 언론'의 자유를 보호하는 이유는 정부, 의회, 법원을 감시할 수 있는 역외의 제도, 즉 이른바 제4부라 하는 제도를 형성해서 민주주의가 제대로 작동하도록 돕는다는 논지를 따른다(Stewart, 1975). 이 논지의 핵심은 '사업자로서의 언론'이 민주주의를 위한 언론의 제도적 활동의 기본 단위라는 것이다. 즉 제도로서의 언론이 기여하는 최후의 목적은 민주주의이고, 언론 사업자는 그 도구가 된다는 뜻이다.

대조적으로 독일에서는 언론사가 국가의 간섭으로부터 자유로워야 한다는 의미로 규정한 '외적 자유'와 언론인들이 언론사 소유주의 간섭으로부터 자유로워야 한다는 의미로 규정한 '내적 자유'가 함께 인정된다(박용상, 2001). 이 두 자유는 엄연히 구분되지만 모두 헌법적 차원에서 보장되는 여론 형성 과정에 언론이 기여하는 공적 의무를 수행해야 한다는 논지에 따라 같이 정당화된다. 많은 언론인과 언론학자들이 '내적 자유' 개념을 확대해서 언론인이 갖는 편집권으로 정교화하기 위해 노력해 왔다(우승용, 2002). 그런데 이 내적 자유란 개인으로서 언론인이 갖는 '양심의 자유'에 기초한 것으로, 그가 양심에 반해 기사를 억지로 쓸 수 없다는 의미의 부정적 자유를 의미할 뿐이다. 발행인과 언론인 간 관계는 고용이기에, 피고용자인 기자가 발행인이나 편집자에게 자신의 양심에 따라 특정 내용을 제작할 것을 거부할 권리를 주장할 수 있을지언정, 특정 내용의 제작과 편집을 요구하고 관철할 권리가 있다고 해석하기는 어렵다(강경근, 2005). 만약 언론의 내적 자유를 청구권적 기본권으로 인정할 수 있다면, 언론인이 양심에 따라 내용의 제작과 편집을 편집인이 아닌 국가에 청원할 수 있다는 식으로 논지를 만드는 것이 가능하겠지만, 이 논지는 자유주의의 근본 교의, 즉 '정부는 언론에 간섭할 수 없다'는 교의와 다시 충돌한다. 요컨대 국가가 언론의 내적 자유를 보장하기 위해 언론사의 내용 제작과 편집에 관여할 수 있느냐는 문제가 되는데, 이에 대해 민주주의 국가에서 대놓고 그렇다고 긍정적으로 답하는 이론이나 사례는 없다. 단지 언론사 내부에 협의체를 두어 발행인과 언론인이 합의적으로 문제를 조정할 수 있다는 식의 자율결정론이 가능하며 또한 현실적으로 작동할 뿐이다.

정리하자면 '언론의 자유는 누구의 자유이며, 어떤 활동에 대한 자유인가'라는 질문에 대해 과거의 논의는 '제도로서 언론이 누리는 자유가 있으며, 이는 궁극적으로 민주주의를 위한 것이다'라는 정도의 응답이 가능했다. 이 응답은 모든 언론인을 만족시킬 수 없었는데, 언론인의 정체성이 단일하지 않았기 때문이다. 주창자로서의 언론인, 사업가로서의 언론인, 관리자로서의 언론인, 문필가로서의 언론인, 기술자로서의 언론인 등 직무의 차이가 엄연한 언론인들은 물론 비공식 언론활동을 하는 무수한 독립 언론인들에게 '제도로서의 언론'의 자유란 제한적인 자유였다. 그러나 인터넷 시대에 언론의 자유 문제는 새로운 양상으로 등장한다. 인터넷 시대에 제도로서의 언론 자유와 개인의 언론 자유를 구분하는 것은 점차 사소한 일이 된다. 또한 언론사에 속한 언론인의 자유와 그렇지 않은 언론인의 자유를 구분하는 것은 모호한 일이 되고 만다. 왜냐하면 '누구나 언론인이 될 수 있고, 또한 모든 언론인이 발행인처럼 활동할 수 있게' 되었기 때문이다(Anderson, Bell, & Shirky, 2014). 특히 다음 세 가지 계기가 중요하다.

① 기술적 계기

전자출판과 무료 플랫폼이 일상화되고 뉴스 생산과 보급 비용이 낮아지면서 '모든 언론인이 발행인이 될 수 있는' 조건이 형성되었다(Alejandro, 2010; Anderson et al., 2014; Rosen, 2006). 새롭게 등장했다 사라지는 소규모 언론사, 블로거, 네트워크형 언론활동에서 언론활동의 자유와 언론사의 경영 및 편집의 자유를 구분하는 것 자체가 이상하다. 개인 블로그나 소규모 언론사의 경우에도 적절한 시점에 기회를 잡아 대규모 언론사 못지않은 특종과 영향력을 행사하는 성과를 이룰 수 있는데, 이는 언론활동에 필수적이거나 사업적 요건이 점차 중요하지 않은 요인이 된다는 뜻이다. 권력 감시, 여론 형성, 이야기 전달 등 전통적인 대규모 종합 언론사의 영향력은 계속되지만, 더 이상 지배적이지 않다. 언론의 영향력은 수많은 플랫폼, 채널, 내용제공자, 개인들을 단위로 잘게 쪼개지며 누구도 지배적 지위를 주장하기 어렵다. 전통적인 언론사 내에서도 '언론인의 개성을 특화한 서비스'가 시작되고, 디지털 언론의 대두로 '발행 후 보고 관행'이 확립되면서 개별 언론인의 자유도와 책임이 커지고 있다.

② 제도적 계기

언론사 수익모형이 바뀌면서 지배구조에 변화가 일고 있다(Future Media Lab, 2012; Harlow & Salaverria, 2016; Schweizer et al., 2014). 공익적 재원, 후원자 지원, 모집형 재원(crowd funding), 이용건수에 따른 소액지불, 세금 감면 등 정부보조금과 같은 대안적 방식의 수익모형이 등장하고 있다. 아직은 경

사회적경제의 혼종성과 다양성

영을 책임지는 발행인이 광고와 구독을 기반으로 수익을 내고 내부에 재투자하는 전통적 수익모형이 지배적이지만, 이런 경우에도 '손해를 감수하며 투자를 계속하는 발행인'이라는 19세기 초 이전으로 돌아간 발행인 모형이 새롭게 떠오르고 있다. 광고를 재원으로 한 수익모형이 붕괴하면서, 수익에 집착하는 기업가들은 언론 경영을 저버리고 언론계에서 퇴장하기도 한다. 이러한 조건에서 다양한 정체성을 갖는 언론인들의 다양한 유인동기가 발현한다. 요컨대 수익이 최종목표(bottom line)가 아닌 언론이 등장한다. 언론인들 중에는 자신의 활동이 언론사의 수익에 얼마나 기여하는지 고민하지 않고, 자신이 설정한 내재적 동기를 만족하기 위한 목표를 주장하는 이들이 많아진다. 언론사는 더 이상 하나의 최종목표가 있는 사업체가 아닌 다른 어떤 것이 된다. 언론사 내에는 이제 사회적 논쟁에 기여하고자 하는 이, 혁신을 시험하고 싶은 이, 자신의 내면을 돌보는 자 등 통약 불가능한 동기들을 가진 이들이 함께하고 있다. 언론사의 지배구조는 이런 다양한 동기와 요구를 만족하기 위한 제도적 배열이 되어야 한다.

③ 행위자 계기

이것이 결정적이다. 최근 전통적 언론사들이 디지털 파괴에 대응하기 위해 이른바 '혁신'을 주장하며 실천하고 있다(Pavlik, 2013). 초창기 언론의 혁신이란 대부분 명시적이든 암시적이든 '수익률 회복'을 목표로 삼았다. 사업자의 관점에서 본 혁신이었던 것이다. 그러나 서비스 개발, 조직 개편, 플랫폼 전략 등 어떤 혁신도 과거 독점시대 언론의 수익률을 회복하는 데 충분한 것은 없으며, 결국 혁신 담론의 행위자 문제로 귀결하는 경향을 보인다. 언론인의 직업적 실천관행의 변화가 없는 조직적 단위의 혁신이란 불가능하기 때문이다. 누구나 과거와 같은 선형적 보고체계와 생산조직 내에서 관행에 따라 취재하고 제작하며, 혁신적인 대안을 만들어 내기 어렵다는 데 동의한다. 결국 전통적인 관행을 깨는 데 개별 언론인의 창의성, 주도성, 책임성에 기초한 실천이 결정적이라는 인식이 대두한다. 결국 언론사 혁신 담론에 언론인의 창의성, 주도성, 책임성이 요체라는 것이다. 이 때문에 언론인의 직업적 역량과 효능감(competence and efficacy)이 변화하고 있다. 언론인의 능력을 측정하는 방식과 효능감을 강화하는 방식이 변하고 있다. 전통적으로 언론은 직역 내 평판이 가장 중요한 보상체계였다. 그러나 언론인과 이용자 간 상호작용성이 강화되면서, 언론인의 실천에 대한 영향력을 인식하고 그 작인을 강화하는 방식이 달라지고 있다. 언론인과 이용자 간 상호작용은 직간접적인 다양한 방식을 포괄하며, 특히 단발적인 접촉을 넘어선 관계형성을 포함한다(Lewis et al., 2014). 이런 상호작용은 경험적 지표를 낳는다. 언론사는 기사당 '페이지뷰', '체류시간', '이용자 참여' 등을 성과지표로 저울질하며 복잡한 '이용자 관련성(engagement)' 지수를 만들고 있다. 언론사 수익의 관점에서 보면 광고효과를 입증하기 위해 이용자 관련성을 측정한다고 해야겠지만, 이 과정에서 언론인은 또한 자신의 활동이 얼마나 언론사 수익에 기여하는지와 더불어 얼마나 사회적 영향력을 행사하는지 알게 된다. 이용자 관련성 지표가 언론인 실천을 강화하는 되먹임 정보로 작동하는 것이다.

이와 같은 세 가지 계기를 고려한다면, 언론의 자유는 분명 새로운 방향으로 진화하고 있다고 말할 수 있다. 국가의 간섭을 피하겠다던 고전적 자유주의적 언론 자유가 결국 사업자의 자유라는 제도적 수준에 멈추었다면, 신장된 언론인의 자율성 덕분에 언론은 다양한 관점에서 과거보다 적극적인 자유의 전망을 갖는다. 필자는 이 전망을 '생산자 자율성에 기초한 자유'라고 본다. 이 자유는 혼란스러웠던 언론인의 정체성을 하나로 통합하는 데 기여한다. 특히 사업가로서 언론의 정체성이 지배적이었던 시대를 일거에 낡은 것으로 만들며, 주창자, 문필가, 기술자로서 언론인 정체성을 전면에 내세운다. 이미 매우 낮은 비용만으로도 사실상 독립언론사 역할을 수행하는 개인이 있다. 특정 언론사에 속했으면서 여분의 시간에 독립적으로 언론 프로젝트를 수행하는 언론인이 있다. 어엿한 언론사이면서 과거 수익모형과 완전히 무관한 방식으로 지속성을 갖추는 언론사가 있다. 이런 언론활동은 국가의 간섭이나 사업적 제한을 무력화하는 단계는 아니지만 효과적으로 우회한다. 동시에 전통적인 언론인과 언론사에 대한 통제를 쉽게 벗어난다. 무엇보다 언론인 자율성에 기초한 자유는 해고된 언론인이 언론활동을 계속하는 현실을 설명한다. 사업성이 없다는데도 불구하고 새로운 언론사들이 계속 등장하는 현실도 설명한다. 필자는 자율성에 기초한 언론 자유가 제도적으로 중요한 결과를 초래한다고 본다. 새로운 형식의 공공성을 낳기 때문이다.

4

언론 공공성의 위기

언론은 자유의 제도이며 동시에 공공성(publicness)의 실현방식이다. 자유와 공공성을 구분하는 것이 중요한데, 언론의 경우 특히 그렇다. 언론이 공공성 이념을 실현하는 과정을 역사적으로 보면, 언론시장의 형성과 확대, 언론 수입기반의 변화, 언론의 사업성 개선 등과 별로 관계가 없기 때문이다. 이러한 자유–공공성 간 무관성은 언론의 자유가 언론시장의 형성과 사업자의 자유, 그리고 언론 시장의 제도적 보장 등과 더불어 발전한 것과 대비된다. 언론의 공공성은 하나의 '이념'으로서 언론행위자의 정치적 이해관계를 따라 형성되고, 사회문화적 집단 간 윤리적 대립에 따라 강화되며, 집단적인 계급 정체성 또는 직역 정체성의 형성과 연관되어 발전했다. 따라서 '언론은 공적 영역의 사안에 대한 공개적이고 합리적인 토론을 수행함으로써 민주주의에 기여한다'는 것을 공공성 이념이라 한다면, 이는 '언론은 국가의 간섭 없이 자유롭게 정보를 제공한다'는 자유의 논리로부터 상대적으로 독립적이다. 마찬가지로 공공성 이념을 실현하는 데 언론기업의 경제적 안정 및 성장이 필수적인 요소가 아니라고 해도 놀랄 일이 아니다. 이 둘의 관계, 즉 언론의 공공성과 자유 간의 관계가 명시적으로 인정되고 이론화된 것은 20세기 후반이다.

근대 언론제도의 형성은 미국과 프랑스의 혁명 중 자유주의적 시민권 형성의 과정과 함께 한다. 이는 시민계급이 '광범위한 여론 형성'을 초래한 정치적 담론 행위를 수행함으로써 정치적 역할을 담당하기 시작했던 역사적 경험에 기초한다. 뉴스, 소문, 의견은 고대에도 있었지만, 언론이 근대적이라 할 수 있는 이유가 여기에 있다. 특히 '여론 형성' 기능을 수행하는 언론이란 여론을 이용해 정치적 영향력을 행사했던 시민계급이 등장한 후에야 의미를 갖게 되었다. 언론이 민주적 정치과정의 필수요건이 된 것이다. 요컨대 언론이 공적 사건과 사안을 비판적으로 다루면, 공중이 그에 대해 이야기하며 의견을 형성하고, 이렇게 형성된 의견이 유력한 정치인이나 입법기관에서 여론으로 간주되어 정책과 법률 형성에 영향을 미치는 과정이 민주적인 정치과정이 되었다. 바로 이 때문에 언론은 근대 민주주의 제도의 일부처럼 간주된 것이다(Habermas, 1992/1996).

근대 언론의 역할을 지칭하는 '제4부'(the fourth estate)'란 표현이 있다. 이는 의회에서 정치적 대결을 벌였던 승려, 귀족, 시민 계급의 정치적 활동을 관찰하고 감시했던 언론인에게 붙였던 별명이다(Carlyle, 1983/2003). 그런데 역사적으로 제4부의 언론인이란 동시에 특정 정파의 이해관계를 대변하고 이념을 주장했던 행위자로서 의회에 앉아 있던 자들이었다. 이들은 출신과 배경, 그리고 그에 따른 이념과 당파성 때문에 특별한 지위를 부여받았던 것이 아니다. 이들의 역할, 즉 공적 사안에 대한 정보를 제공함으로써 여론을 형성한다는 공적 역할 때문에 특별한 지위에 있는 것처럼 보였을 뿐이다.

그렇다면 어떻게 역할이 지위를 보장하는가? 공공성 때문이다. 공공성은 애초에 '국가적 사건과 사안을 다룬다'는 원초적인 의미에서 파생하지만, 근대적 공론장이 구현한 공공성은 단순히 국가 권력에 대한 것이라는 의미를 넘어선다. 국가 권력에 대한 담론 행위는 과거에도 얼마든지 있었다. 그러나 근대적 공

　　　　　　　　　　　사회적경제의 혼종성과 다양성

론장에서 누구라도 별도의 자격요건 없이 그저 이성을 활용하는 사람이면 비판적 담론 행위에 참여할 수 있는 것처럼 보였다. (사실 그랬다는 것이 아니다.) 또한 이런 담론 행위가 누구라도 이해할 수 있는 합리적 토론의 양상을 구현할 수 있는 것처럼 보였다. (역시 사실 그랬다는 것이 아니다.) 바로 이것이 '근대적 공공성'의 요체를 이룬다. 근대적 공론장의 이념은 (1) 개방된 토론, (2) 평등한 참여, 그리고 (3) 합리적 논의 가능성을 의미했으며, 이 때문에 특정 계층이나 계급의 이해관계를 넘어선 보편성을 갖는 것처럼 보였다. 근대적 공공성의 보편성은 근대 유럽에서 시민계급이 확보한 재산권을 유지하기 위한 주장이 보편적 인권을 확립하는 권리주장으로 전화함으로써 실현되었다고 한다(Habermas, 1962/2001).

그러므로 근대적 공공성이란 '이념적'이다. 근대적·시민적 정치공론장의 이념은 담론적 참여 행위에 전제된 보편적 이념이었을 뿐, 실제 모든 토론 행위에 구현되었던 것은 아니다. 공개성, 평등성, 합리성 등 공공성 이념이란 마치 모든 회의에 전제된 준칙과 같은 것이다. 공식기관의 회의의 지위와 기능은 정관에 명시되어 있으며, 회의규칙도 명문화되어 있는 경우가 대부분이지만, 그렇지 않더라도 모든 회의를 지배하는 규칙은 대동소이하며 공개성, 평등성, 합리성 등 이념을 반영한다. 명문화되어 있지 않은 회의규칙은 명백한 위반이 발생했을 때 문제 제기를 하거나 바로잡는 경우 메타적 담론을 통해 명시적으로 언급되기도 하지만, 실제로 따로 언급하지 않고도 얼마든지 회의를 진행하는 데 적용되어 작용하는 것처럼 보인다.

예를 들어, 공공성의 하위 이념 중 하나인 평등한 참여의 실상을 보면 공공성의 이념적 성격을 이해할 수 있다. 정치적 공론장에 참여한 이들은 실제 대체로 생활을 위한 최소한의 자산을 가진 자들로서 담론능력을 지닌 자들이었다. 공론장에 평등한 참여가 보장되는 것처럼 보였던 이유는 공론장에서 활약하는 담론 행위자들이 이미 그럴 여유와 능력을 지녔기 때문이다. 예컨대 볼테르는 투자에 성공한 자산가였으며, 디드로는 먹고살 정도는 버는 글쟁이였는데, 이런 경제적 능력은 그들의 신랄하고도 비판적인 담론 행위와 무관하지 않았다. 요컨대 18세기 말 신문과 잡지에 글을 쓴다는 것은 생계와 관련 없이 지위를 별도로 갖고 있거나, 또는 그럴 만큼 보상을 받는다는 것을 의미했다. 생계로부터의 자유가 발언과 출판의 자유를 행사할 수 있는 여유를 제공했다.

언론의 공공성과 언론의 자유의 관계는 20세기가 후반에 본격적으로 주목받고 이론화된다(Habermas, 1962/2001, 1992/1996; Post, 1995; Thompson, 1995). 이 관계를 설명하기 위한 사회이론적의 접근과 법학적 접근이 약간 다르다. 하버마스와 톰프슨 등의 사회이론가는 언론이 공론장 역할을 수행함으로써 자유를 포함한 시민권을 확보하기 위한 정치적 투쟁이 가능했다는 식으로 해석한다면, 미국의 수정헌법 제1조 학자들은 언론 자유를 기본권으로 보호하는 이론적 정당화의 근거로서 언론의 공적 역할에 주목한다. 전자는 언론의 공적 역할을 통해 언론의 자유를 포함한 시민적 기본권을 확보했다는 역사–사회학적 해석이지만, 후자는 언론의 자유란 민주적 토론과 결정을 위한 여론형성 과정에 필수적 조건이기에 중요하다는 식의 이론적 설명이다.

특히 법적 접근은 민주주의를 위한 언론 자유의 필요불가결함을 주장한다. 자유를 공적 사안에 대한 토론의 활성화와 그것을 통한 공적 결정의 정당화를 위한 조건으로 제시함으로써 수단과 목적의 관계를 명료하게 설정한다. 대표적으로, 언론이 자유롭지 않다면 권력 감시가 어렵고 여론 형성이 왜곡될 것이고, 그렇다면 민주주의 정치과정의 정당화가 어렵다는 논지가 있다. 이 논지는 미국의 언론 자유를 설명하는 '수정헌법 제1조'의 대표 이론이기도 하다(Smolla & Nimmer, 1996). 이때 보호해야 할 언론의 자유가 실은 '산업으로서의 언론' 또는 '제도로서의 언론'을 보호하는 자유일 뿐, 언론인의 자유를 포괄하지는 않는다는 요점은 앞서 설명한 바 있다. 이런 자유마저 실은 제한된 것이었다. 특히 역사–사회학적 접근을 따르는 사회이론가들은 언론의 상업화와 집중, 언론에 대한 정부의 간섭과 통제, 언론의 접근을 제한하는 관료제와 비밀주의 등 때문에 법적으로 보장된 언론의 자유가 현실적으로 작동하는 자유라고 말하기 어렵다는 주장을 계속하고 있다. 언론의 집중과 정부 및 기업의 비밀주의 관행으로 언론 자유는 사실상 제약되고, 따라서 언론의 공론장 기능도 위축되고 있다고 한다. 이에 따라 공론장 기능을 활성화하기 위해 언론에 대한 적극적 공적 개입이 필요하다는 대안이 등장하기도 한다(Bollinger, 2010; McCheseney & Pickard, 2011).

　인터넷 시대에 언론인 자율성의 확대는 자유와 공공성 간의 긴장 관계에 압력을 더한다. 산업으로서의 언론 자유와 제도로서의 언론 자유가 보장되었지만 언론산업이 급격하게 위협받기 시작하면서 언론의 제도적 역할도 위태롭게 되었다. 미국의 상업적 대중언론은 특히 정부의 규제를 거부하면서 성장해 왔고 결합과 집중으로 독과점적 이윤을 확보했지만, 인터넷 환경에서 새로운 정보제공자와 경쟁하면서 독과점적 이윤을 보장받을 수 없게 되자 오히려 위기에 취약한 면모를 보인다(Lebovic, 2016). 상업적 대중언론은 오랫동안 경제적 독립이 없다면 의견의 독립도 기대할 수 없다고 주장해 왔다. 이제 언론사의 경제적 기반이 취약해진 현실에서 누구도 언론의 공적 역할을 주장하거나 기대하기 어렵게 된 것이다.

5

언론 자유와 공공성의 긴장관계

　자유주의적 언론 자유는 소극적 자유, 즉 '정부 간섭으로부터의 자유'를 의미했다. 그러나 역사적 사실이 자유주의적 언론 자유 이념을 배반해 왔다. 자유주의적 시장모형의 전형인 미국에서 초기 언론이 성장하는 데 정부가 직접적으로 도움을 주었다는 것은 비밀이 아니다. 예컨대 미국 신문사가 지역배포망을 구축하는 데 미국 정부의 후원이 큰 역할을 담당했다(Starr, 2004). 특히 우정성이 신문배달 우편요금을 할인해 줌으로써 비도시 지역의 구독기반을 확장할 수 있었는데, 이는 사실상 정부보조금이었다. 또한 20세기 중반 언론사 간 경쟁이 격화하던 시기에 미국 신문발행인협회는 반독점 판결을 무력화하고, 언론인의 조합화를 방해하였으며, 전국적 체인화를 통해 독과점적 이익을 확보하기 위해 수시로 정부를 압박했다(Lebovic, 2016). 이에 대해 미국 정부가 취한 태도는 인정이라기보다 허용이었으며, 따라서 미국의 언론 자유란 정부가 용인하고 허락하는 범위 내에서 신문사가 누린 자유라고 이해하는 것이 적절하다.

미국에서 방송의 성립과정을 보면 소극적 언론 자유라는 틀 내에서 '정부의 역할'이 얼마나 결정적으로 작동하는지 알 수 있다(Barnouw, 1966). 미국의 상업방송사가 주파수를 할당받아 독점적 사업권을 확보하는 데 당시 상무부 장관이었던 허버트 후버는 지침과 권고가 결정적으로 중요한 역할을 수행했다. 후버는 지역성과 경쟁성 등을 이유로 교육방송을 포함한 수백 건의 방송면허를 발행한 후에, 1926년 별도로 특허연합 방송사업자들을 대상으로 '경쟁이 필요 없는' 고출력 주파수를 사용할 수 있는 별도의 면허를 발행했는데, 바로 이것이 미국 상업방송의 기원이 된다. 정부는 장비특허 연합을 형성하고 있던 대규모 수신기 제조업체에 대해 방송 특혜를 제공했던 것이다. 정부는 방송면허 발급과정에서 '공익성(public interest)' 개념을 제시하기도 했지만, 정작 고출력 주파수를 할당하는 순간 공익성 이념과 관계없이 소수의 상업적 방송사업자의 이해관계를 따랐다. 많은 평자들은 미국 방송의 공익성 이념이 혹시 대규모 상업방송 사업자들의 이해관계를 돕기 위한 알리바이는 아닌지 의심할 정도이다. 1930년대 중반에 지역기반의 비상업적 방송사는 대부분 문을 닫거나 상업방송으로 전환됐는데, 이 역시 경쟁촉진이라는 규제정책의 명목하에 이루어졌다.

미국 상업방송의 발전과 유럽 공영방송제도의 확립은 기본적으로 정부의 정책적 선택이 분기점을 만들어 내고, 이후 경로의존성에 따라 다른 제도를 확립한 것으로 해석할 수 있다. 솔라풀(de Sola-Pool, 1983)에 따르면, 19세기 중반 신문사와 전신사업자 간의 갈등을 정부가 중재하는 가운데 영국은 전신을 국유화함으로써 신문사에 대한 경쟁압박을 완화한 반면, 미국은 사설 전용회선을 이용해서 뉴스를 배급하는 통신사의 형성을 도왔다는데, 이런 정책적 차이는 우연적이라고 한다. 영국을 비롯한 유럽에서는 전신 및 방송 사업에 대한 정부통제 모형을 낳고, 미국에서는 신기술 사용에 대한 '특혜 사업자 모형'을 낳았다. 그렇지만 솔라풀과 같이 정부의 정책적 선택에 따른 서로 다른 경로의 제도적 발전을 인정한다고 해도, 정부의 정책적 선택의 중요성을 무시할 수는 없다. 실은 우연한 것처럼 보이는 정부 정책도 실은 정치체계의 특성에 따라 구조적으로 결정되기 때문이다. 매체 영역은 중앙정부의 의사결정력, 정당 및 이익집단의 분포, 법적 권위 등과 같은 정치영역의 체계적 요소와 상호작용의 산물이다(Hallin & Mancini, 2004).

유럽에서 발전한 공영방송은 '언론의 공공성'을 제도적으로 고안해서 만들어낸 일종의 형성물이다(Curran, 1991, 2000). 언론으로서 공적 역할을 수행하도록 공적 재원을 제공함으로써 공론장 역할을 수행해야 한다는 기대를 받는다. 따라서 공영방송 뉴스의 제작 및 편성원칙과 같은 규범은 언론의 공공성의 이념을 반영해야 한다는 '당위적 명령'의 형식을 갖게 된다. 예컨대 편성의 독립성, 내용의 공정성, 문화적 정체성, 고품질 유지 등과 같은 제작 및 편성의 원칙은 공공성 이념을 반영한 일종의 명령들이다. 이렇듯 적극적으로 공공성을 구현하기 위한 공영방송의 논리는 소극적인 자유를 핵심이념으로 삼는 미국의 상업주의 언론과 반대된 원리인 것처럼 보인다. 공영방송 제도는 (1) 방송을 담당하는 편성책임자는 정부로부터 독립적이어야 한다는 차원에서 보면 자유주의 언론관과 전제를 공유하지만, (2) 공적 재원에 기초하기 때문에 상업적 이해관계를 초월할 수 있다는 차원에서 보면 자유주의 언론관과 대척점에 있다. 덧붙여 (3) 다양한 사회세력과 집단의 이해관계를 폭넓게 반영한다는 공영방송의 대표성 원칙에 이르면 전혀 다른 원리에 기초한 것처럼 보인다.

그러나 앞에서 언급한 세 번째 요점 때문에 공영방송의 이념은 현실적으로 미묘한 위상에 처한다. 공영방송이 다양한 사회세력과 집단의 이해관계를 반영해야 하는데, 이 과정에 정부 및 주요 정당의 영향력이 개입하는 것은 어쩔 수 없다. 권위주의 국가에서만 정부와 주요 정당이 공영방송에 개입하는 것이 아니다. 질서 있게 작동하는 민주주의 사회에서도 정당이 하는 일이란 다양한 사회세력과 집단을 정치적으로 조직해서 입법의 동력으로 삼는 것이며, 정부가 하는 일이란 곧 다양한 사회세력과 집단의 이해관계를 반영하는 정책을 추진하는 일이다. 따라서 민주주의 사회의 공영방송은 정부와 주요 정당의 정치적 영향력을 제도적으로 내재화한다. 이사회의 구성, 최고경영자의 선임, 방송정책의 우선순위 등을 결정하는 과정에 정부와 주요 정당은 지배구조를 이용해서 영향력을 행사한다. 또는 공영방송 지배구조 자체가 영향력의 대리인 역할을 하며 내부 정치를 활성화하는 양상을 보이기도 한다. 요점은 유럽의 공영방송이나 미국의 상업방송 모두 정치체제로부터 무관할 수 없으며, 실은 정치체제의 영향력 범위 내에서 작용한다는 것이다.

공영방송에 정치적 영향력만 개입하는 것이 아니다. 공영방송은 상업적 이해관계를 배제하기 위한 제도이지만, 산업적 효율성을 거부할 수는 없기에 시장의 논리와 무관하다고 할 수 없다. 특히 1990년대 이후 공영방송은 신자유주의적 공적 관리론(public management perspective)을 수용하기 시작했다. 이는 공영방송의 경영에 기업의 효율성과 책임성을 접목한 것이라 할 수 있다. 예컨대 BBC는 2005년 방송면허 갱신을 앞두고 시민들이 세금과 같은 성격을 갖는 수신료를 일률적으로 납부하면, 공영방송은 최소한 '수신료에 대한 대가'를 방송 프로그램과 서비스로 돌려주어야 한다는 논리를 개발해서 제시했다(BBC, 2005). 이에 따라 최근 공영방송은 공공성을 측정할 수 있는 지표로 만들기 시작했다. 공영방송이 제공하는 가치를 양적으로 측정해서 그 액수가 공영방송 수신료보다 혹시 적지 않은지 검토하기 시작했다. BBC의 경영평가를 프로그램을 내용적인 차원에 대한 국한하지 않고 '공적 가치의 창출'이라는 생산과 관련한 개념으로 전환해서 제시한 것도 이때부터이다. 적어도 영국의 경우를 보자면, 공영방송에 대한 내부 통제는 1980년대부터 시작되었다. 대처 정부하에서

BBC 사장을 역임했던 존 버트는 과거 공영방송의 방만한 경영을 개선하기 위한 대책으로 내부시장을 형성하는 전략을 채택했다(Born, 2004). 공영방송에 생산관리 기법을 도입함으로써 자원의 남용을 막고 효율적인 생산관행을 확립하기 위한 것이었다. 엄격한 성과주의를 기초로 단위를 평가하는 제도를 도입하기도 했다. 이런 정책들은 과거 공기업 관행에 익숙했던 BBC 제작진의 반발과 저항을 받기도 했지만, 결국 새로운 규범으로 자리를 잡았다.

요컨대 미국식 자유주의에 따른 언론 자유가 방송의 공적 역할을 보장하지는 않으며, 유럽식 공공성 형성의 논리가 사유로운 언론 현실을 낳지도 않았다. 역사적으로 언론 자유와 공공성은 미묘한 긴장관계를 보였으며, 이 긴장은 자유로운 언론사업에 대한 국가의 도움이나 국가가 적극적으로 형성한 공적 영역에서 다양한 세력 간의 각축이라는 양상으로 나타났다. 이론적으로 언론 자유는 민주주의를 돕는 공적 담론을 촉진하는 제도적 보장이라고 규정되지만, 현실의 언론 자유가 정확하게 어떻게 독립적인 의견 형성을 도와 여론 형성을 돕는지 전혀 자명하지 않았다. 제한된 종류와 수의 목소리만 공적 의견이 되며, 공적 의견 간의 경쟁도 투명하게 이루어지지 않았다. 또한 자유를 누리는 언론에 대한 규제는 가능한지, 가능하다면 그 방법은 무엇인지도 불분명했는데, 도대체 민주주의에 기여하는 자유언론의 '기여'가 무엇인지 자명하지 않았기 때문이다. 이 모든 것이 언론인 자율성의 신장으로 극적으로 변할 가능성이 있다.

6

언론인 자율성과 공공성 담론의 전개

모든 시민이 언론인이 될 수 있고, 또한 모든 언론인이 발행인 역할을 할 수 있는 시대에 전통적 언론 자유의 논리는 적실성을 잃는다. 새로운 언론인이 등장하고 새로운 방식의 언론행위가 증가하면서 전통적인 자유의 한계를 넘어선 실천이 이루어지고 있다. 이러한 조건에서 언론의 자유를 언론사업의 자유와 제도의 자유로 고정시켜 해석할 필요가 없다. 필자가 보기에 오히려 언론인의 자율성을 중심으로 언론 자유를 생각하면 새로운 길이 열린다. 언론인의 자율성은 새로운 언론 자유의 개념을 마련하는 동시에 언론의 공적 역할을 구현하는 지평을 넓힌다. 다음은 이미 알려진 사례들이며, 다양한 관점에서 분석과 해설의 대상이 된 사례들이다. 이 사례들을 언급하는 이유는 자율성의 신장이 공공성에 기여함을 보여 주기 위한 것이다. 새로운 수익모형에 근거한 언론활동이 전개되고, 새로운 언론사가 만들어지고, 전통적 언론사도 이런 활동을 통합하기 위한 서비스를 개발하는 중에 새로운 공공성이 자리를 잡기 시작하고 있다.

- 개별적 후원이나 크라우드 펀딩에 의존한 비영리 언론사는 '투명한 경영'이라는 새로운 공적 관리의 이념을 낳는다. 후원자의 이념과 가치가 언론활동에 어떻게 반영되는지 자체가 언론사 경영의 핵심사안이 된다. 언론은 후원자에 대해 이념과 가치의 대리인일 수도 있고, 전권을 위임받은 독립적 행위자일 수도 있다. 요점은 이념의 대리인이든 독립적 행위자든 후원자와의 관계를 투명하게 밝히지 않을 수 없다는 것이다. 과거의 직접 지불, 광고, 후원 등이 불투명하게 얽힌 지불자와 대리인 간 관계는 이제 투명한 설명책임의 수행으로 대체된다. 예컨대 광고주의 언론 간의 모호한 관계는 더 이상 유지되기 어렵다. 네이티브 광고의 경우라면 더욱 그렇다. 언론사 재원의 투명성이 강조되면서, 자유주의적 상업언론이나 공적 매체의 영향력 관계에 대한 투명한 요구도 커질 것이다.
- 개인 블로그나 교류매체 활동을 자발적 기고로 전환하는 언론활동이 증가하는 가운데 새로운 공적 참여가 증가한다. 즉 '사적 담론의 공식 채널로의 유입'이 증가하는 것이다. 주요 분야에 직접적 경험과 전문적 지식을 지닌 이들

가운데 요청에 따라 기꺼이 정보와 의견을 제공하려는 자들이 있다. 전통적 언론은 이런 요구를 수용하는 데 한계를 보였지만, 인터넷 시대에 이를 대안적 언론으로 유도하는 방법은 그야말로 한계가 없다. 블로그 언론, 게시판 활동, 교류매체 이용 등 다양한 방식의 참여가 사실상 새로운 언론활동이며, 최소한의 편집을 거쳐 공식 언론 부문으로 전환한다. 기술적 발전에 따라 자발적 저자들은 적절한 발행도구와 플랫폼을 활용할 수 있다.

• 전통적 언론사 내에서 새로운 경쟁이 활성화된다. 『뉴욕타임스』와 BBC 같은 엄격한 편집관행을 갖춘 전통적 언론사도 외부자 기고의 폭을 넓히고 내부 언론인의 창의적 시도를 독려하는 가운데 다면적 경쟁이 이루어진다. 예컨대 전통적 신문지면에서 가장 중요한 지위를 차지했던 '사설'은 전문가인 독자의 '기고문'은 물론 무명의 '댓글'과 경쟁한다. 새로운 이용자 관련성(engagement) 지표는 이런 비대칭적 경쟁의 결과를 자비 없이 보여 준다. 이 때문에 지면과 프로그램이라는 시공간적으로 제한된 자원을 할당하는 '최대 편집의 시대'에 이루어지던 평가방법은 새로운 평가방법으로 대체되고 있다. 무한히 확보할 수 있는 지면과 시간을 최소한의 편집으로 내부 언론인, 외부 전문가, 적극적 이용자 간 기여를 비교할 수 있는 평가체계가 형성되고 있으며, 이는 생산자에 보상에 대한 새로운 기준을 낳는다.

필자는 전통적 언론사의 영향력과 수익 감소가 실은 새로운 공공성 이념의 확장을 돕는다고 본다. 역설적이게도 언론인은 언론사의 성장률이 둔화하고, 정치적 영향력이 약해지며, 사회문화적 정체성 형성도 제한적인 현실을 경험하기 시작하면서, 동시에 과거에 주목하지 않았던 자신의 자율성 신장을 경험하고 있다. 위기를 맞고 있는 것은 전통적인 언론사업일 뿐이며, 그것도 과거에 독과점적 이익을 누렸던 언론사일 뿐이다. 언론 생산의 핵심이라고 할 수 있는 '쓰는 자'와 '읽는 자' 간의 관계는 오히려 다양한 인터넷 서비스를 매개로 확대하고 있으며, 이렇게 확대한 관계는 권력 감시와 여론 형성이라는 언론의 공적 역할을 축소하는 것이 아니라 확장하고 있다. 사정이 이렇게 된 데에는 다음 세 가지 생산자 자율성 요인의 작용이 결정적이다.

첫째, 기술적 혁신 속에서 생산자 자율성 기반이 전래 매체의 오래된 이념을 변경한다(Van der Haak et al., 2012). 기술의 전래성이란 원래 지배적인 기술과 제도의 확립과 후속적 영향력을 의미하지만, 이제는 절묘하게도 전통적인 언론사의 생산관행에 내재한 이념 자체가 낡았다는 함의를 내포한다. 예컨대 시의성과 정확성 간의 긴장이 대표적이다. 과거 제작관행에 따르면 빠르게 보도하되 부정확하면 안 된다는 규범 때문에 엄격한 사실 확인 체계를 갖춘 게이트키핑이 필수적이었다. 이는 속보성을 유지하면서도 정확성을 달성하기 위해 확립한 관행이다. 그러나 인터넷 시대의 뉴스 편집은 다르다. 속보 수준을 넘어선 실시간 편집과 발행이 대세가 되고, 새로운 '내용관리체계(CMS)'로 무장한 지속적 업데이트가 일상이다. 즉 언론의 사실성은 내용의 지속적 갱신을 통해서 점근적으로 달성된다. 이런 조건에서 오류 없이 빠르게 첫 보도를 쓰고, 지속적으로 내용을 갱신하는 말단 기자의 역량은 더욱 중요해진다. 공정성도 마찬가지다. 다양한 이해당사자들의 의견을 반영하는 일도 점근적으로 달성될 수 있다. 이를 주도적으로 실현하는 언론인은 더욱 빠르게 보도하면서 동시에 더욱 철저하게 윤리적인 기자가 될 수 있다. 이 새로운 담론은 생산기반의 핵심에 언론인의 능력과 동기가 있다는 인식을 전제로 삼는다(Anderson et al., 2014). 혁신적 기술과 사례에 대해 논의할수록 인간의 자율적 노동과 창의적 관여가 결정적이라는 것을 깨닫기 때문이다.

둘째, 이용자 참여문화에 대응하는 언론활동이 새로운 보상체계로 작용한다(Lewis, 2012; Lewis et al., 2014; MIT Open Documentary Lab, 2014). 이용자 참여문화에 힘입어 언론인은 과거와 다른 방식으로 효능감을 경험한다. 언론인은 언론사의 물질적 보상, 동료 언론인의 전문적 평가, 전문성의 축적에 따른 장기적 보상 이외에 새로운 이용자 관련 보상을 경험하고 있는 것이다. 이미 뉴스 이용자의 기고, 댓글, 교류매체 추천 등은 언론 외적 현상이 아니라 언론

사회적경제의 혼종성과 다양성

인 활동의 필수적 상호작용 부분이 되었다. 이용자의 참여적 활동에는 또한 언론인 담론의 교차 참조, 이용자 간 동료 생산, 새로운 평판 문화의 활성화와 같은 현상을 동반한다. 언론인은 이용자들이 한 언론사나 플랫폼에 유착하는 것이 아니라 다종다양한 언론매체와 플랫폼을 넘나들며 상호작용한다는 점을 알고 있다. 이는 이용자 경험이 매체교차적으로 축적하고 있다는 것을 의미하기도 한다. 즉 이용자의 경험은 직접적으로 또는 간접적으로 한 언론 서비스에서 다른 언론 서비스로 전달되는데, 이런 교차적 축적을 통해서 이용자 자료가 형성되고, 이를 가공해서 새로운 정보가 만들어진다. 언론인은 이용자의 참여문화에 적극적으로 상호작용하면서 이를 자신의 활동을 뒷받침하는 새로운 보상체계로 삼는다.

셋째, 가장 중요한 요인으로 비용요인이 있다. 독립적 언론활동을 위한 필요한 물적 기반은 최소한으로 수렴하고 있다. 이제 인터넷 도메인이나 서버도 필요 없다. 그저 계정 하나만 있으면 독립적 정보채널을 준비하면서 후원, 광고, 판매 등 사업모형을 기획할 수 있다. 어느 누구도 언론활동을 하고 싶은데도 불구하고 자리가 없거나 기회가 없어서 다른 직역으로 이전하겠다고 말하지 않는다. 만약 이렇게 말한다면 그는 애초에 언론인이 되지 않아도 좋다고 생각했던 것일 뿐이다. 언론은 이제 기업으로서의 자유와 제도로서의 자유에 의존하지 않더라도 공적인 역할을 수행할 수 있다. 전통적인 대규모 상업언론의 영향력이 감소하는 가운데 무수한 새로운 독립언론 채널이 증가하고 있으며, 특히 '과거에 수용자라고 불렸던 사람들' 중에 언론활동을 하는 이들의 참여가 확대될수록 그렇다.

언론 생산자 자율성의 신장에 기초한 공공성은 18세기 정치적 공론장의 그것이나 20세기 상업적 대중언론 또는 공영방송의 공공성과 다른 것인가? 필자는 생산자 자율성의 신장에 기초한 공공성이 중요한 이유는 이 때문에 과거 공공성 이념이 현실적으로 실현될 가능성이 높아지기 때문이라고 생각한다. 특히 공개성, 평등성, 품질 등과 같은 고전적 언론의 공공성 개념의 실현 가능성은 더욱 높아지리라 기대한다.

첫째, 언론인 자율성에 기초한 공공성은 무엇보다도 고전적인 정치적인 공론장에서 유래한 공개적 토론과 평등한 참여를 실현한다. 더 많은 언론인들이 더 다양한 방식으로, 더 자주 공적 사안에 대한 정보를 제공하고 토론할수록 언론이 여론 형성에 기여하는 바가 커진다. 언론인의 자율성이 확장되면서 민주적 정당화를 위한 언론의 역할은 더욱 강화된다. 게시판, 블로그, 이용자 제작 동영상과 같은 시민주도형 언론행위의 증가와 이에 대응해서 더욱 세련되게 발전하는 전문 언론인의 활동에서 이를 발견할 수 있다. 단순한 의견 형성뿐만이 아닌 '가상적' 의견의 교환이 일어난다. 시공간적으로 확장된 토론공간에서 뉴스와 그와 관련한 검색, 공유, 재가공이 활발해지고, 이에 따라 사회적 숙의와 의견의 정련화가 다수준에서 다발적으로 일어난다.

둘째, 생산자 자율성에 근거한 공공성은 다양성, 품질, 보편성 등과 같은 언론의 내용적 가치와 관련된다. 이런 가치들은 과거 공영방송의 편성 및 제작의 원리로 강조되던 것들인데 인터넷 시대의 언론인 자율성의 증가로 인해 실현 가능성이 더 높아진다. 특히 다양성과 보편성이 그러하다. 자발적인 생산과 이용자 상호작용을 통해서 다양한 이해관계와 취향을 반영하는 언론활동이 증가하고 있다. 증가한 언론활동이 모두 고품질은 보장하지는 않지만, 품질은 다양한 언론행위의 양적 증대를 통해서 기대할 수 있는 효과이다.

그러나 언론의 공공성이 공정성과 객관성과 같은 언론인의 실천적 윤리를 보장해야 한다고 주장하면 논의가 약간 복잡해진다. 공정성과 객관성은 다양성이나 품질의 실현과는 다르게도 별도의 도덕적 유인동기를 통해서 보상하지 않으면 실현하기 어려운 윤리적 과제이기 때문이다. 상업적 대중언론에서는 '전문 직주의 규범'으로 언론윤리를 발전시켜 언론인의 실천을 규제했고, 공영방송의 경우에는 언론의 공공성을 제작에 적용해서 구체화한 '제작 및 편집 가이드라인'에 항목으로 담아서 언론윤리를 규율했다. 언론인 자율성이 증가한다고 해서 이런 전문직주의 규범이나 내적 규율의 논리를 저절로 확보할 수 있다는 보

<표 7.1> 언론 공공성 개념의 역사적 전개

	18세기 말 정치적 공론장	20세기 상업적 자유언론	20세기 공영방송	21세기 자율적 공공성
공공성 구성 개념	공개성, 평등성, 합리성	독립성, 권력 감시, 전문직 직업윤리 객관성	불편부당성, 보편적 제공, 다양성, 품질, 문화적 정체성	자율성, 독립성, 투명성, 지속가능성
역사적 배경	시민사회 형성, 미국 혁명, 프랑스 혁명	도시화, 대중사회의 형성	공공성의 조형, 전신에 대한 통제, 주파수 면허 부여, 정부 간접적 통제	정보망에 대한 접근성 신장, 정보 서비스의 발전
정치적 조건	혁명과 반혁명, 정당의 형성, 정파적 동원	대중정치, 참정권 포함 시민권의 확대	정부의 사장임명 관여, 조합주의적 거버넌스 도입	정당의 약화, 사적 영역의 정치화, 탈정치적 시민연대
경제적 기반	인쇄기 등 기술의 발전, 출판에 대한 정부규제와 저항	경쟁과 독점, 광고 마케팅과 홍보체계	특별 면허에 기초한 독점사업	최소한의 한계비용, 동료생산 경험, 이용자–생산자 등장
언론의 공적 역할	정보와 토론 공간의 제공	정부, 기업, 압력단체로부터 독립적인 의견	다양한 이해관계의 불편부당한 반영	다양한 요구의 표출, 공개와 폭로 일상화, 축적된 정보 활용한 교차적 참조

장은 없다. 따라서 전문직 규범이나 언론윤리가 아닌 다른 도덕적 유인동기를 마련하는 것이 필요한데, 확장된 언론인 자율성은 그런 유인동기가 작동하기 위한 최소한의 내재적 기반을 제공한다.

이상의 논의를 종합해서 언론인의 자율성 신장이 공적 역할을 강화함으로써 새로운 공공성을 구현할 가능성을 논의할 필요가 있다. 언론의 공공성의 역사적 전개를 요약적으로 제시하면 〈표 7.1〉과 같다. 역사적 전개라고 했지만, 언론의 공공성이란 개념 자체가 다양한 중첩적 영역을 갖는 하위 개념들로 구성되며 각 하위 개념들은 또한 서로 친연성을 갖기 때문에, 이를 시간에 따른 가치들 간의 대체나 발전을 의미한다고 강하게 주장할 수는 없겠다. 그러나 시민사회의 형성, 도시화, 정부의 개입, 인터넷 기술의 발전 등과 같이 역사적 지형을 바꾸는 변화가 있을 때마다 새로운 정치적 조건과 경제적 기반이 형성되고, 그에 따라 새로운 하위 개념들이 어우러진 공공성 개념이 등장한다고 한다면, 21세기에 언론인 자율성에 근거하여 언론의 공공성이 강화되는 것은 적어도 새로운 사태라고 하겠다. 언론생산자 자율성 증가에 따라 독립적인 언론활동이 증가하고, 자율적인 가치가 실현되며, 저비용으로 지속가능한 언론활동이 이루어지는 한, 민주주의를 위한 여론 형성에 충분하며 이것으로 언론의 공적 역할의 수행이 이루어진다고 할 수 있다. 또한 새로운 사업모형의 등장과 다수의 자발적 정보제공에 기초한 공개성 증가로 언론활동의 투명성 증가 효과를 기대할 수 있다. 누구나 언론인이 될 수 있고, 모든 언론인이 사실상 발행인이 되는 21세기에 언론은 더욱 강력하게 공공성을 실현할 수 있다.

7

언론 위기 담론의 극복

최근 언론의 위기 담론은 언론사 수익 감소에 주목한다. 그러나 필자가 보기에 이런 종류의 위기담론은 절반만 맞으며, 그것도 실은 중요하지 않은 절반이다. 왜냐하면 언론이 민주주의에 대해 기여한 성취는 언론의 경제적 성과와 큰 상관성이 없기 때문이다. 최고의 수익을 내는 언론사가 민주주의에 가장 최대 기여하는 것은 아니다. 최대 이용자를 확보한 방송사가 권력 감시 및 여론 형성에 최대 도움을 주는 것도 아니다. 언론사의 수익이란 언론의 공적 기능을 수행하는 데 필요한 정도의 최소기반을 갖추면 될 뿐이다. 이 최소한의 경제적 기반을 갖추기 위해서 인터넷 시대의 언론은 다양한 사업모형을 실험하고 있다. 경제적 기반을 확보하는 데 필요한 비용이 최소화되는 가운데 생산자 자율성이 비약적으로 증가하고 있다고 보면, 지금은 언론 위기라기보다 기회의 시기가 된다.

요컨대 전통적 언론사의 영향력과 수익 감소가 언론 전체의 공적 기능 저하와 관련 없다는 것이 이 글이 출발한 지점이다. 언론 자유란 원래 '공적 사안에 대한 정보제공과 토론을 통한 여론 형성 기능을 위한 것'이었으며, 이를 위해 언론사의 경제적 안정과 독립 보장이 필요하다는 논지로 이어졌다. 지금까지 전통적 언론사는 이 논리를 이용해서, 수익이 보장되는 언론사가 최소다양성을 유지하며 경쟁할 수 있도록 규제를 완화하거나, 아니면 경쟁이 필요 없는 공적 재원으로 언론사를 보조해야 한다고 주장해 왔다. 그러나 이런 주장의 이론적 타당성은 물론 현실적 적실성이 있는지 반성할 필요가 있다는 것이 이 글의 동기이다.

필자는 결국 전통적인 언론사의 수익 감소에 대처하기 위한 대응과 별도로 다양한 방식으로 활성화하고 있는 창발적인 언론행위에 주목할 필요가 있다고 제언한다. 인터넷 시대에 자율적 언론활동은 증가하고 있다. 다양한 능력과 동기를 지닌 시민들이 사실상 언론활동을 하고 있으며, 고용된 언론인도 새로운 영역에서 새롭게 효능감을 느끼며 자율성의 신장을 경험하고 있다. 또한 새로운 언론사가 더 많이 등장하고 있다. 더 많은 취재와 제작, 더 많은 발행과 후속적 토론, 그리고 더 많은 언론과 이용자 간 상호작용이 가능하다. 그리고 이런 활동 자체는 언론사의 수익과도 무관하지 않지만, 그와 별도로 작용하는 언론인의 내적 보상을 체계화하는 데 도움을 주고 있다. 이것만으로 권력 감시와 여론 형성과 같은 언론의 공공성을 달성하는 데 충분하다는 것이 이 글의 요점이다.

언론인의 자율성을 새로운 언론의 자유로 확대하는 제도적 대안을 모색할 수도 있다. 일단 언론사의 경제적 위기에 대처하기 위한 제도적 대안의 모색이 활발하다(McChesney & Pickard, 2011). 대안은 (1) 공적 기금 조성을 통한 공공 매체의 설립부터, (2) 언론사들이 공동으로 이용할 수 있는 제작기반 제공, (3)

뉴스 소비를 돕는 바우처 발급, (4) 뉴스 건당 지불을 돕는 지불제도의 확립, (5) 언론사 인건비 보조를 위한 세금 감면, (6) 크라우드 펀딩을 돕기 위한 플랫폼 운영 등 다양하다. 이런 제도적 제안과 실험을 다양한 맥락에서 수행하고 결과를 평가하는 일은 물론 환영해야겠지만, 이런 제안과 실험들 중에는 아직도 초점을 언론인이 아닌 언론사에 맞춘다는 데 우려한다. 지속가능한 생산기반을 갖추는 것은 언제나 중요하지만 이 역시 그럴 의지와 능력이 있는 언론인이 있을 때 가능하기 때문이다. 만약 더 많은 언론인을 산출하고, 더 많은 언론인들이 과감하게 도전하는 보상체계가 갖춰지기 전에 단기적으로 언론사의 경제적 안정성을 보장하지 못한다는 이유로 특정 제안을 저평가하고 폐기하는 일이 이루어질까 염려한다.

물론 언론인 자율성 확장을 통해서 이른바 '언론의 위기'를 극복할 수 있다고 믿는 것은 순진한 기대일 것이다. 그러나 어떤 제도적 제안도 각 사회에 고유한 정치, 경제, 법 등 기반 제도의 양상과 성숙 정도와 더불어 행위자의 능력과 동기를 고려하지 않는다면 성공하기 어렵다. 예컨대 영미권 언론, 중북부 유럽의 언론, 그리고 지중해 연안국의 언론은 모두 발전한 자본주의 시장경제 내에서 활발하게 기능하고 있지만 서로 다른 언론인의 직업 규범과 윤리를 갖추고 있는데, 이런 직업 규범과 윤리에 따라 언론인에 대한 보상체계가 작동하는 방식에도 차이가 있다(Hallin & Mancini, 2004). 이런 문화적 차이는 또한 언론의 자유를 확장하기 위한 제도적 대안의 성공 여부에 영향을 미칠 것이다. 이런 영향력 관계에 대한 이해와 더불어 언론인 자율성 신장의 문화적 배경에 대한 관찰마저 제한된 것이 작금의 현실이기에 더 많은 관찰과 이론화를 촉구하며 이 글을 마친다.

강경근. 2005. "편집권과 언론의 내적 자유에 대한 법적 검토."『언론중재』가을호. 30-44.

박용상. 2001. "편집권 논의의 법적 조명."『헌법논총』12. 5-228.

우승용. 2002.『편집권 독립, 반세기의 고민』. 한국언론재단.

차배근. 2014.『미국신문발달사』. 서울대학교출판문화원.

Alejandro, J.. 2010. Journalism in the age of social media. Reuters Institute for the Study of Journalism.

Anderson, C. W., Bell, E., & Shirky, C.. 2014. Post-industrial journalism: Adapting to the present. Tow Center for Digital Journalism.

Baker, C. E.. 2007. *Media concentration and democracy*. Cambridge: Cambridge Uniersity Press.

Bagdikian, B.. 2000. *The Media Monopoly*. Boston: Beacon Press.

Barnouw, E.. 1966. *A tower in Babel: A history of Broadcasting in the United States to 1933*. Oxford: Oxford University Press.

BBC. 2005. *Building public values*. BBC.

Bollinger, L. C.. 2010. *Uninbited, robust, and wide open: A free press for a new century*. Oxford: Oxford University Press.

Born, G.. 2004. *Uncertain vision. Birt, Dyke and the reinvention of BBC*. London: Vintage.

Carlyle, T.. 1983/2003. *On Heroes, Hero-Worship, and the Heroic in History*. (박상익 역.『영웅숭배론』. 파주: 한길사.)

Compaine, B. M.. 2000. "Distinguishing between concentration and competition." In B. M. Compaine & D. Gomery (Eds.). *Who owns the media? Competition and concentration in the mass media industry*. 537-581. Mahwah, N.J.: Erlbaum.

Cooper, M.. 2003. *Media ownership and democracy*. Palo Alto: Center for Internet and Society.

_____. 2006. *The case against media consolidation*. New York: Donald McGannon Center for Communication Research.

Curran, J.. 1991. "Rethinking the media as a public sphere." In Dahlgreen, P. & Sparks, C. (Eds.). *Communication and citizenship: Journalism and the public sphere in the new media age*. 27-57. London: Routledge.

_____. 2000. "Rethinking media and democracy." In Curran, J. & Gurevitch, M. (Eds.).

Mass media and society. 120-154. London: Arnold.

de Sola-Pool, I.. 1983. *Technologies of freedom.* Cambridge: Harvard University Press.

Future Media Lab. 2012. Creative funding for creative media. Post-conference report. Ghent, Belgium.

Habermas, J.. 1962/2001. *The structural transformation of the public sphere.* (한승완 역. 『공론 장의 구조변동』. 서울: 나남.)

_____. 1992/1996. *Between facts and norms.* Cambridge: MIT Press.

Hallin, D. C., & Mancini, P.. 2004. *Comparing media systems: Three models of media and politics.* Cambridge: Cambridge University Press.

Harlow, S. & Salaverria, R.. 2016. *Regenerating journalism.* Digital Journalism. Published online.

Lebovic, S.. 2016. *Free press and unfree news: The paradox of press freedom in America.* Cambridge; Harvard University Press.

Lewis, S. C.. 2012. "The Tension Between Professional Control and Open Participation: Journalism and its Boundaries." *Information, Communication & Society* 15(6). 836-866.

_____, Holton, A. E., & Coddington, M.. 2014. "Reciprocal Journalism: A Concept of Mutual Exchange Between Journalists and Audiences." *Journalism Practice* 8(2). 229-241.

McChesney, R. W., & Nichols, J.. 2010. *The death and life of American journalism: The media revolution that will begin the world again.* Philadelphia: Nation Books.

_____. & Pickard, V.. 2011. *Will the last reporter please turn out the lights.* New York: The New Press.

Meyer, P.. 2006. *The vanishing newspaper: Saving journalism in the information age.* Columbia, MO: University of Missouri Press.

MIT Open Documentary Lab. 2014. Mapping the intersection of Two cultures: Interactive documentary and digital journalism. MacArthur Foundation.

Pavlik, J. V.. 2013. "Innovation and the future of journalism." *Digital Journalism* 1(2). 181-193.

Post, R.. 1995. *Constitutional domains: Democracy, community, management.* Cambridge: Havard University Press.

Rosen, J.. 2006. *The people formerly known as the audience.* PressThink.

Schudson, M.. 1981. *Discovery of news.* New York: Basic Books.

_____.. 2001. "The objectivity norm in American journalism." *Journalism* 2(2). 149-170.

Schweizer, C., Puppis, M., Kunzler, M., & Studer, S.. 2014. Public funding of private media. Media Policy Project: London School of Economics and Political Science.

Shrum, L. J., & O'Guinn, T. C.. 1993. "Processes and effects in the construction of social reality: Construct accessibility as an explanatory variable." *Communication Research* 20(3). 436-471.

Smolla, R. A. & Nimmer, M. B.. 1996. *Freedom of speech*. 3rd Ed. Clark Boardman Callaghan.

Starr, P.. 2004. *Political origins of modern communications*. New York: Basic Books.

Stewart, P.. 1975. "Or of the press." *Hastings Law Journal* 26. 631-637.

Thompson, J. B.. 1995. *The media and modernity: A social theory of the media*. Stanford: Stanford University Press.

Van der Haak, B., Parks, M., & Castells, M.. 2012. "The future of journalism: Networked Jounalism." *International Journal of Communication* 6. 2923-2938.

Villard, O. G.. 1944. *The disappearing daily*. New York: Alfred Knopf.

Waterman, D.. 2000. "CBS-Viacom and the effects of media mergers: An economic perspective." *Federal Communications Law Journal* 53. 531-550.

8장

사회적경제와 지리학적 사고

1

도입

　여러 이견이 있을 수 있지만, 오늘날 경제는 사실상 글로벌 시장경제 체제의 강력한 힘에 의해 움직이고 있음을 부정할 수 없다. 그러나 이것은 '로컬' 측면의 경제가 의미 없어졌음을 뜻하는 것이 아니고, 또한 시장경제 체제가 인간의 모든 경제활동을 설명할 수 있음을 의미하는 것도 아니다. 실제로 경제적 과정에 대해 긴밀히 살펴보면, 많은 것들이 공식적이고 정량화할 수 있는 경제 밖에서 발생하고 있음을 알 수 있다. 이러한 여러 가지 활동들이 경제라는 빙산의 수면 아래 가라앉아 있는 부분에 비유되어 왔다(Gibson-Graham, 2006)(그림 8.1). 시장을 위한 생산과 현금거래, 자본주의 기업에서의 임금노동은 단지 일부분일 뿐이고, 가정, 협동조합, 이웃, 그리고 여러 상황과 환경에서 사람들은 공식적인 경제적 과정이 아닌 방식으로 일을 하고 공유하고 교환한다(Coe et al., 2013). 즉 경제활동과 사회·문화적 과정은 서로 분리된 것이 아니고, 경제적 과정은 여러 형태의 사회·문화적 또는 환경적 상호작용 속에 깊이 뿌리내려져 있다고 할 수 있다.

　20세기 중반 이후 강화된 경제의 글로벌화(globalization)에 대항하거나 이를 보완하기 위해 경제의 로컬화(localization)에 대한 관심이 꾸준히 진행되었

〈그림 8.1〉 경제적 활동의 빙산모델

출처: Community Economies Collective(2001); Gibson-Graham (2006).

다. 글로벌 시장경제 체제가 경제공간 측면에서 선진국과 후진국 간의 국가 간 격차를 심화시켰을 뿐 아니라, 한 국가 내에서도 여러 로컬지역 간의 격차를 심화시켜 왔다. 이와 같이 경제체제의 다양성과 복잡성이 증가하였고, 이에 대한 학제적 연구가 중요해졌다. 지리학에서도 지속적으로 자본주의의 대안적 경제공간에 대한 논의와 관심이 있어 왔고, 이러한 관심은 자본주의 경제체제의 모순과 문제점을 비판하며 등장한 '사회적경제' 논의와 연결될 수 있다. 이와 관련하여 대안적 경제공간에 대해 논의하는 사람들은 그 출발점으로 자본주의도 실제로 특정 시기, 특정 장소에서 사람들과 제도에 의해 만들어진 사회적 구축이고, 이에 변형과 변화의 가능성이 있음을 강조한다(Mackinnon and Cumbers, 2011). 2000년대 이후 사회적경제에 대한 관심이 전 세계적으로 붐을 일으켰고, 특히 2008년 세계 금융위기 이후에 이러한 관심이 더욱 증대되어 여러 프로그램과 공공 지출이 이 분야와 관련해서 이루어지고 있다. 한국에서도 2000년대 후반부터 사회적경제에 대한 관심이 증가하였는데, 2007년 「사회적기업 육

사회적경제의 혼종성과 다양성

성법」, 2012년 「협동조합기본법」이 시행되면서 사회적경제 관련 조직들이 급증하였다. 그러나 민간에서 자생적으로 발전되기보다는 정책적 차원에서 주도되면서 사회적경제 본연의 의미보다는 일자리 창출, 수익성 등의 측면이 강조되는 경향을 보이고 있는 것도 사실이다.

이 글의 목적은 사회적경제의 이론과 분석, 실천적 적용에서 지리학적 사고가 기여할 수 있는 부분이 무엇인지 찾는 것이다. 아울러 보다 더 큰 틀에서 사회적경제의 사회과학적 연구에서 공간과 지역의 중요성에 대해 이야기하고자 한다. 이를 위해 먼저 대표적인 사회적경제 조직으로 일컬어지는 사회적기업과 협동조합의 지리적 분포 분석으로부터 논의를 시작하고자 한다.

2

사회적기업과 협동조합의 지리적 분포

사회적경제에 대한 정의와 개념은 국가에 따라 연구자에 따라 다르지만, 대체로 이윤을 추구하는 시장 부문의 사적 영역, 국가 부문의 공공 영역과 병존하면서 이에 속하지 않은 시민사회 영역으로 사회적경제를 분류하고 있다. 법적·제도적 형태에 따른 접근에서는 사회적경제의 주요 조직인 협동조합, 상호공제조합, 결사체를 중심으로 최근에는 이에 더해 사회적기업까지 포함하여 이러한 조직들의 활동과 역할, 그 의미를 분석하고 있다(정관영, 2013). 사회적경제를 하나의 통일된 개념으로 이야기하기는 어렵지만, 사회적경제의 여러 조직에 대한 논의에서 대표적으로 거론되는 것이 사회적기업과 협동조합이다.[1] 이에 먼

---

1) 김의영·미우라 히로키 편, 2015의 분석 결과, 인증사회적기업, 예비사회적기업, 일반협동조합, 사회적협동조합, 생활협동조합, 자활기업, 마을기업이 주요 사회적경제 조직으로 분류되었다. 서울시에서는 2012년 '사회적경제 정책기획단'이 설치되어 사회적기업, 협동조합, 마을기업, 자활기업의 4가지

저 사회적기업과 협동조합의 지리적 분포를 분석하였다. 지리학은 지역과 공간에 나타나는 여러 가지 사상의 패턴(pattern)과 프로세스(process)를 밝히는 학문으로, 사회적경제와 '지리'를 연결시키는 데에 그 분포를 살펴보고 지도화하는 것은 지리학적 사고의 출발점이라고 할 수 있기 때문이다. 이를 위해 위치 또는 입지를 알 수 있는 자료가 필요한데, 사회적기업2)에 대한 자료는 한국사회적기업진흥원(http://www.socialenterprise.or.kr)의 인증사회적기업 리스트(2015년 8월 기준)의 1,361개를 대상으로 하였고, 협동조합3)에 대한 자료는 협동조합(http://www.coop.go.kr)의 협동조합 설립현황 리스트(2015년 9월 기준)의 7,978개를 대상으로 하였다. 이들 리스트에서 개별 주소 정보를 추출하고 시·군·구 지역 단위로 자료를 구축하여 지도상에 표현하였다(그림 8.2).

이들의 입지 특성에 대한 분석은 시·도 지역 단위를 기본으로 하였는데, 지역별 분포를 보면 사회적기업이 가장 많은 곳은 서울로 17.3%, 다음으로는 경기로 16.1%로 나타난다. 협동조합의 경우에도 서울이 27.0%를 차지하며 가장 많은 비중을 나타내고, 다음은 경기로 16.3%를 보인다(그림 8.3, 그림 8.4). 그러나 전산업 사업체 수 비중(서울 21.4%, 경기 21.0%)과 비교해 보면 협동조합이 서울에 상대적으로 많은 것을 제외하고는 높은 비중이 아니라는 것을 알 수 있다. 이는 입지계수4)를 분석해 보면 더 잘 알 수 있는데, 광주, 세종, 강원, 충

유형을 중심으로 사회적경제 지원정책이 이루어지고 있다.

2) 「사회적기업 육성법」에서는, 사회적기업을 취약계층에게 사회서비스 또는 일자리를 제공하여 지역주민의 삶의 질을 높이는 등의 사회적 목적을 추구하면서 재화 및 서비스의 생산·판매 등 영업활동을 하는 기업으로서 고용노동부 장관의 인증을 받은 기관으로 정의하고 있다. 일자리제공형, 사회서비스제공형, 지역사회공헌형, 혼합형, 기타형의 5가지 유형으로 구분되어 있다.

3) 「협동조합기본법」에서는, 협동조합을 재화 또는 용역의 구매, 생산, 판매, 제공 등을 협동으로 영위함으로써 조합원의 권익을 향상하고 지역사회에 공헌하는 사업조직을 지칭한다. 협동조합은 일반협동조합, 일반협동조합연합회, 사회적협동조합, 사회적협동조합연합회의 4가지로 구분되어 있고, 그 유형은 사업자, 소비자, 직원, 다중이해관계자의 4가지로 이루어져 있다.

4) 입지계수(location quotient, LQ)는 특정 산업(활동)이 해당 지역 내에서 차지하는 비중과 전국에서 차지하는 비중을 비교하여 해당 산업의 지역 간 상대적 특화도를 측정하는 지표로, 1보다 크면 지역 내에 해당 산업의 특화 정도가 높다고 평가한다.

〈그림 8.2〉 사회적기업(좌)과 협동조합(우)의 지리적 분포

북, 전북, 전남, 제주는 1보다 높은 수치를 보이며, 사업체 수 비중 대비 사회적 기업과 협동조합의 비중이 높게 나타난다(그림 8.5). 한편 부산, 대구, 경기, 경남은 사회적기업과 협동조합 모두 입지계수가 1보다 작아서 사회적경제 조직의 입지가 상대적으로 적음을 알 수 있다.

사업체 수 외에 지역의 인구와 사회적경제 조직을 비교하기 위해, 인구 1,000명당 사회적기업 및 협동조합의 수를 지역별로 비교해 보았다(그림 8.6, 그림 8.7). 전국적으로 인구 1,000명당 사회적기업은 0.027개, 협동조합은 0.156개 존재하고 있다. 사회적기업의 경우 광역시 단위에서는 인천, 광주, 울산이, 도 단위에서는 강원, 충북, 충남, 전북, 전남, 경북, 제주가 전국 평균보다 높거나 비슷한 수치를 나타냈다. 도 단위에서는 경기와 경남을 제외하고 모두 전국 평균보다 높은 값을 보였다. 협동조합의 경우 광역시 단위에서는 서울, 광주, 대전, 세종, 도 단위에서는 강원, 충북, 전북, 전남, 제주가 전국 평균보다 높거나 비슷한 수치를 나타냈다.

이상의 분석을 종합해 보면, 광역시 단위에서는 광주, 도 단위에서는 강원, 충북, 전북, 전남, 제주가 모든 지표에서 기준보다 높게 나타났다. 따라서 사회적

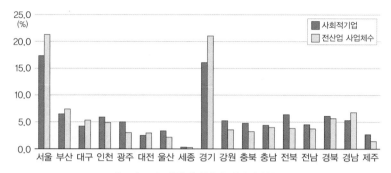

〈그림 8.3〉 사회적기업의 지역별 분포

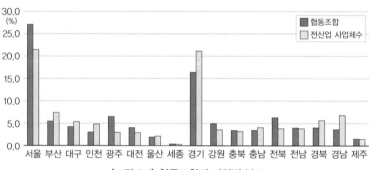

〈그림 8.4〉 협동조합의 지역별 분포

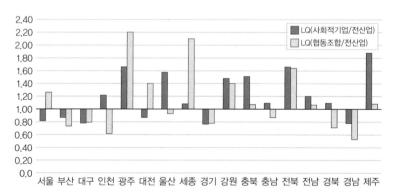

〈그림 8.5〉 사회적기업과 협동조합의 입지계수(전산업 사업체 수 대비)

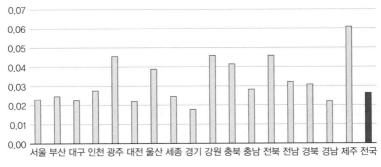

〈그림 8.6〉 인구 1,000명당 사회적기업 수의 지역별 비교

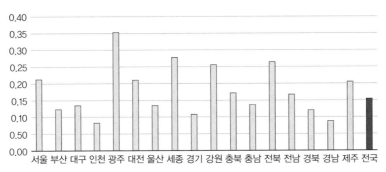

〈그림 8.7〉 인구 1,000명당 협동조합 수의 지역별 비교

기업과 협동조합이 상대적으로 많이 입지하고 있음을 보여 준다. 반면에 광역
시 단위에서는 부산, 대구, 도 단위에서는 경기, 경남이 모든 지표에서 기준보다
낮게 나타났고, 이는 이들 지역에서 사회적기업과 협동조합이 상대적으로 적음
을 의미한다.

그러나 이러한 결과를 통해 광주에는 사회적경제가 발달했고, 부산과 대구에
는 사회적경제의 발달이 미진하다고 평가할 수 있을까? 이러한 해석에는 다음
과 같은 몇 가지 문제점이 있고 주의가 요구된다.

첫째, 사회적경제의 정의와 범위, 이에 따른 데이터 자체의 문제를 고려해야
한다. 사회적경제의 현황을 살펴보기 위한 대표적 조직체로서 사회적기업과 협

동조합을 분석하였는데, 이는 사회적경제를 어떻게 정의하고 범위를 어디까지로 보느냐에 따라 더 확대될 수도 더 축소될 수도 있다. 사회적경제의 개인 행위자인 사회적기업가를 중심으로 보거나, 사회적경제 '활동' 중심으로 고찰할 수도 있고, 조직의 영향력과 효과 측면에서 분석할 수도 있기 때문이다. 조직체를 중심으로 상정한다고 하더라도 리스트에 포함된 단체들은 정부나 특정 기관의 기준에 맞춰 등록된 단체만 포함되다 보니 현실을 정확히 반영하기 어려울 수도 있다.

둘째, 비교 및 기준으로 삼은 대상의 적절성과 다양성 문제, 분석지표의 적합성 문제가 있다. 앞의 분석에서는 전산업 사업체 수에 대비해서, 그리고 인구수에 대비해서 사회적경제 조직체가 많은지 적은지를 분석하였다. 그러나 어떤 비교 대상을 사용하느냐, 그리고 어떤 분석지표를 이용하느냐에 따라 다른 해석이 가능하다. 사적 영역과 공적 영역 대비 사회적경제 발달의 지리적 공간분포 차이를 보여 주고자 할 경우, 앞의 비교대상이 적절한지에 대한 판단이 필요하다. 또한 입지계수의 경우 한 지역의 전체 업체 수가 크지 않은 경우에는 특정 유형의 업체가 조금만 집중해도 해당 유형의 수치가 매우 높게 나타난다는 문제점이 있어 해석에 주의를 기울여야 한다. 앞선 분석에서도 광주의 입지계수가 높게 나타났지만 절대치에서는 서울이 높게 나타났기 때문에 이를 고려하지 않을 수 없다. 또 다른 예로, 인구 1,000명 지역에 1개의 사회적기업이 있는 것과 인구 10,000명 지역에 10개의 사회적기업이 있는 것은 비율상 같은 수치를 나타내지만, 이것이 동일한 사회·공간적 의미를 가지지는 않는다. 인구 1,000명에 1개의 사회적기업이 있는 것보다 인구 10,000명에 10개의 사회적기업이 있는 것이 사회적경제 활동 및 네트워크의 중복성을 생각했을 때에는 혜택이 돌아가는 수혜자들이 적을 수도 있고, 반면 집적의 시너지 효과 측면에서는 지역 전체에 더 긍정적인 역할을 할 수도 있기 때문이다. 다른 한편으로는 통계적 유의성 측면에서 보면 이와 같은 조직들의 분포는 대체로 사업체 수 분포와 유사하기 때문에 지역 간 차이가 거의 없는 것으로 해석될 수도 있다.

셋째, 지리학적 사고와 관련하여 분석의 적절한 지역 및 공간 단위 문제를 생각해야 한다. 사회적경제의 지리적 분포에 있어 시·도 단위로 볼 것인지, 시·군·구 단위로 볼 것인지, 아니면 더 작은 읍·면·동이나 근린지역 단위로 보아야 하는지의 문제가 있다. 더불어 분석의 단위지역 내에서도 분산되어 있는지 집중되어 있는지의 의미가 중요할 것이다. 지리적 분포뿐 아니라 사회적경제 관련 조직들의 발생, 성장, 쇠퇴의 원인 및 결과의 영향에 대한 분석에서도 공간 단위의 문제가 중요하다. 지역별 면적의 차이, 인구의 구조적 차이(연령별·학력별·소득별 등), 문화적 차이, 지방정부 정책의 차이, 사회 하부구조의 차이 등을 고려한 분석과 해석이 필요하기 때문이다. 또한 사회적경제 조직의 특성과 공간적 영향에 따라 상이한 공간단위를 사용해야 할 수도 있다. 예를 들어 광주에 사회적기업 비중이 높다고 해도, 그 세부단위인 구나 동 단위에서 업체들이 특정 지역에 모여 집적경제 효과를 발휘하고 있는지, 아니면 분산되어 형평성에 기여하고 있는지를 살펴봐야 할 것이다. 영국의 한 사례연구에서는 전체 비즈니스 활동과 비교해서 사회적기업이 지역별로 고르게 분포하고 있는 것으로 분석되었다(Buckingham et al., 2012). 그러나 큰 공간단위에서의 분석으로 인해 사회적기업 활동의 지역별 차이가 제대로 드러나지 않을 수 있음을 지적하였다. 즉 사회적경제에 대한 정책적 관심이 높아질수록 더욱 체계적인 양적·질적 조사가 이루어져야 하고, 이때 사회적기업의 지리적 차이를 고찰하기 위해서는 좀 더 작은 공간단위의 데이터 구축과 분석이 필요하다. 이를 통해 사회적경제의 수요와 공급 간의 공간적 불일치(spatial mismatch)가 있는지의 문제를 보여 줄 수 있다.

3

사회적경제와 지리학적 사고

사회적경제와 지역의 관계에 대한 관심은 여러 연구들에서 나타나고 있는데, 국내에서는 주로 사회적경제를 통한 로컬지역 활성화와 경제적 발전(오미일, 2010; 김영철, 2011; 이헌상 외, 2012; 김성기 외, 2014), 지역공동체 발전과 도시개발을 위한 사회적경제의 역할(정건화, 2012; 김경희, 2013; 김학실, 2013; 타나카 나츠코, 2014)을 중심으로 다루고 있다. 사회적경제는 조직적 측면이나 그 영향력에서 근본적으로 로컬(local)을 기반으로 하고 있기 때문에 지역에 대한 관심은 당연한 것이겠지만, 실제 지리학적 사고(Geographical Thinking)를 통한 연구와 분석은 많지 않은 것으로 보인다. 대부분의 연구에서 지역과 공간을 구체적 분석단위로 간주하기보다는 피상적으로 다루고 있으며, 장소나 지역의 차이에 대한 구체적 서술은 간과되어 있다. 해외에서도 사회적경제에 대한 지리학적 분석의 역사는 그리 오래되지 않은 것으로 보인다(Evans and Syrett, 2009; Hudson, 2009; Muñoz, 2010; Buckingham et al., 2012). 여기에서는 사회적경제 관련 연구에서 지리학적 렌즈(geographical lens)와 공간적 사고가 기여할 수 있는 부분을 찾고자 한다(Muñoz, 2010).

첫째, 사회적경제행위자(조직, 개인) 및 활동의 분포, 입지, 군집의 분석과 공간적 지도화가 중요하고, 이를 위한 공간적 및 시계열 데이터 구축이 필요하다. 단편적 스냅숏 분석에 머무르지 않도록 시간의 변화에 따른 지속적인 자료 구축이 필요하고, 특히 한 조직의 출현에서부터 성장과 쇠퇴에 이르는 생애주기를 다루는 종적 데이터 구축은 연구와 정책 수립에서 중요한 시사점을 줄 수 있다. 여기에 지리참조(geo-reference) 데이터 구축은 GIS(Geographic Information System) 분석을 통한 시각화와 공간 분석을 가능하게 할 것이다. 사회적경제에 대한 광범위한 데이터를 수집하고 정리하는 것은 정책적 차원에서 대규모 자금과 지원이 필요하지만, 데이터의 효과적인 이용을 위해서는 지리학자들의 학술적 기여가 필요할 것으로 보인다. 이러한 공간데이터를 기반으로 사회적경제 조직들의 입지와 분포, 공간적 집적과 지리적 확산을 분석할 수 있고 그 결과를 지도화할 수 있다. 물론 이 과정에서 앞서 논의한 공간적 스케일 논의가 중요하고, 또한 이러한 패턴을 형성하게 되는 요인과 프로세스의 공간적 분석이 양적으로 또 질적으로 병행되어야 할 것이다.

둘째, 사회적경제 조직(활동)의 지역 및 장소기반 특성이 중요하고, 이를 통해 사회적경제가 작동하는 환경을 도출해 낼 수 있다. 그동안의 지역연구들이 사회적경제 조직의 출현과 작동에 관련한 장소의 국지적 측면을 심도 있게 연구하지 못한 경향이 있음을 지적하고 있는데(Muñoz, 2010), 예를 들어 왜 특정 지역과 장소에서 더 많은 사회적경제 조직이 출현하고 발전하는지, 이것이 현대 경제 및 사회에 어떤 시사점을 주는지에 대한 연구가 더 필요하다. 이와 관련하여 다음과 같은 질문들을 생각해 볼 수 있다. 협동조합의 설립과 발전에 있어 지역적 요소가 어떠한 역할을 하는가? 창의적이고 도시화경제 효과를 누릴 수 있는 대도시에서 사회적기업이 나타날 확률이 높은가, 아니면 사회적경제의 수혜자들이 많은 낙후된 지역이나 지방 농촌지역에서 나타날 확률이 높은가? 사회적경제의 핵심행위자인 사회적기업가와 수혜자들이 지리적으로 근접해 있는 다양성이 높은 지역에서 조직의 출현 가능성이 높은가, 아니면 사회적경제를 만들어 나가는 데 중요한 공동체 의식이 강하고 동질성이 높은 지역에서 나타날 가능성이 높은가? 이러한 질문들이 상이한 사회적경제 조직 간에 어떠한 차이를 보이는가? 또한 시간이 지남에 따라, 조직들이 성장함에 따라 선호하는 입지요인은 어떻게 달라지는가?

영국의 사례연구에서는 사회적기업의 상당수가 런던 대도시에 입지하고 있고, 농촌보다는 도시지역에 많이 나타나며, 또한 관련 지원기관 주변에 집적되어 있고 유사한 유형끼리 모여 있음을 분석하였다(Peattie and Morley, 2008). 또 다른 연구에서도 런던 핵심지역에서 사회적기업 활동이 높게 나타났는데,

이것은 일반적으로 기업가적 활동이 활발한 지역에서 사회적기업과 같은 유형도 발전할 수 있음을 보여 준다(Buckingham et al., 2012). 런던과 같은 대도시가 가진 역동적이고 혁신적인 사업환경이 사회적기업의 창출과 성장에 도움을 주는 것으로 해석할 수 있다. 그러나 한편으로는 일부 사회적기업의 국가적 차원의 본사 분포를 반영한 것일 수도 있고, 런던 내에서 부유한 커뮤니티와 궁핍한 커뮤니티의 근접이 이러한 역동성에 기여했을 수도 있다. 또한 정부 및 기타 기관의 지원자금을 받은 사회적 필요의 분포가 사회적기업의 발생에 영향을 주었을 가능성도 고려해야 한다(Buckingham et al., 2012).

셋째, 사회적경제 조직(활동)의 사회−공간적 영향(socio−spatial impact)과 효과의 공간성(spatiality)에 대한 분석이 가능하다. 지금까지의 연구들이 사회적경제의 영향과 지역발전 효과의 담론적 논의에 그쳤다면, 지리학의 공간적 분석은 이를 실제 데이터를 통해 분석하고 사례를 제시해 줄 수 있다. 특히 사회적기업 활동의 영향을 논의하는 데 기존 연구의 상당수는 기업 자체의 수행력 평가 중심으로 이루어졌고(Muñoz, 2010), 얼마나 많은 수익과 일자리를 창출했는지와 같은 양적 수량화가 중심이었다. 그러나 개인적 수준에서의 만족감과 자부심에서부터 근린지역에의 경제적 활력과 사회적 통합에 이르기까지 다양한 공간적 스케일에서 질적이고 무형적인 사회문화적 차원의 '성공'을 평가해야 할 필요성이 높다. 또한 사회적경제 영향의 공간성을 고려함으로써 지리적 확산과 전파가 최대화되는 장소의 특성을 도출할 수도 있을 것이다. 즉 다음과 같은 질문에 답하기 위한 분석이 가능하다. 성공적인 사회적기업을 위해서 사회적기업은 기업활동의 대상지역 내에 입지해야 하는가, 직원이나 자원봉사자들이 해당 로컬지역에 관련되어야 하는가, 또는 해당 로컬지역 사람들에 의해 설립되고 주도되어야 하는가? 한편, 사회적경제의 작동과 영향에 대한 공간적 분석을 통해 사회적경제의 정의 논쟁과 조직의 분류 및 유형 구분에도 공간적·입지적 개념을 부여할 수 있을 것이다.

넷째, 사회적경제의 공간(space of social economy)에 대한 더욱 심층적인 연구와 논의, 이론화가 필요하고 지리학적 사고는 이를 가능하게 해 준다. 지리학은 장소, 공간, 지역의 차이와 불균등에 지속적인 관심을 가져왔고, 그중에서도 경제지리학의 핵심은 불균등 발전의 패턴과 프로세스를 고찰하는 것이다. 지리학자들은 사회적 통합과 배제, 사회적 응집, 공동체 의식의 프로세스에 지속적으로 관심을 가져왔고(Muñoz, 2010), 이것이 사회적경제의 역할과 이론적 논의에 관련된다. 거슬러 올라가면 인간을 연구의 중심에 놓고 질적 연구방법론을 추구한 인본주의 지리학, 자본주의 체제에서 공간의 생산과 불균등 발전을 이론화한 마르크스주의 지리학[5], 좀 더 최근의 급진주의 지리학[6]은 공간적 사고를 통해 사회적경제의 이론적 논의에 기여할 수 있다. 사회적경제 활동에 의해 창출되고 형성되는 공간을 분석하고, 또한 어떻게 이러한 공간이 사회적경제 활동에 영향을 주는지에 대한 쌍방향적 논의가 필요하다. 또한 사회적경제가 자본주의 경제에 도전하고 대안을 제시하는 새로운 공간 창출과 구조

---

5) 지리학자인 하비(Harvey)와 스미스(Smith)는 마르크스주의적 관점에서 자본주의 체제하의 공간의 생산과 '불균등 발전'에 대한 이론을 제시하였다(박경환 외, 2015). 즉 자본주의에 내재된 여러 가지 모순에 의해 자본주의는 주기적 위기에 직면하는데, 어떻게 이러한 위기들이 계속해서 일어나면서도 지속적인 생명력을 가지고 있는가에 대한 해답이다. 이들은 그 답을 지리에서 찾았는데, 공간이 자본주의 생산양식의 기저를 이루는 생산력의 한 부분이고, 공간의 배열로 이윤 창출을 도모한다는 것이다. 자본주의 기업은 최대 이윤 창출을 위해 이상적인 지리적 조건을 찾아 이동하고, 이는 새로운 지리를 생산함으로써 위기를 타개한다는 것이다. 이를 '공간적 조정(spatial fix)'이라고 한다. 따라서 공간은 자본주의 작동의 단순한 결과물이 아니라 자본주의나 또 다른 모든 생산양식 작동과정에서 근본적인 부분을 차지하는 것이다. 이러한 과정은 발전하는 지역과 쇠퇴하는 지역이 항상 변화함을 의미하고, 또한 이는 자본주의 작동이 가능하려면 다른 지역에 비해 덜 발전하는 지역이 반드시 생길 수밖에 없음을 의미한다. 이런 과정을 일반적으로 '불균등 발전(uneven development)'이라고 한다. 지리는 자본주의가 위기를 극복하도록 만드는데, 선진국 기업들이 값싼 노동력을 이용하기 위해 동남아시아로 공장을 이전하는 것이 그 대표적인 예이다.

6) 급진주의 지리학의 이론적 접근 중 가장 주목할 만한 것으로 깁슨-그레이엄(Gibson-Graham)의 이론을 들 수 있다(박경환 외, 2015). 자본주의에 대한 마르크스주의 비판에 뿌리를 두면서도 페미니즘, 포스트구조주의적 논의들도 담고 있다. 자본주의가 전부가 아니라는 전제에 기반을 두고 있는데, 자본주의라는 '인식'이 주류가 되어 왔다고 주장한다. 자본주의 경제는 하나의 단일체가 아니라 '다양한 경제들(diverse economies)'의 복합체라는 것이다. 우리 주변에서 자본주의의 대안을 찾고자 시도하면서, 단일한 이론화보다는 차이와 특수를 옹호하면서 실제 존재하는 구체적 장소에 기반을 둔 대안을 지지했다.

재편에 어떤 역할을 할 수 있을지가 논의되어야 한다. 이러한 논의를 확장하면 사회적자본이 바탕이 되는 창의적인 혁신도시, 지속가능한 도시와 커뮤니티 창출, 생태환경과 그린공간을 포함한 환경적 논의, 웰빙과 삶의 질이 충족되는 행복한 도시에 대한 사회적경제의 기여와 중요성을 도출할 수 있을 것으로 기대된다.

4 / 사회적경제의 사회과학적 연구를 위해

사회적경제에 대한 논의와 분석에서 가장 많이 접하게 되는 분석대상이 협동조합이나 사회적기업과 같은 조직이다. 그러나 사회적기업과 같은 조직행위자(organizational actor)뿐 아니라 개인행위자(personal actor)에 대한 관심도 필요한데, 사회적기업가(social entrepreneur)의 특성과 행태에 대한 연구들이 대표적이라 하겠다(Amin, 2009b; Smith and Stevens, 2010). 한편 분석대상을 '사회적으로 기업하는 활동(socially enterprising activity)'에 둔다면 그 의미가 확장될 수도 있을 것이다. 조직을 중심으로 하는 접근에서 확장하여 사회적경제를 추동하는 힘을 개인·조직·활동으로 넓히고 이들의 네트워크와 상호작용을 고찰한다면 사회적경제의 좀 더 다양한 이면을 파악할 수 있을 것이다(그림 8.8).

이 글에서의 핵심논의인 공간과 지역적 관점에서 사회적경제를 바라보는 것도 중요하다. 실제 디킨(Dicken)은 사회적경제 논의에서 많이 거론되는 공정무역(Fair Trade)이나 몬드라곤(Mondragon Cooperative Corporation) 사례를 이야기하면서(구양미 외, 2014), 공정무역 네트워크는 글로벌 상황에서 작동하고, 몬드라곤은 14개국에 걸쳐 분포하는 협동조합 복합체지만 스페인 바스크

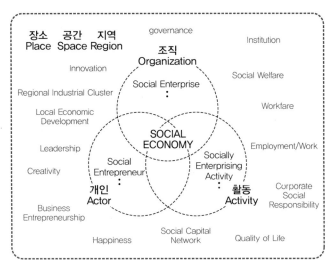

〈그림 8.8〉사회적경제 연구틀: 개인·조직·활동과 장소·공간·지역

지역에 기반을 두고 있음을 설명하였다. 지역통화운동(Local Exchange Trading System, LETS)은 로컬 차원의 공동체 네트워크 내에서 이루어지고 있고, 소액금융지원계획은 1970년대 방글라데시에서 지역계획으로 시작되었지만 점차 많은 국가로 확산되고 있다. 이와 같이 사회적경제는 상이한 사회-공간적 스케일에서 작동하고 있으며, 이에 사회적경제의 수요와 공급, 발전양상에 따른 공간 및 지역적 변화 연구가 필요하다. 공간과 지역의 사회적 자본(social capital)에 대한 기존의 논의들 역시 이러한 연구의 바탕이 될 것이다(Kay, 2005; Evans and Syrett, 2007; Staber, 2007; Birch and Whittam, 2008; Huber, 2009). 또한 사회적경제의 국가별 비교연구나 국가 내에서의 지역별 비교연구도 왜 지리적으로 사회적경제의 차이가 나타나는지를 밝히는 시작점이 될 것으로 생각된다(김의영·미우라 히로키, 2015).

사회적경제의 사회과학적 연구는 이론연구와 경험연구를 풍부하게 하고 이를 종합적으로 분석하는 데 중요하다. 사회적경제의 실체에 대한 이론적 논쟁은 아직도 진행 중이고, 경험연구의 상당수는 성공스토리 중심의 사례연구로 이루어져 있다. 사회적경제를 이루는 개인과 조직의 활동과 영향을 사회이론과 연결시키는 노력을 통해, 사회적경제 개념의 내실화와 함께 외연적 확장을 통한 이론 정립이 가능하다고 본다. 방법론 측면에서도 심층적 개별 사례연구와 집합적 연구가 동시에 진행되어야 할 것이다. 이와 같은 논의에서 사회과학의 학제적 연구의 필요성은 두말할 나위가 없을 것이다. 미시적 측면에서의 분석에서부터 거시적 측면에서의 이론화에 이르기까지, 정책적 대안 제시에서부터 실천적 방향 모색에 이르기까지 사회적경제의 혼종성, 다양성, 동태성을 고찰하는 다학문적 관점이 중요하기 때문이다.

정도의 차이는 있겠지만 지리학은 기본적으로 하나의 이론화를 지향하기보다는 다양하고 복합적인 진리(multiple truths)를 추구하는 학문이다. 주류 자본주의 시장경제 체제의 대안 모색을 추구하는 사회적경제의 분석과 연구에서 지리학적 사고가 많은 기여를 할 수 있을 것이다.

구양미·안영진·이병민·이승철·정수열(역). 2014.『세계경제공간의 변동』. 서울: 시그마프
    레스. (Dicken, P.. 2011. *Global Shift: Mapping the Changing Contours of the World
    Economy* 6th edition. SAGE Publications.)

김경희. 2013. "사회적경제를 통한 지역혁신의 가능성과 한계: 마을기업과 협동조합을 중심으
    로."『공공사회연구』 3(2). 126-150.

김성기·김정원·변재관·신명호·이견직·이문국·이성수·이인재·장원봉·장종익. 2014.『사
    회적경제의 이해와 전망』. 서울: 아르케.

김영철. 2011. "사회적경제와 지역의 내발적 발전."『지역사회연구』 19(2). 25-49.

김의영·미우라 히로키 편. 2015.『한·중·일 사회적경제 Mapping』. 서울대학교 아시아연구소
    총서. 서울: 진인진.

김학실. 2013. "도시재생과정에서 마을기업의 역할."『한국정책연구』 13(2). 41-60.

박경환·류연택·심승희·정현주·서태동(역). 2015.『지리사상사』. 서울: 시그마프레스.
    (Cresswell, T., 2013. *Geographical Thought: A Critical Introduction*. John Wiley &
    Sons.)

백유성·김종길. 2013. "사회적기업과 기업의 사회적 책임에 관한 문헌연구."『사회적기업연구』
    6(1). 27-49.

송백석. 2011. "사회적경제모델과 한국의 사회적기업정책."『공공사회연구』 1(2). 5-32.

신명호. 2009. "한국의 '사회적경제' 개념 정립을 위한 시론."『동향과 전망』 75. 11-46.

오미일. 2010. "글로벌경제의 대항 비전으로서 사회적경제: '경제의 지역화', 로컬 경제운동과
    관련하여."『로컬리티 인문학』 4. 83-118.

이헌상·형영주·이창원. 2012. "지역형사회적기업 전략적 발전방향 설정에 관한 연구: 전라북
    도 사회적기업 실태 분석을 중심으로."『한국산업경제저널』 4(2). 15-37.

이현주·조성숙. 2013. "사회적협동조합의 사회적기업 정착을 위한 정책과제."『경성대학교 사
    회과학연구』 29(1). 199-218.

정건화. 2012. "민주주의, 지역 그리고 사회적경제."『동향과 전망』 86. 7-43.

정관영. 2013.『이제는 사회적경제다: 지역과 사람을 살리는 희망경제론』. 공동체.

주성수. 2010.『사회적경제: 이론, 제도, 정책』. 한양대학교출판부.

타나카 나츠코. 이성조 역. 2014.『이탈리아 사회적경제의 지역전개』. 서울: 아르케.

Amin, A. (Ed.). 2009a. *The Social Economy: International Perspectives on Economic Solidarity*.
    Zed Books, London.

_____. 2009b. "Extraordinarily ordinary: working in the social economy." *Social Enterprise Journal* 5(1). 30-49.

Birch, K. and Whittam, G.. 2008. "The third sector and the regional development of social capital." *Regional Studies* 42(3). 437-450.

Buckingham, H., Pinch, S. and Sunley, P.. 2012. "The enigmatic regional geography of social enterprise in the UK: a conceptual framework and synthesis of the evidence." *Area* 44(1). 83-91.

Coe, N. M., Kelly, P. F. and Yeung, H. W. C.. 2013. *Economic Geography: A Contemporary Introduction* 2nd edition. Wiley.

Community Economies Collective. 2001. "Imagining and enacting noncapitalist futures." *Socialist Review* 28(3/4). 93-135.

Evans, M. and Syrett, S.. 2007. "Generating social capital?: the social economy and local economic development." *European Urban and Regional Studies* 14(1). 55-74.

Gibson-Graham, J. K.. 2006. *A Postcapitalist Politics.* University of Minnesota Press, Minneapolis.

_____. 2008. "Diverse economies: performative practices for 'other worlds'." *Progress in Human Geography* 32(5). 613-632.

Huber, F.. 2009. "Social capital of economic clusters: towards a network-based conception of social resources." *Tijdschrift voor Economische en Sociale Geografie* 100(2). 160-170.

Hudson, R.. 2009. "Life on the edge: navigating the competitive tensions between the 'social' and the 'economic' in the social economy and in its relations to the mainstream." *Journal of Economic Geography* 9(4). 493-510.

Hynes, B.. 2009. "Growing the social enterprise-issues and challenges." *Social Enterprise Journal* 5(2). 114-125.

Johnston, R.. 2009. "Geography and the social science tradition." in Clifford, N. J., Holloway, S. L., Rice, S. P. and Valentine, G. (eds.). *Key Concepts in Geography* 2nd edition. Sage. 46-65.

Kay, A.. 2006. "Social capital, the social economy and community development." *Community Development Journal* 41(2). 160-173.

Lyon, F. and Sepulveda, L.. 2009. "Mapping social enterprises: past approaches, challenges and future directions." *Social Enterprise Journal* 5(1). 83-94.

Mackinnon, D. and Cumbers, A.. 2011. "Alternative economic geographies." in *Introduction to Economic Geography: Globalization, Uneven Development and Place* 2nd edition. Prentice Hall. 264-283.

Malecki, E. J.. 2012. "Regional social capital: why it matters." *Regional Studies* 46(8). 1023-

1039.

Muñoz, S.-A.. 2010. "Toward a geographical research agenda for social enterprise." *Area* 42(3). 302-312.

Peattie, K. and Morley, A.. 2008a. "Eight paradoxes of the social enterprise research agenda." *Social Enterprise Journal* 4(2). 91-107.

_____. and Morley, A.. 2008b. *Social Enterprises: Diversity and Dynamics, Contexts and Contributions.* A Research Monograph, Social Enterprise Coalition, Economic & Social Research Council.

Seanor, P. and Meaton, J.. 2007. "Making sense of social enterprise." *Social Enterprise Journal* 3(1). 90-100.

Smith, B. R. and Stevens, C. E.. 2010, "Different types of social entrepreneurship: the role of geography and embeddedness on the measurement and scaling of social value." *Entrepreneurship & Regional Development* 22(6). 575-598.

Staber, U.. 2007. "Contextualizing research on social capital in regional clusters." *International Journal of Urban and Regional Research* 31(3). 505-521.

Thompson, J. L.. 2008. "Social enterprise and social entrepreneurship: where have we reached? A summary of issues and discussion points." *Social Enterprise Journal* 4(2). 149-161.

9 장

유럽 사회적경제와 한국 모델에 주는 함의

1

국가/정부와 시장을 매개하는 대안

　사회적경제란 사회서비스를 전달하는 국가 및 정부 등 공적 영역이나 기업 또는 시장 등 사적 영역을 통틀어 전통적 기제에 전적으로 의존하는 경우 풀기 어려운 사회적 문제를 해결하려는 목적으로 등장한 제3의 영역을 가리킨다 (Evers and Laville, 2004: 11). 그리고 사회적경제에 참여하는 구성원은 자율적으로 필요한 물품과 서비스를 생산하고 소비할 뿐 아니라 민주적 의사결정에 의거해 사회적경제를 운용하는 특성을 띤다. 그 결과 사회적경제는 보편적으로 경제적 측면과 사회적 측면을 동시에 소지하기 때문에, 이윤 추구와 더불어 호혜성과 민주성 원칙을 강조한다. 동시에 개별 국가의 사회적 경제는 필요에 따라 사적 영역과 공적 영역을 다양한 방식으로 혼합해 제3의 영역을 구현하며, 이 과정에서 국가별 특수성과 보편성이 다양한 배율로 나타나는 혼종성을 보인다.

　유럽 사회적경제는 공적 영역이 감당하기엔 역부족이거나 사적 영역이 일임하기엔 불충분한 제반 사회문제, 구체적으로 실업 또는 고용 불안정, 빈곤, 사회적 배제 등을 효율적이면서도 민주적으로 해소할 해법을 찾는 과정에서 형성되었다(신명호, 2014: 12-13). 따라서 초기에는 개념 측면에서 사회적경제를 제3

섹터와 동일시하면서 각 국가의 역사적 맥락에 부합하는 다양한 형태로 발전시켰다(김의영·미우라 하루키, 2015: 22). 그럼에도 불구하고 현대로 접어들면서 복합적 성격을 띠는 사회문제가 부상하자, 공적 영역과 사적 영역의 역할 한계에 더해 제3섹터마저 문제 해결에 역부족인 양상을 보인다. 실제로 2013년 유럽연합(EU) 집행위원회(European Commission)에 의하면, 유럽 총 열 기업 중 하나가 사회적경제 주체로 분류되며, 유럽 총 생산인구 중 6%가 사회적경제 주체에 고용된 데 그친다(Grigore, 2013: 117).

선행연구는 유럽 사회적경제가 경제 측면뿐 아니라 사회 측면의 역할에도 비중을 두고 다양한 형태로 발전했다는 사실을 "조직 및 운영 원리와 추구하는 가치의 다측면적이고 혼합적인 성격", 즉 혼종성에 초점을 맞추고 설명한다(최나래·김의영, 2014: 4). 이 장에서는 이에 더해 국가별 보편성과 특수성이 다양한 배율로 구현되는 방식을 도형화하려는 시도를 하고자 한다. 구체적으로 모든 유럽 국가는 오래전부터 각 경제영역의 한계를 극복하면서 공적 영역과 사적 영역을 매개하는 제3의 영역의 일안으로 제3섹터를 구축했다. 그러나 한국 사회적경제는 기존 기제인 국가나 시장의 외연 확대를 제대로 경험하지 않은 채 제3의 영역이 병행하며 발전했기 때문에 압축성장통(痛)을 겪는 경향이 강한 배경을 이해하고자 한다. 이에 이 장에서는 사회적경제를 설명하는 틀을 도형화한 후, 유럽 사회적경제의 발전 경로를 평가하고 나아가 개별 국가와 유형별로 비교하는 데 사업체와 결사체 간 평형점을 모색하는 혼종성에 초점을 맞추고자 한다. 이 결과를 토대로 국가/정부와 시장을 매개하는 대안으로서 사회적경제가 한국 사례에 함축하는 의미 또는 그 한계를 도출하고자 한다.[1]

---

[1] 이 장은 "유럽 사회적경제의 보편성과 특수성, 그리고 혼종성," 『한국정치연구』 25(2), 279-306 (2016)을 지엽적으로 보완했다. 이 장은 선행연구에서 개별 국가별로 관찰한 현상을 정리한 자료를 선별적으로 재분류해, 경제적 측면과 사회적 측면을 다양한 배율로 혼합하는 혼종성에 초점을 맞추고 이러한 사회적경제의 보편성에도 불구하고 개별 국가의 특수성이 두드러진다는 현상을 도형화하려는 초벌 작업에 준한다.

2

설명틀과 역사적 발전 과정

수익활동을 배제하는 비영리 부분에 주력하는 미국식 사회적경제와 대조적으로, 유럽식 사회적경제는 대체로 사회적 가치 실현 자체를 중시하기 때문에 비영리적 목적의 수익활동도 포용한다. 그러나 동시에 이러한 양면성은 사회적경제가 공적 기금에 의존하지 않고 안정된 대안 재정자원을 확보하면서 사회적 약자 계층에만 제한되지 않은 배경을 지닌 다양한 사회적기업가를 육성해야만 비로소 지속적 발전이 가능하다는 제약을 의미한다. 예컨대 사회적경제의 대표적 주체인 협동조합의 경우, 그 조직형태의 구성원리로 혼종성, 즉 사업체와 결사체 등 서로 대립되는 두 구성원리가 작동하는 양면성에 주목해 '개별 조직 수준'과 '집합 수준'에서 관찰한다(한신갑, 2016).

〈그림 9.1〉은 사회적경제를 발전시킨 국가에 공통적으로 나타나는 양면성으로 인한 제약을 역설(paradox)로 보여 준다. 세로 축은 사회적경제 주체의 속성을 이윤 추구 정도에 따라 영리성을 지표화한 수치이다. 그리고 가로축은 사회적경제 주체가 정부 의존으로부터 벗어나 자율적으로 재정을 확보할 수 있는 재정 자립성을 지표화한 수치이다. 또한 굴곡점 전후로 이전에는 영리성과 재정 자립성 간 정비례 관계가 성립되는 반면, 이후에는 영리성과 재정 자립성 간 반비례 관계가 성립된다.[2] 이때 굴곡점에 이르기 전까지, 결사체로서 사회적경제 주체보다 사업체로서 사회적경제 주체의 역할이 증가할수록 영리성과 재정 자립성은 정비례로 증가한다. 이 경우 사회적경제 주체는 사업체와 결사체 간 균형을 유지하며 경제와 사회적 측면의 효과를 극대화시키는 평형점을 찾는다.

---

2) 영리성이란 사회적경제 주체의 전체 활동에서 차지하는 수익활동의 비중을 가리킨다. 재정 자립성이란 사회적경제 주체의 활동을 수행하는 데 타 기관에 의존하지 않고 자체적으로 비용을 충당할 수 있는 비중을 가리킨다.

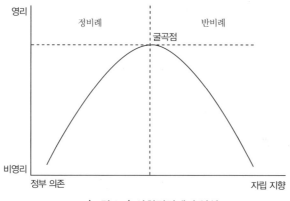

〈그림 9.1〉 사회적경제의 역설

* 굴곡점: 사회적경제에 참여하는 기업의 영리성과 재정 자립성 간 관계가 정비례에서 반비례로
전환하는 시점.

그러나 굴곡점을 지나면, 사회적경제 주체는 결사체의 속성을 희생하고라도 수
익 창출에만 매몰하는 사업체의 속성을 부각시킨 결과 오히려 재정 자립성마저
감소시켜 결국 정부 지원에 의존하게 만드는 이율배반적 결과를 초래할 수 있
다. 이 경우 사회적경제 주체는 사업체와 결사체 간 균형을 상실해 사업체로서
나 결사체로서나 효용가치가 축소되는 지경에 이를 수 있다.

　더불어 영리성과 재정 자립성 간 상관관계는 비나선형이다. 즉 굴곡점에 이
르기까지 사회적경제의 영리성이 커질수록 재정 자립성도 증가하지만 그 증가
속도는 점차 줄어든다. 반면 굴곡점이 지난 후에는 사회적경제의 재정 자립성
이 증가할수록 오히려 영리성은 감소하고 그 감소 속도도 점차 늘어난다. 특히
이 비나선형 역설적 관계는 개별 조직 수준뿐 아니라 집합 수준에서도 관찰된
다.[3] 그렇다면 우선 굴곡점을 전후로 대조되는 역설적 관계가 나타나는 이유는
무엇인가. 특히 굴곡점을 지난 이후, 사회적경제가 재정적으로 국가재원에 의

---

3) 예컨대 개별 협동조합이 사업체와 결사체를 배합하는 혼종성과 더불어 다양한 형태로 형성·유지되
　는 협동조합군(群)에서도 혼종성의 패턴을 관찰할 수 있다(한신갑, 2016). 이 연구는 이러한 선행연구
　의 접근법을 인용해 혼종성의 역설적 관계를 조명하고자 한다.

　　　　　　　　　　　　　　　　　　　　사회적경제의 혼종성과 다양성

존하지 않기 위해 이윤을 추구할수록 영리성에 속박되어 궁극적으로 영리성마저 감소하고 결국 정부 의존도가 늘어나 재정 자립성도 축소하는 함정에 빠질 수 있다. 즉 굴곡점을 전후로 영리성에 매몰되어 재정 자립성마저 상실하는 시점에 다다를 수 있다는 역설적 관계가 가능하다.

또한 이 장에서는 유럽식 사회적경제를 규정하는 데 있어 경제와 사회적 측면을 동시에 구현하려는 사회적경제의 보편성과 더불어 다양한 형태로 배합하는 개별 국가 특수성에 초점을 맞추어 사회적경제의 혼종성을 도형으로 보여주고자 한다. 〈그림 9.2〉는 각 국가의 역사적 맥락과 발전경로에 따라 사업체와 결사체 간 균형을 모색하는 다양한 사회적경제의 혼종성을 도형화하려는 시도이다. 우선 〈그림 9.2〉는 사회적경제의 영역으로서 국가/정부·시장·시민사회 등 3개를 설정한다. 그리고 이상형 사회적경제 주체는 국가로부터 일정한 자율성을 확보한 자유경쟁 시장체제에 더해 국가/정부나 시장 중 영역을 배합해 형성된 시민사회가 동등한 자율성을 확보하는 것을 목표로 한다고 상정한다. 그결과 사회적경제는 민간부문과 공적 영역 간 협력이 활성화되거나 공공기관이 민영화되는 지평 확대뿐 아니라, 나아가 기업의 사회공헌을 강조하고 시민 또는 시민단체가 사회서비스 전달에 관해 적극적으로 의견을 표출하며 사회서비스 활동에 대한 홍보나 호소 활동에까지 관여한다. 즉 개별 사회적경제 주체가 '사업체이자 결사체'로서 '경제활동과 사회활동을 동시에 하는 경제조직이자

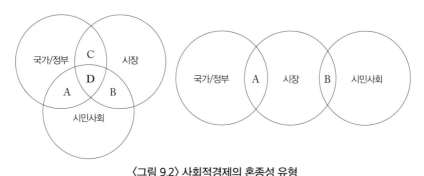

〈그림 9.2〉 사회적경제의 혼종성 유형

사회조직'으로 자리 매김한 결과, 사회적경제는 경제와 사회적 측면을 다양한 형태로 배합한 혼종성을 드러내며 발전할 수 있는 가능성을 시사한다(한신갑, 2016).⁴⁾

그런데 기존 설명틀은 제3의 영역으로 [A+B+C+D]를 아우르는 대칭형, 즉 이상형 사회적경제만 전제한다. 즉 국가/정부와 시장 간 영역 C를 공유한다고 상정한 후, 한편으로 시민사회는 국가/정부와 영역 A를, 다른 한편으로 시장과 영역 B를 공유할 뿐 아니라 국가/정부, 시장, 시민사회 간 영역 D를 공유한다고 전제한다. 만약 시민사회가 각기 국가/정부나 시장을 매개하면서 국가/정부와 영역 A를, 시장과 영역 B를 공유한다면 사회적경제=[A+B]로 사업체와 결사체 간 비중 배율이 달라진다. 앞서 이상형 사회적경제와 대조적으로 이 변형된 사회적경제에서는 국가/정부와 시장 간 영역을 공유하지 않는 극단적 괴리가 가능하다. 이 경우 비록 시민사회가 단절된 국가/정부와 시장 간 매개체로 존재하지만 각 영역과 공유하는 부문 간 공통점이 전무하기 때문에 매개체로서의 역할에 한계를 드러낼 수밖에 없다.

이러한 가상적 상황을 다소 이완시키면 국가/정부와 시장 간 영역 C, 시민사회와 국가/정부 간 영역 A, 시민사회와 시장 간 영역 B, 그리고 국가/정부와 시장 그리고 시민사회에 걸쳐 영역 D를 공유하는 접점이 존재하는 다양한 형태의 사회적경제가 가능하다. 다만 이상형 사회적경제와 비교해 각 부문 간 공유하는 접점이 극도로 불안정한 평형상태로 나타날 가능성이 있다. 게다가 각 영역은 조직의 자율성을 극대화하고 무늬만 공유영역을 운영하는 엄청난 사회비용을 부과하게 된다. 왜냐하면 시민사회가 국가/정부와 시장을 매개하는 역할을 수행하기보다 두 영역의 역할 한계를 공세적으로 활용해 두 기존 영역에 버금가는 새로운 기존 영역을 창출하는 데 주력한 결과, 기존 공적 영역과 사적 영역이 풀지 못하는 사회문제를 시민사회마저 제대로 해결하지 못할 수 있기 때문

---

4) 이러한 대조적 추이를 한신갑(2016)은 조직 밀도와 경과시간을 양축으로 설정해 정비례 관계를 '다다익선'으로, 반비례 관계를 '과유불급'으로 정의한다.

사회적경제의 혼종성과 다양성

이다.

결국 사회적경제가 처한 특정국가의 특수성으로 인해 국가/정부와 시장 중 어느 영역이 심각한 역할한계를 드러내는가에 따라 시민사회가 공유하는 영역이 편파적으로 확대될 수 있다. 이는 각 국가가 처한 맥락에 따른 특수성을 반영해 국가/정부·시장·시민사회 간 복합적으로 혼종화 과정이 진행된다는 의미를 지닌다. 특히 사회적경제의 혼종성을 사회적경제의 시대적 변천과 결부해 살펴보면, 초기에는 사적 영역으로부터 공적 영역으로 주도권이 이관되었다가 점차 시민사회가 주도하는 사회가치관 변화가 관찰된다. 구체적으로 사적 영역 특히 가정이나 종교집단에 일임된 사회서비스를 보완하는 국가/정부 주도형 복지국가 수요가 20세기를 기점으로 증대했으나, 복지국가 재원을 충당하는 재정 부담이 폭증하면서 시민사회 주도형으로 전환했다(Defourny and Develtere, 1999: 8). 이 과정에서 사회적경제 주체에게 법적 지위를 부여하는 경우, '시민사회=제3섹터=비영리단체'의 등식을 점진적으로 분화시켜 다층적으로 조직하고 운영하는 사회적경제의 혼종화(hybridization)가 심화되었다(Laville, 2015: 55).

따라서 이 장에서는 우선 국가/정부·시장·시민사회 간 다양한 방식으로 사업체와 결사체 간 균형을 모색하는 사회적경제는 정치이념, 종교계파, 문화정체성 등 요인에 의해 영향을 받으며 창출되나, 이 사회적경제에 법적 지위가 부여된 이후부터는 자체적 생명력을 지닌다는 사실을 강조하고자 한다(이옥연, 2011: 271; Laville, 2015: 44). 동시에 사회적경제는 이렇듯 복합적으로 조직되고 운영되기 때문에, 환경이나 지속가능한 개발 등 새로운 사회문제가 부상하고 다층으로 시민사회의 역할이 부각되면서 그에 따라 변동하며 혼종성이 더욱 더 복잡해지기 마련이다(McMurtry, 2004: 869). 기원을 따지자면, 사회적경제는 국가/정부와 시장 및 시민사회의 부족한 위기 대처능력을 보완하려는 목적으로 형성되었다. 그렇지만 궁극적으로 사회적경제에 대한 집합적 또는 공유된 정체성이 구축되지 않으면, 장기적으로 사회적경제를 유지하기 어렵다는 사실은 역사적 사례에서도 발견된다. 결국 사회적경제의 형성과 유지에 영향을 주는 요인은 주기마다 다르며, 법제화를 통해 조직으로서 기반을 다진 후에도 사회적으로 공유되는 정체성, 즉 사업체와 결사체 간 균형을 찾는 평형상태에 대한 집합적 공감대를 정립시킬 필요가 있다.

역사적으로 보면 이미 19세기 중반에 프랑스에서 사회적경제라는 용어가 최초로 통용되었고, 영국에서도 그보다 앞서 사회적경제의 초기 조직이 형성되었다(Grigore, 2013: 113).[5] 특히 18세기 초반에는 근로계층이 발안해 지역공동체 구성원 간 수입을 공유함으로써 구성원에게 저렴한 구매를 가능하게 하는 협동조합운동이 사회적경제의 주류를 형성했다(Monzón and Chaves, 2012: 13). 이러한 상호부조 조직은 산업혁명이 가속되면서 자본주의 시장의 폐단에 반발하는 근로계층을 중심으로 열악한 생활여건을 개선하려는 자구책을 모색하며 확대되어 19세기 초반까지 지속되었다. 더불어 사회주의 사고에 뿌리를 두는 활동가 집단을 주축으로 노조와 연계해서 노동자 해방을 주장하는 노동운동의 일환으로 천착하기도 했다. 제2차 세계대전이 종료되면서 국가 주도로 공공영역이 확대되었으나, 1980년대 이후 신자유주의에 입각한 자유시장경제 체제가 정착되면서 영국 사회적경제는 다양한 형태의 사회적경제 주체가 혼재되어 발전했다.

선행연구는 대체로 영국에서 꾸준하게 지속된 강한 시민사회 전통이 국가 주도보다 자유경쟁 시장을 보완하는 형태로 고착된 결과, 사회적경제를 결사체보다 경제 주체로서 사회적기업에 초점을 맞추며 발전시킨 점을 강조한다(최나래·김의영, 2014: 10; 김정원, 2014: 94).[6] 또한 영국과 차별되는 형태로 발전했지만, 유럽 대륙국가에서도 공적 영역과 사적 영역의 대안으로서 다양한 방

<hr>

5) 17세기 중반 영국에서는 갱부들이 현대 사회적기업 또는 협동조합에 준하는 원칙, 예를 들어 1인 1표, 부의 평등 분배, 사회적 요구와 상업적 요구 간 균형 등 운영 원칙을 채택한 기록이 있다.

6) 김정원(2014)은 사회적경제의 역할을 자유시장경제가 농반한 "사회적 위험"을 극복하려는 노동자의 "집합적 이해의 방어와 증진"으로 규정한다.

식으로 사회적경제가 구축되었다. 예를 들어 19세기 중반부터 독일에서는 도시와 농촌에 걸쳐 조합운동과 더불어 신용조합 등 상호부조 조직이 빠르게 번지자 정부가 이를 규제하기 시작했다. 스페인에서는 노조와 연계해 상호부조 조직이 전파되었다.[7] 이탈리아에서는 상호부조 조직에 주력해 토리노 소비자조합을 포함해 조합운동이 전개된 반면, 프랑스에서는 사회적경제가 대중 결사체 운동으로 구현되어 노동자 결사조직을 중심으로 발전했다. 즉 자유주의 시장경제에 입각해 자유방임을 강조한 영국과 대조적으로, 유럽 대륙에서는 강한 국가가 주도하는 공공영역이 전진 배치된 방식으로 사회적경제 분야가 형성되었다. 특히 스칸디나비아 국가에서는 연대 원리에 충실한 경제조직을 강조하는 영국과 달리, 대규모 공공부문과 사회복지 체계를 근간으로 사회적경제가 부의 재분배를 강조하는 정치적 이념과 밀접하게 연관되어 발전하였다(Monzón and Chaves, 2012: 김정원, 2014).

그러나 점차 사회적경제는 공공복지가 체계화되면서 국가 중심으로 편입되거나 시장과 경쟁으로 내몰리면서 이윤 추구를 우선시하는 경제주체로 내몰리는 양자택일을 강요받았다(신명호, 2014: 20). 이렇게 각기 다른 궤적으로 발전한 사회적경제는 1970년대 재정 악화를 거치며 활로를 모색하는 과정에서 "이윤 동기가 아니라 사회적 편익에 의해 추동되는" 경제운용을 활성화시킬 수 있는 법제도 지원을 필요로 했다. 이러한 요구에 대응해 유럽 집행위원회는 1989년 "사회적경제 분야 기업(Businesses in the 'Economie Sociale' Sector)"이라는 보도문을 채택했다.[8] 이어 1992년 유럽 차원에서 공식적으로 유럽연합(EU) 자문기구인 유럽경제사회위원회(European Economic and Social Committee, EESC)에서 발안한 기획안 중 유럽 협동조합회에 관한 규제(Regulation)와

---

7) http://www.eesc.europa.eu/resources/docs/the-spanish-law-on-social-economy.pdf에서 상세한 내용을 참조하기 바란다.
8) "사회적경제 분야 기업"에 관한 상세한 내용은 OJ C 332, 1990(http://eur-lex.europa.eu/legal-content/EN/NOT/?uri=CELEX:51990AC1046)을 참조하기 바란다.

지침(Directive)이 제정된 결과, 사회적경제에 대한 개념 정의에 성공했다.[9]

마침내 2000년 유럽 협동조합, 공제회 및 결사체-재단 상임회의(European Standing Conference of Cooperatives, Mutual Societies, Associations and Foundations, CEP-CEMAF)가 창설되어 2002년에 사회적경제 원칙 헌장을 채택하면서 사회적경제 주체를 협동조합, 공제회 및 결사체-재단 세 유형으로 분류하는 조직기반이 확립되었다(Grigore, 2013: 111; Social Economy Europe). 이어 2009년 유럽의회가 사회적경제 결의안[European Parliament resolution of 19 February 2009 on Social Economy(2008/2250(INI))]을 의결해 각 유럽연합 회원국은 국내법도 이에 준해 정비하기 시작했다. 더불어 유럽경제사회위원회도 2000년, 2009년, 그리고 가장 최근에는 2012년에 각기 유럽 사회적경제에 관한 보고서를 발표했다. 이러한 일련의 법제도 정비 노력은 2011년에 이르러 「단일시장법(Single Market Act)」내 신성장(new growth)을 창출하기 위한 공조 방안으로 사회적 창업(social entrepreneurship)을 포함했을 뿐 아니라, 유럽의회, 이사회 및 유럽경제사회위원회가 주축이 되어 사회적경제 주체로서 사회적기업(social enterprises)을 규정하는 성과를 내었다.[10]

3

개별 국가와 유형별 비교

개별 국가와 유형별로 비교하기에 앞서 사회적경제를 유럽 차원에서 대변하

---

9) 유럽협동조합회(Societas Cooperativa Europaea, SCE)에 관한 상세한 내용은 Council Regulation (EC) No 1435/2003 of 22 July 2003을 참조하기 바란다.

10) Social Business Initiative, COM. 2011. 682에 관한 상세한 내용은 http://ec.europa.eu/internal_market/social_business/docs/COM2011_682_en.pdf를 참조하기 바란다.

사회적경제의 혼종성과 다양성

는 대표기구로서 유럽사회적경제(SEE)의 이상과 목표부터 살펴보면, 개별 국가별로 다양하게 경제·사회적 측면을 혼합하는 특수성을 보여 주지만, 동시에 유럽의 사회적경제는 혼종화 과정을 거치며 다음과 같은 공통점을 보여 준다.[11] 첫째, 이윤 추구보다 개인 및 사회적 목표를 중시하고, 둘째, 공공기관으로부터 독립되어 자발적이고 개방된 회원제를 채택해 민주적으로 운영하는 것을 원칙으로 하며, 셋째, 개별 회원의 이익과 공익 간 조화로운 균형을 추구하고, 넷째, 연대의식과 책임감에 입각한 조직원칙을 준수해 발생한 수익을 개별 회원 이익뿐 아니라 공익에 부합하는 서비스를 구현하는 데 지속적으로 재투자한다는 이상을 지향한다는 점을 강조한다. 따라서 유럽사회적경제 주체는 그 다양한 형태에도 불구하고, 첫째, 역내 사회적기업과 자국의 경제 및 사회적 목표를 제고하고, 둘째, 유럽 차원에서 기존의 협동조합, 공제회, 결사체-재단뿐 아니라 새로운 형태로 다양하게 혼합된 사회적경제 주체를 정치적·법적으로 인가하는 제도를 강화하려는 보편성을 보여 준다.

이러한 배경에는 또한 유럽사회적경제를 전파하는 유럽경제사회위원회(EESC)의 위상과 역할 변화가 연계되어 작동하기 때문이라고 볼 수 있다. 유럽경제사회위원회는 지역위원회(CoR)와 더불어 유럽연합 회원국 내 시민사회단체에 정치적 표현을 독려해 유럽연합의 민주적 정당성 및 효율성을 증대시키기 위해 로마 조약(1957년)에 의거해 설립된 유럽연합의 자문기구이다.[12] 특히 유

---

11) 유럽사회적경제(SEE) 결의안에 관한 상세한 내용은 http://www.europarl.europa.eu/sides/getDoc.do?pubRef=-//EP//TEXT+TA+P6-TA-2009-0062+0+DOC+XML+V0//EN을 참조하기 바란다.

12) 마스트리흐트조약(1994년)에 의거해 창설된 유럽지역위원회(European Committee of Regions, CoR)는 각료이사회와 집행위원회에서 지역에 관련된 법안, 특히 아래 10가지 분야를 상정할 때 자문을 구하는 기구이다. 구체적으로 경제 및 사회적 결속, 범유럽 인프라 네트워크, 의료, 교육, 문화 등 새로 추가된 권한 영역 이외에 고용, 사회, 환경, 직업훈련, 교통 등 앞서 암스테르담 회의에서 채택된 유럽연합의 권한 영역에 관한 법안의 3/4 정도가 지역 및 지방 차원에서 집행된다. 따라서 유럽지역위원회는 지역 및 지방정부의 의견을 수렴하는 통로를 제공하기 때문에, 유럽연합 기구의 취약점으로 명명되는 소위 민주적 결핍(democratic deficit)을 보완할 수 있는 이점을 지닌다.

럽경제사회위원회는 유럽 차원에서 보편적으로 표출되는 이해관계에 대한 의견을 수렴해 의결권을 소지한 유럽의회, 이사회, 집행위원회를 보조하며 유럽 차원의 정책을 구상하고 궁극적으로 입법안을 제정하는 데 조력하는 자문기구이다.[13] 따라서 현재 유럽경제사회위원회는 유럽 시민과 유럽연합 간 의사소통을 원활하게 하는 매개체로서 정책 대안에 대한 실질적 자문을 제공해 역내 지역통합의 외연적 확대와 내면적 심화에 기여한다는 평을 받는다.

비록 초기에 단일시장 구축을 위한 이익집단들의 통합이라는 다소 편협한 기능을 수행하는 데 그쳤으나, 마스트리흐트 조약 이후 활동 영역을 사회정책, 사회·경제적 결속, 환경정책, 교육정책, 의료정책, 소비자 보호, 산업정책, 범유럽 네트워크, 간접세제, 구조기금 등 전방위로 증대했다.[14] 그 결과 유럽경제사회위원회는 시민사회가 유럽연합의 결정과정에 참여할 수 있는 사회적경제 대변기구인 유럽사회적경제(SEE)가 발족하는 데 일등공신 역할을 했을 뿐 아니라 사회적경제에 관한 유럽 시민과 유럽연합 의사결정기관 간 가교 역할도 해냈다. 그러나 동시에 의결 권한이 부여되지 않은 자문기구인 유럽경제사회위원회의 한계는 유럽 차원의 사회적경제 기구의 한계로 남는다고 볼 수 있다. 이는 역내 회원국 간 간극으로 나타나며, 이 간극을 해소하기 위한 새로운 업무를 수행할 수 있는 유럽 차원의 노력을 기울일 필요가 제기된다.

유럽사회적경제를 개별 국가와 더불어 유형별로 비교하기 위해 이 장에서는 현재 28개국으로 구성된 유럽연합을 가입 시기에 따라 창설 당시 참여한 6개

---

13) 다양한 주체에 의견 표출의 장을 제공하고 그 정보를 수집하는 등 근접성이 뛰어나기 때문에, 유럽경제사회위원회는 시민사회와 소통하면서 대중 참여를 독려할 수 있는 이점이 있다. 따라서 비록 비공식적 유럽 기구이지만, 대외적으로는 지역 통합의 가치를 전파하고, 유럽공동체 구성원에게는 그 혜택에 대해 홍보하고 구체적 프로그램에 대한 지지를 이끌어 낼 수 있다.

14) 유럽경제사회위원회는 1957년 로마 조약에 의해 창설되었다. 유럽지역위원회와 더불어 인구비례에 준해 현재 총 350명 위원을 각 회원국에 배정하며, 리스본 조약 제3장에 의거해 5년으로 임기를 연장했고 연임이 가능하다. 각 회원국이 고용주, 근로자, 이익단체로부터 각 1/3로 구성된 위원을 지명하면, 각료이사회가 이를 인준한다. 특히 유럽의회와 기능이 중첩된다는 비난에도 불구하고, 리스본 조약 이후에는 실질적으로 유럽 차원의 경제·사회정책을 총괄하는 권한 및 기능이 강화되었다.

회원국(EU6), 이후 지역통합 확대를 통해 가입한 9개 회원국(EU9), 그리고 21세기에 가입한 13개 회원국(EU13) 등 3개로 분류하고자 한다. 〈그림 9.3〉은 사회적경제가 고용하는 인구 비율을 협동조합, 공제회 및 결사체─재단 등 사회적경제 주체로 나눠서 개별 국가와 유형별로 보여 준다. 균등한 비교를 위해 원칙적으로 동일한 준거에 따라 분류하고 집계하는 작업이 요구되지만, 각 국가의 통계자료 수집방식에 차이가 있거나 심지어 비교대상 자료가 부재한 경우가 빈번하다는 제약을 해당 국가별로 추가했다. 이 연구에서 인용한 자료가 불충분함에도 불구하고 유형별로 일정한 패턴이 드러난다.[15] 우선 국가마다 제각기 법적 주체로서 다르게 정의하는 한계가 있지만, 공제회가 차지하는 비중은 유형에 관계없이 가장 낮다.[16] 이는 구성원이 출자한 자금으로 공동재산을 형성해 국가 사회보장제도를 보완하는 자발적 상호부조 결사체라는 공제회의 속성과 밀접하게 연관되기 때문이다. 따라서 공제사업도 고용 창출보다 든든한 경제·사회적 안전망 제공에 주력한다. 그러나 협동조합과 결사체─재단은 유형에 따라 사회적경제 주체의 비중이 다르게 나타난다. 이에 이 장에서 유럽연합 회원국 비교는 협동조합과 결사체─재단에 초점을 맞추고자 한다.

창설 6개국 평균을 협동조합과 결사체─재단 간 비율로 보면, 예외적으로 반반으로 나뉘는 이탈리아를 제외하고 창설 6개국에서는 '협동조합: 결사체─재단' 비율이 22.4% 대 75.6%, 즉 대략 1 대 3으로 결사체─재단이 창출하는 고용인구가 압도적으로 많다. 확대 9개국 평균에서도 비율은 32.4% 대 65.6%, 즉 1 대 2로 낮아지나 여전히 결사체─재단이 창출하는 고용인구가 협동조합보다

---

15) 고용 규모의 차이에 의존해 사회적경제 활동의 성격을 해석하는 데 무리가 있다는 심사위원의 지적에 대체로 동의하나, 〈그림 9.3〉에서 인용한 자료가 불충분한 제약에도 불구하고 개별 국가 사례와 유형별로 체계적 차이가 드러나는 점에 주력해 이 연구는 앞서 이론적 접근법을 도형화한 초벌 작업이 구체적 사례 분석에서 유용하다는 점을 강조함으로써 보다 정교한 분석틀을 개발할 필요성을 지적하는 데 기여했다고 덧붙이고자 한다.

16) 유럽연합 28개국 전체 평균은 2.3%, 창설국(EU6)과 확대국(EU9) 평균은 2.0%, 후발국(EU13) 평균은 2.6%로 후발국 평균이 선발국이나 심지어 전체 평균보다 조금 높다는 점이 특이하다.

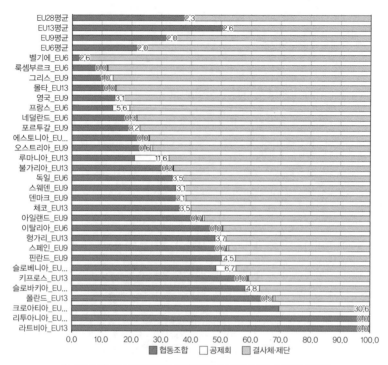

<그림 9.3> EU 28개국의 사회적경제 고용 현황, 2010년 전후

출처: Monzón and Chaves(2012), 52-71, Table 6.6-6.33을 그림으로 전환해 재정리함.
* 표기된 수치는 사회적경제 주체 총수 대비 공제회 고용 비율임.
** 이탈리아, 룩셈부르크 및 키프로스, 몰타, 라트비아, 에스토니아, 리투아니아, 불가리아의 경우
사회적경제 주체 중 공제회 자료가 부재함.
*** 크로아티아의 경우 사회적경제 주체 중 결사체-재단 고용 자료가 부재함.
**** 사회적경제 주체 중 공제회를 통한 고용창출 비율이 전체 1% 이하인 국가는 그리스(1.0%),
스페인(0.7%), 아일랜드(0.7%), 오스트리아(0.6%), 폴란드(0.5%), 네덜란드(0.3%) 등임.

많다. 스페인과 핀란드의 경우, 협동조합이 결사체-재단보다 조금 많은 고용을
창출하지만 그 차이가 미미하다. 이러한 변화는 사회적경제 주체가 자원봉사단
체 성격을 초월해 시장경제 체제 진입을 보조하는 기업 경영 서비스나 자문을
제공하는 등 활동 범위를 확대한 결과라고 볼 수 있다. 그런데 기존 회원국 15
개국과 대조적으로, 국가 주도 체제를 탈피한 최근 가입국 13개국 평균은 정반

사회적경제의 혼종성과 다양성

대로 결사체-재단보다 협동조합을 통해 고용되는 인구가 조금 더 많은 점을 확인할 수 있다. 그러나 동시에 결사체-재단이 고용하는 생산인구 비율이 협동조합보다 2배 내지 3배까지 높은 에스토니아, 몰타, 체코, 불가리아, 루마니아를 포함해 거의 비슷한 슬로베니아와 헝가리까지 다양하다. 또한 특이하게 라트비아와 리투아니아는 협동조약이 사회적경제에 지배적이다. 이는 사회적경제가 다양한 방식으로 구현될 뿐 아니라 복수의 사회적경제 주체가 복잡하게 혼합되어 새로운 형태의 사회적경제 영역을 구축할 수 있다는 잠재성을 보여 준다고 추론된다.

〈표 9.1〉은 〈그림 9.3〉과 마찬가지로 개별 국가와 유형별로 사회적경제가 차지하는 비중을 총 유급 생산인구(16세 이상 64세 미만) 대비 유급 고용인구 비율과 더불어 지난 10년간 변화폭을 각기 지표로 제시해 보여 준다. 우선 지난 10년 이내 사회적경제가 창출한 고용인구가 감소한 경우는 창설국(EU6) 중 없으나, 확대국(EU9) 중 영국이 4.57%, 아일랜드가 36.43%, 오스트리아가 10.23% 감소추세를 보이며, 후발국(EU13) 중 슬로바키아가 54.28%, 체코가 3.11% 감소추세를 보였다. 오스트리아를 제외하고 최근에 경제가 회복하는 추세이나 이들 국가 모두 경제성장률이 지속적으로 감소추세를 보인 점을 감안하면, 사회적경제가 유럽연합 전체(EU28) 평균에 준하거나 그보다 낮더라도 성장 둔화에 따른 타격이 사회적경제에도 균등하게 가해진다고 볼 수 있다.[17] 또한 지난 10년 이내 총 유급 생산인구 대비 유급 고용인구 비율 변동을 유형별로 비교해 보면, 확대국(EU9) 평균이 27.33%로 가장 낮고 그다음으로 창설국(EU6) 평균이 50.52%로 유럽연합 28개 회원국 평균(57.38%)보다 조금 낮은 데

---

17) 세계은행 2015년 자료에 의하면, 2011년부터 2014년까지 오스트리아 연간 성장률은 3.1→0.9→0.2→0.3으로 지속적으로 감소하며, 영국은 1.6→0.7→1.7→2.6으로 감소 후 회복세를 보이고 아일랜드는 2.8→-0.3→0.2→4.8로 급격한 감소 후 빠른 회복세로 돌아섰고, 체코는 2.0→-0.8→0.7→2.0으로 겨우 회복하는 상태이며, 슬로바키아는 2.7→1.6→1.4→2.4로 체코보다 완만하게 감소한 후 회복한 사실을 확인할 수 있다(http://data.worldbank.org/indicator/NY.GDP.MKTP.KD.ZG).

〈표 9.1〉 EU 28개국 사회적경제 유급 고용 비율, 2002/2003년~2009/2010년

국가	%	Δ%	국가	%	Δ%
프랑스	9.02	+16.79	EU9평균	6.35	+27.33
독일	6.35	+21.00	키프로스	1.32	+12.83
이탈리아	9.74	+66.72	라트비아	0.05	+46.67
벨기에	10.30	+65.42	에스토니아	6.63	+62.80
네덜란드	10.23	+10.87	리투아니아	0.67	+16.51
룩셈부르크	7.30	+122.32	몰타	1.02	+604.62
EU6평균	8.82	+50.52	폴란드	3.71	+12.02
영국	5.64	−4.57	슬로바키아	1.94	−54.28
덴마크	7.22	+21.60	슬로베니아	0.73	+51.87
아일랜드	5.34	−36.43	체코	3.28	−3.11
그리스	2.67	+67.72	헝가리	4.71	+135.51
스페인	6.74	+42.53	불가리아	3.97	자료 부재
포르투갈	5.04	+12.02	루마니아	1.77	자료 부재
오스트리아	5.70	−10.23	크로아티아	0.56	자료 부재
핀란드	7.65	+6.73	EU13평균	2.33	+88.54
스웨덴	11.16	+146.58	EU28평균	5.02	+57.38

출처: Monzón and Chaves(2012). 48-49. Table 6.2와 6.3을 재정리함.
* 생산인구: 16~63세 연령 인구.
** Δ%: 2002/2003년부터 2009/2010년까지 변동 백분율.

비해, 최근 가입 13개국 평균은 88.54%로 확대 9개국 평균보다 3배 이상 높다.

이는 사회적경제가 차지하는 비중이 현저하게 작은 후발국(EU13)은 지역통합의 외연 확대와 내적 심화에 따른 유럽 차원의 지원을 받는 수혜자이기 때문에, 사회적경제가 경제성장에 기여할 수 있는 여지가 상대적으로 크다는 증거로 볼 수 있다. 반면 확대국(EU9)은 유럽연합 전체 평균의 절반에 미치지 않을 정도로 사회적경제로부터 창출되는 유급 고용 증가폭이 작다. 그러나 자유주의 경쟁시장 체제인 영국과 아일랜드를 제외하면, 나머지 7개 확대국 평균 증가폭은 40.99%로 유럽연합 전체 평균에는 여전히 미치지 못하지만 창설국(EU6) 평균과 차이가 좁혀지는 것을 볼 수 있다. 따라서 한편으로 경제체제 차이가 개

별 국가 사회적경제의 발전 경로를 결정한다는 사실을 확인할 수 있고, 다른 한 편으로 그럼에도 여전히 확대국(EU9)에서도 사회적경제가 유럽연합 전체 평균 수준까지 늘어난다면 경제성장에 기여할 여지가 크다는 가능성을 내포한다고 볼 수 있다.

더불어 〈표 9.2〉에서 사회적경제 주체에 대한 법적 인가 및 세금 공제 여부를 대조해 보면 앞서 제기한 주장을 뒷받침한다는 점을 확인할 수 있다. 유형별로 비교해 보면, 창설국(EU6)은 대체로 모든 사회적경제 주체를 법적으로 인가하고 세금 공제도 제공하는 반면, 확대국(EU9)은 사회적경제 주체에 대한 법적 인가나 세금 공제가 부분적이거나 아일랜드의 경우 협동조합에만 편중되어 있다. 게다가 후발국(EU13)은 과거 공산권의 국가중심 계획경제 체제의 영향으로 사회적경제 주체 중 호혜가 제한적으로 적용되는 상호부조 결사체인 공제회에 대한 법적 인가가 현저하게 낮다. 또한 각 사회적경제 주체에 대한 세금 공제도 아직까지 법제화되지 못한 상태로 머물러 있다. 특히 확대국(EU9)의 경우, 사회적경제가 공적 영역과 사적 영역에 병행해 완전히 분리된 경제 영역으로 경제성장에 기여할 뿐 아니라 사회복지 체계를 보완하기 위해서는 부분적이거나 불충분한 법제도를 시정할 필요성에 주목해야 한다.

특이하게도 스웨덴과 같은 조정시장 경제체제에서는 기업형 이윤 추구 대신 사회적 약자 지원에 주력하는 적극적 국가 개입이 지속되면서도, 〈표 9.1〉에서 보듯이 사회적경제가 창출한 유급 고용 비율이 1.5배로 증가했다. 게다가 스웨덴은 공제회에게 사회적경제 주체로서 법적 인가를 불허하며 모든 사회적경제 주체에 대한 세금 공제도 유보한다. 이는 스칸디나비아 국가이면서도 사회적경제가 창출한 유급 고용 증가율이 미미한 핀란드나 그보다는 증가율이 높지만 여전히 미흡한 덴마크와 대조된다. 이러한 차이는 〈표 9.2〉에서 보듯이 법적 인가나 세금 공제 여부에서도 확연하게 나타난다는 사실을 확인할 수 있다. 공제회에 대한 세금 공제를 제외하고 핀란드나 덴마크는 사회적경제 주체를 법적으로 인가할 뿐 아니라 세금도 공제하는 법제도를 구비했다. 다만 스웨덴에서는

〈표 9.2〉 EU 28개국 사회적경제 주체 법적 인가 및 세금 공제 여부

국가	협동조합		공제회		결사체–재단	
	법적 인가	세금 공제	법적 인가	세금 공제	법적 인가	세금 공제
프랑스	○	○	○	○	○	○
독일	○	–	○	○	○	○
이탈리아	○	○	○	○	○	○
벨기에	○	○	○	○	○	○
네덜란드	○	○	○	○	○	○
룩셈부르크	○	–	○	–	○	
영국	○ (일부)	–	○ (일부)	○	○	○
덴마크	○	○	○	–	○	○
아일랜드	○ (일부)	○ (일부)	×	–	×	–
그리스	○	○ (일부)	–	○	○	○
스페인	○	○	○	○	○	○
포르투갈	○	○	○	○	○	○
오스트리아	○	○	○		○	○
핀란드	○	○	○		○	○
스웨덴	○	–	×		○	–
키프로스	○	○	–	–	–	–
라트비아	○	○	×	–	○	○
에스토니아	×	–	×	–	○	○ (재단)
리투아니아	○		×		○	–
몰타	○	○	–	–	–	–
폴란드	○	○ (일부)	○	–	○	–
슬로바키아	○	–	○	○	○	○
슬로베니아	×	–	×	–	○	–
체코	○ (일부)	–	×	–	○	○
헝가리	○	○	×	○	○	○
불가리아	○	–	×	–	○	–
루마니아	○	–	○	○	○	○
크로아티아	○	–	×	–	○	○

출처: Monzón and Chaves(2012), 73, 77. Table 7.1과 7.3을 재정리함.

* 아일랜드는 신용협동조합, 그리스는 농업협동조합, 폴란드는 사회협동조합에만 세금 공제 혜택을 부여함.

사회적경제의 혼종성과 다양성

사회적경제가 공적 영역이 추진한 일련의 법제도적 제약 시정에 의존해 경제성장을 통한 고용창출을 도모하기보다 사적 영역과 경합해 이윤 추구를 목표로 하는 고용창출을 성사시켰다. 이는 앞서 〈그림 9.2〉에서 개별 국가의 발전 경로에 따라 사회적경제가 다양한 형태로 발현될 수 있는 가능성을 입증한다.

4

보편성과 특수성, 그리고 혼종성

유럽 국가는 제각기 다양한 방식으로 사회적경제를 지원하는 법제도를 구비하려는 입법화 시도를 했다. 그러나 경우에 따라 정작 유급 고용 창출을 통한 경제성장에 기여하는 사회적경제의 효율성에 대한 논란에 매몰되어 사회적경제와 밀접하게 연관되는 대안 개념이 각기 유리된 채 인식되어 전국적 인지도는 현저하게 낮은 기이한 양상을 띤다. 이는 사회적경제의 혼종성이 영역 간 불안정한 평형상태에서 외연 확대를 이룬 결과라고 볼 수 있다. 이러한 유럽 사회적경제의 특수성을 단적으로 보여 주는 측면이 〈그림 9.4〉에서 보듯이 사회적경제 고용 총 성인인구(16세 이상) 대비 자원자 고용 비율이다. 우선 유형별로 비교하면 유급 고용과 비슷한 양상이 보인다. 구체적으로 창설국(EU6) 평균이 33.67%로 가장 높고 그다음으로 확대국(EU9) 평균 26.22%이나, 유급 고용과 달리 창설국(EU6)과 확대국(EU9) 평균 간 차이가 상당히 크다. 또한 유급 고용과 마찬가지로 후발국(EU13) 평균은 21.5%로 유럽연합 전체 평균(EU28) 25.78%보다 낮으나, 그 차이는 앞서 〈표 9.1〉의 유급 고용에서 나타나는 후발국 평균과 전체 평균 간 차이보다 상대적으로 작다. 이는 사회적경제가 유급 고용보다 자원자 고용에 의존하는 경향이 강한 대안 고용 창출로서 개별 국가나 유형별로 사회적경제의 혼종성이 심화되는 시대적 변화와도 밀접하게 연관되

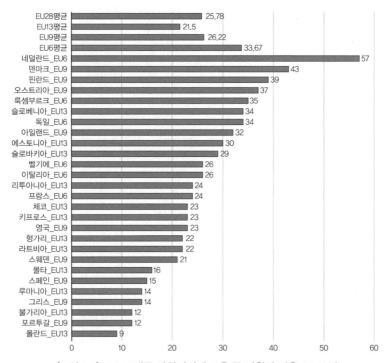

〈그림 9.4〉 EU 28개국 사회적경제 고용 중 자원자 비율, 2011년

출처: Eurobarometer 75.2 *Volunteering and Intergenerational Solidarity*.
* 성인인구: 16세 이상 연령 인구.
** 자원자: 총 성인인구 중 무보수 자원자로 사회적경제에 참여하는 고용 비율.
*** EU 28개국 평균은 25.78%, EU 창설 6개국 평균은 33.67%, 확대 9개국 평균은 26.22%, 신생
    가입 13개국 21.5%임.
**** 크로아티아 자료는 부재함.

어 있다고 볼 수 있다. 즉 비영리 부문이 지배적이던 시민사회 영역이 사회적경
제 내 사회적기업, 비영리 부문 및 제3섹터로 분화되면서 사회적경제의 범위가
복합적으로 나타난 결과이다.

〈그림 9.4〉를 앞서 〈표 9.2〉와 연계해 2002/2003년부터 2009/2010년까지 사
회적경제 유급 고용 비율이 감소된 후발국이 아닌 국가로 영국, 오스트리아, 아
일랜드를 들 수 있다. 이 중 총 성인인구 대비 자원자 비율이 확대국(EU9) 평균

보다 높은 아일랜드가 평균보다 낮은 영국에 비해 경기 침체로 인해 사회적경제가 창출하는 유급 고용이 현격하게 감소하는 양상을 보인다. 이러한 차이를 단지 경제구조의 차이로 인한 결과로 설명하기보다, 이 장에서는 사회적경제 주체에 대한 법제도 지원이 상대적으로 미흡하고 편파적인 아일랜드와 이보다 고르게 정비된 영국 간 차이를 연계해 설명하고자 한다. 특히 신용협동조합에만 세금 공제 혜택을 제한한 아일랜드의 경우, 금융 및 재정 위기가 불거지자 사회적경제는 대안 경제조직으로서 지탱할 여력이 없어졌고 다만 자원자에 의존하는 대안 사회보장 체제로서의 역할에 충실하다고 볼 수 있다. 반면 영국은 아일랜드와 대조적으로 협동조합 이외 공제회나 결사체-재단 등 모든 사회적경제 주체에 고르게 법제도적으로 지원했을 뿐 아니라, 최근에는 정치적 이념 차이를 뛰어넘어 사회적경제를 적극적으로 수용하는 양상이다. 만약 법적 인가와 세금 공제 여부가 사회적경제 고용에서 자원자가 차지하는 비율에 결정적으로 영향을 끼친다면, 네덜란드는 협동조합, 공제회 및 결사체-재단 등 모든 사회적경제 주체를 고르게 법적으로 인가할 뿐 아니라 세금을 공제한다. 이는 유럽연합 차원의 권고안을 국내법에 반영해 법체계를 구비했다는 증거이기도 하다 (Monzón and Chaves, 2012: 82).[18]

〈그림 9.5〉에서는 사회적경제에 대한 전국적 인지도에 응답한 3개 주체의 평균 수치와 대안 개념 3개를 인지한 정도의 평균 수치를 양 축으로 설정해 개별 국가와 유형별 비교가 가능하다. 우선 대체로 사회적경제에 대한 전국적 인지도와 연관된 대안 개념 인지도가 밀접하게 연관되어 있다는 점이 두드러진다. 즉 사회적경제의 대안 개념에 친숙할수록 사회적경제에 대한 전국적 인지도가 높아지는 경향이 있다. 역으로 사회적경제에 대한 전국적 인지도가 높을수록

---

18) 구체적으로 핀란드(2003년), 리투아니아(2004년), 이탈리아(2005년), 벨기에(왈롱 2008년, 브뤼셀 2012년), 스페인과 그리스 및 슬로베니아(2011년)는 국내법 체계를 정비했고, 네덜란드, 포르투갈, 폴란드, 루마니아 등은 2012년 입법안이 제출되었으나 프랑스에서는 불발로 그쳤다. 또한 핀란드, 리투아니아, 이탈리아, 슬로베니아 및 네덜란드와 루마니아는 사회적경제 대신 사회적기업을 법안 명칭으로 수용했다.

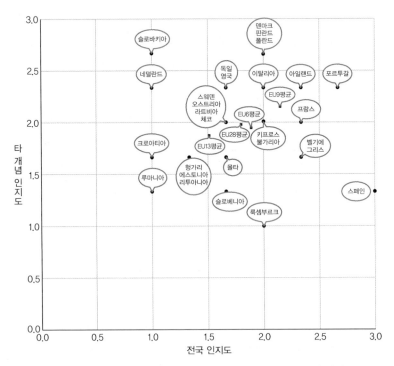

〈그림 9.5〉 유럽사회적경제 전국 인지도 및 사회적경제 타 개념 인지도

출처: Monzón and Chaves(2012). 39, 40, Table 5.1과 5.2를 재정리해 환산한 후 그림으로 전환함.

* 사회적경제의 전국 인지도는 공공기관 종사자, 사회적경제에 참여하는 기업 종사자, 연구 및 학계 종사자 등 각 집단에 "국내 '사회적경제' 개념에 대한 전국 인지도가 어느 정도라고 생각합니까?"라는 설문조사 결과를 상(上), 중(中), 하(下) 등 3개로 분류했다. 〈그림 9.5〉에서는 각 수치를 3, 2, 1로 전환한 후 평균을 취해 가로축으로 설정했다.

** 사회적경제의 타 개념 인지도는 사회적기업, 비영리 부문, 제3섹터 등 대안적 개념 등에 관해 "다음 '사회적경제'에 연관된 다른 개념에 대한 국내 과학적, 정치 및 사회적 인지도가 어느 정도라고 생각합니까?"라는 설문조사 결과를 상(上), 중(中), 하(下) 등 3개로 분류했다. 〈그림 9.5〉에서는 각 수치를 3, 2, 1로 전환한 후 평균을 취해 세로축으로 설정했다.

*** 네덜란드의 경우 사회적경제에 연관된 다른 개념에 관해 독일, 영국, 아일랜드, 이탈리아, 포르투갈 등과 같은 높은 수준의 타 개념 인지도를 보인다. 그러나 동시에 사회적경제에 대해서 슬로바키아, 크로아티아, 루마니아 등과 같은 낮은 수준의 전국 인지도를 보인다.

그와 밀접하게 연관된 대안 개념에 더욱 친숙해지는 경향을 보인다. 또한 창설국이나 확대국일수록 사회적경제의 대안개념과 사회적경제에 대한 전국적 인

사회적경제의 혼종성과 다양성

지도가 대체로 모두 높은 반면, 후발국일수록 모두 낮은 경향을 보인다. 즉 덴마크, 핀란드, 이탈리아, 아일랜드, 프랑스, 포르투갈, 벨기에 등은 양 축 모두 높은 인지도를 보이는 반면, 크로아티아, 루마니아, 헝가리, 에스토니아, 리투아니아, 슬로베니아, 몰타 등은 양 축 모두 낮은 인지도를 보인다. 따라서 후발국(EU13)에서 다른 유형 국가와 비교해 사회적경제에 대한 인지도가 대체로 모두 낮다는 사실을 확인할 수 있다(Monzón and Chaves, 2012: 39-40).

　그러나 두 인지도 간 정비례보다 반비례에 가까운 상관관계를 보이는 경우가 창설국이나 확대국 심지어 후발국에서도 발견된다. 예컨대 사회적경제 인지도에 관해 비대칭 상관관계를 보이는 스페인이나 룩셈부르크가 있다. 구체적으로 스페인에서는 사회적경제에 대해 가장 높은 인지도가 나타나지만, 그 대안 개념에 대해서는 유럽연합 전체 평균보다 낮게 나타난다. 또 슬로바키아는 사회적경제에 관해 후발국에 준하는 낮은 인지도를 보이지만, 대안 개념에 관한 인지도에서는 덴마크나 핀란드에 준하는 정도로 높다. 반대로 네덜란드에서는 사회적경제의 대안 개념에 관한 인지도가 높은 편이나 오히려 사회적경제에 대한 전국적 인지도는 유럽연합 평균보다 현저하게 낮다. 이는 지역별로 사회적경제 주체가 다양한 방식으로 혼종성을 내포하며 특수한 형태로 발전한 결과라고 볼 수 있다.[19]

　특이하게도 네덜란드의 경우, 앞서 〈그림 9.4〉에서 보듯이 사회적경제가 창출하는 고용 중 자원자 비율은 유럽연합 전체 평균의 2배에 달할 뿐 아니라 회원국 중 가장 높다. 이에 더해 〈그림 9.5〉는 사회적경제 개념과 밀접하게 연관된 대안적 개념을 인지하는 정도와 사회적경제 개념 자체에 대한 전국적 인지도 간 상관관계를 보여 준다.[20] 〈그림 9.5〉에서는 완벽한 법제도 지원을 입법

---

19) 예컨대 정규직보다 노동시장으로의 재진입을 위한 단기 임시직을 제공하는 ONCE, Sociedades Agrarias de Transformacíon 등이 있다.

20) 〈그림 9.5〉에서 인용한 설문조사 대상은 사회적경제 참여 기업, 공공기관 및 연구 또는 학계 종사자이다. 따라서 전문가 의식조사 결과를 일반 대중 의식조사 결과로 확대해석하는 데에 우려를 표한 심사위원의 지적에 원칙적으로 동의한다. 다만 자료수집의 한계로 인한 고충을 전하며, 이러한 실질적

화하는 데 성공했지만, 국내 사회적경제에 대한 전국적 인지도와 그를 구성하는 대안적 개념에 대한 인지도가 후발국 수준으로 낮다는 네덜란드의 특수성을 확인할 수 있다. 따라서 이 두 측면의 인지도 간 상관관계를 단면적으로 평가해 보면, 후발국이 창설국이나 확대국의 족적을 밟아 가는 과도기에 있다는 결론도 유출하기 어렵다. 오히려 유럽에서도 사회적경제가 차지하는 비중이 증가하면서, 다양한 형태로 후발국 사회적경제가 출현할 수 있을 뿐 아니라 재정 악화에 복합적으로 대처할 수 있는 창설국이나 확대국과 달리 국가에 비해 시장이나 시민사회가 극심한 불균형 상태로 발전한 후발국은 사회적경제의 혼종성으로 인한 역습에 노출될 가능성이 크다고 볼 수 있다.

유럽 공통적으로 사회적경제는 사회서비스, 노동통합 및 재교육, 지역개발 등 공익 증진을 위해 호혜성과 민주성을 강조하며 발전한다(McMurtry, 2004: 870-871; During et al., 2014: 23; 장원봉, 2014: 132). 그럼에도 발전경로에 의존하는 사회적경제가 태생적 한계를 극복하지 못하고 현실적 제약에 부딪히는 경우를 볼 수 있다. 앞서 검토한 네덜란드의 경우, 사회적경제의 대안 개념을 유럽연합 전체 평균보다 높은 수준으로 인지하지만, 사회적경제에 대한 전국적 인지도는 창설국 평균은 물론이고 후발국 평균과 심지어 유럽 전체 평균보다 낮다. 이는 사회적경제의 다양성을 수용하지만 사회적경제가 포괄하는 범위에 대한 발상에서 사회 구성원이 속한 범주 내에서는 단일한 개념으로 수렴되기 때문에 혼종성이 반드시 새로운 형태의 사회적경제 주체를 포용하지는 않는 특이한 양상으로 나타난다. 이러한 범주화는 네덜란드 정치발전의 특수성에 기인한다고 볼 수 있다(이옥연, 2014: 111).

1960년대까지 종교적 균열구조와 정치 이념적 균열구조가 병렬된 네덜란드식 균열구조화(pillarization, verzuiling)는 역설적으로 네덜란드의 사회 안정을 제고했다. 즉 네덜란드 사회는 가톨릭계, 네덜란드 신교도계, 보수계, 진보계로

한계에도 불구하고 네덜란드 특수성이 드러난다는 평가 결과로 갈음하고자 한다.

분리되어, 중앙정부는 각 집단을 대변하는 주요 정당과 각 집단에 고유한 주거, 고용, 교육, 문화, 복지, 대중매체 등에 균등한 재정을 지원했다. 그 결과 네덜란드는 상호 격리된 동등한 균열구조(pillars)를 유지했고, 따라서 그 균열구조에 기반을 둔 정체성과 연대의식이 형성되어 균열구조 간 교류나 접촉을 가능한 한 줄여서 충돌 소지를 사전에 차단함으로써 안정된 사회를 이루었다. 그러나 이후 세속화로 인해 중앙정부가 사적 구호단체를 대신해 모든 공공 서비스를 관장하면서 균열구조가 해체되었다. 그 와중에 기존에 사적 영역이나 심지어 사회적경제가 주관하던 업무를 대부분 공적 영역이 수행하게 된 결과, 사회적경제의 혼종성은 외연상으로 극대화되었으나 내면적으로 각 분야마다 유일한 형태로 융합된 사회적경제가 구축되었다(During et al., 2014: 16; Van Der Velden et al., 2014: 18).[21]

특히 네덜란드에서는 사회적경제와 연관된 다른 개념 중 사회적기업이나 비영리 부문 개념에 대한 인지도는 높은 반면, 제3섹터 개념에 대한 인지도가 급격하게 떨어진다. 이는 사회적경제 개념 자체에 대해 사회 전반적으로 관습으로서 존치하는 단일한 형태로 사회적경제를 수렴하려는 집단적 압력이 작동하기 때문이라고 유추할 수 있다. 즉 다른 섹터 간 혼종화가 진행되어 활동 영역을 확대하는 사회적경제의 혼종성에 대한 거부감으로 인해 네덜란드에서는 사회적경제가 공적 영역과 사적 영역 간 가교 역할을 수행하는 데 장애가 많다고 볼 수 있다. 따라서 사회적경제에 다양한 경제주체가 참여해 확보할 수 있는 사회적 효용가치 자체가 감소하는 괴리로 나타나며, 결국 네덜란드 사회적경제는 각 영역 엘리트 간 협의에 의존해 외형상 분절을 극복하는 불안정한 평형상태가 유지되는 방식으로 수렴된다고 평가된다(During et al., 2014: 20).

그 결과 네덜란드에서는 다른 유럽연합 개별 국가와 마찬가지로 사회적경제의 존재 이유가 이윤 추구 자체보다 호혜성과 민주성에 근거한 원칙을 준수해

---

21) 현재 네덜란드 사회적경제 중 협동조합, 공제회, 결사체−재단 및 새로운 형태의 사회적기업은 바이오시스템과 청정기술을 위시해 경제발전, 시민참여, 건강복지 및 교육 분야에 집중되어 있다.

야 한다는 당위성이 수용된다. 그러나 동시에 유럽연합 회원국 중 자원자 고용 비율이 가장 높은 분절된 형태로 사회적경제에 대한 전국적 인지도 평균은 유럽연합 개별 국가 중 가장 낮게 나타나는 이중성을 보인다. 이러한 맥락에서 네덜란드는 사회적경제에서 경제 측면으로부터 사회 측면의 역할이 극단적으로 괴리될 수 있는 위험성을 보여 주는 사례라고 할 수 있다. 반면 영국에서는 이윤 추구를 강조하는 자유시장경제 유형에 유리하게 특화되어 수익 창출을 통한 영리성을 증대하는 사회적기업이 주축이 되는 사회적경제가 발전했다(최나래·김의영, 2014: 10). 또한 〈표 9.2〉의 법제화에서도 볼 수 있듯이, 이러한 시장친화적 사회적경제의 발전은 사회 측면보다 경제 측면을 강조한 결과 영국의 사회적경제는 기업 운영 원리를 강조하는 방향으로 진행되었다. 반면 스웨덴의 경우 자유경쟁을 보완하는 조정시장경제 유형에 부합되는 국가 주도형 복지국가 체제 속에서 사회적경제의 발전은 미진했다(최나래·김의영, 2014: 15; McMurtry, 2004: 876). 이는 〈표 9.2〉의 법제화에서도 후발국에 준하는 정도로 미흡한 제도적 지원으로 나타난 결과, 스웨덴의 사회적경제는 국가를 보완해 사회문제를 해결하기에 역부족이기 때문에 문화나 여가 등 생산과 다소 동떨어진 분야를 중심으로 발전했다.

5

한국에 함축하는 의미와 한계

이 장에서는 사회적경제의 혼종성에 초점을 맞추고 개념의 도형화를 시도했다. 이 초벌 작업은 개별 국가에서 나타나는 발전과정의 특수성을 체계적으로 이해하는 데 기여한다는 의의를 지닌다. 앞서 개별 국가와 유형별로 사회적경제를 분석했듯, 사회적경제를 규정하는 법제도가 정비되더라도 시민 주도로 전환되는 과도기에 국가 의존도를 낮추면서도 기업 운영 원리에 함몰되지 않는 사회적경제를 확립한 전례는 드물다.[22] 구체적으로 네덜란드의 경우, 영역 간 극심한 분절화라는 역사적 특수성이 사회적경제를 외연적 팽창과 내면적 수축의 함정으로 빠뜨릴 수 있는 가능성이 관찰되었다. 이러한 특수한 발전상은 〈그림 9.1〉의 굴곡점을 전후로 나타나는 사회적경제의 다양한 혼종성이 반영된 모습이라고 할 수 있다. 특히 〈그림 9.1〉은 이러한 개별 국가의 특수성을 사회적경제의 역설과 연계해 체계적으로 이해하는 데 도움을 준다. 즉 영국의 사회적경제가 시장친화적으로 혼종화된 반면, 스웨덴의 사회적경제는 국가친화적으로 혼종화되어 발전했다. 그렇다면 네덜란드의 사회적경제는 시장친화적 법제도를 갖추고 있으나, 국가친화적 관습에 매여 있는 양상을 띤다.

사회적경제는 보편적으로 지속가능한 경제 성장에 기여할 수 있는 기반을 만든다고 볼 수 있다(Defourny & Develtere, 1999: 23). 그러나 발생지로 명명되는 유럽에서도 여전히 사회적경제는 국가 간 인지도 차이가 크기 때문에, 통일된 법적 규정이나 사회적경제 범위를 공유하기가 쉽지 않다. 심지어 다양한 경제활동 주체들이 의사결정과정에서 이견을 표명하도록 독려하는 결사체의 이점을 활용해, 오히려 특정 분파가 사회적경제를 지원하기 위해 정비한 법제도를 편파적으로 적용할 가능성도 있다. 또한 정치과정에서는 사회적경제 주체 구성원이 자발적으로 발안한 제안을 일부 정치인이나 이익집단이 점거함으로써 사회적경제 주체의 자구능력을 경감시킬 우려도 있다(Evers and Laville, 2004: 36).

유럽에서와 마찬가지로 한국에서도 사회적경제는 공적 영역과 사적 영역을 병행해 다원적 경제체제를 구성하는 제3의 영역으로 발전하고 있다. 특히 경제 위기 상황에서 사적 영역의 폐단을 해소하고 공적 영역의 공세를 차단하는 동

---

22) 예컨대 한국의 「협동조합기본법」은 협동조합 조직을 통한 경제활동을 용이하게 만든 기여를 했으나, 실질적으로 협동조합이 〈그림 9.2〉에서 그리는 이상형 모델처럼 운영하도록 구속하기에는 역부족이다.

시에 그 존재감을 확고하게 다지기 위해서 사회적경제 주체 구성원이 다양한 기제를 활용해 제도적 위상을 정립하려는 시도가 관찰된다(김정원, 2014: 118). 따라서 유럽에서 관찰되었듯이, 우선 한국 사회적경제는 기존에 고착된 국가-정부 의존을 극복해 자립 방안을 강구해야 한다. 그리고 호혜성과 민주성 등 공통된 가치관을 기반으로 운영이 가능한 사회적경제 조직의 자생력을 제고할 수 있는 법제도 정비가 필요하다. 나아가 이윤 추구를 강조하는 경제적 측면과 민주적 의사결정을 강조하는 사회적 측면 간 균형을 취하기보다 정치적 편의에 따라 사업체나 결사체 중 편파적으로 사회적경제의 발전을 유도하는 유혹도 극복해야 하는 과제를 안고 있다.

· 참고문헌 ·

김의영·미우라 히로키 편. 2015.『한·중·일 사회적경제 Mapping』. 서울: 진인진.

김정원. 2014. "한국의 사회적경제 현황 및 전망." 김성기·김정원·변재관·신명호·이견직·이문국·이성수·이인재·장원봉·장종익.『사회적경제의 이해와 전망』. 91-124. 서울: 아르케.

신명호. 2014. "사회적경제의 이해." 김성기·김정원·변재관·신명호·이견직·이문국·이성수·이인재·장원봉·장종익.『사회적경제의 이해와 전망』. 11-50. 서울: 아르케.

이옥연. 2011. "유럽의 종교, 정치, 그리고 성체성." 이옥연·요하네스 헬름라트·메들린 호슬리·홍태영·윤비·조홍식·김준석.『유럽의 정체』. 231-276. 서울: 서울대학교출판문화원.

_____. 2014. "자유 민주주의의 역기능, 네덜란드 '고향의 정치'." 조홍식·이옥연·김면회·황영주·홍태영·윤비·김준석·문용일.『유럽의 민주주의: 새로운 도전과 과제』, 107-151. 서울: 사회평론아카데미.

장원봉. 2014. "유럽의 사회적경제 현황 및 전망." 김성기·김정원·변재관·신명호·이견직·이문국·이성수·이인재·장원봉·장종익.『사회적 경제의 이해와 전망』. 125-141. 서울: 아르케.

최나래·김의영. 2014. "자본주의의 다양성과 사회적기업: 영국과 스웨덴 비교연구."『평화연구』22(1): 309-343.

한신갑. 2016. "협동조합의 조직생태학: 혼종성의 공간, 혼종성의 시간."『한국사회학』50(2). 165-198.

Defourny, Jacques, and Patrick Develtere. 1999. "Social Economy: the Worldwide Making of a Third Sector." Jacques Defourny, Patrick Develtere, and Bénédicte Fonteneau, eds. *Social Economy North and South.* 3-35. Brussels: De Boeck University Press.

During, Roel, Pat van der Jagt, and Natasha de Sena. 2014. *Social Enterprise, Social Innovation and Social Entrepreneurship in the Netherlands: A National Report.* EFESEIIS(Enabling the Flourishing and Evolution of Social Entrepreneurship for Innovative and Inclusive Societies).

Evers, Adalbert, and Jean-Louis Laville. 2004. "Defining the third sector in Europe." Adalbert Evers and Jean-Louis Laville, eds. *The Third Sector in Europe.* 11-37. Northampton: Edward Elgar Publishing.

Grigore, Alina-Aurelia. 2013. "Social Economy Entities: A Worldwide Overview." *Review of Applied Socio-Economic Research* 6. No. 2. 111-120.

Laville, Jean-Louis. 2015. "Social and solidarity economy in historical perspective." Peter Utting, ed. *Social and Solidarity Economy: Beyond the Fringe.* 41-56. London: Zed Books.

McMurtry, John J. 2004. "Social economy as political practice." *International Journal of Social Economics* 31. No. 9. 868-878.

Monzón, José, and Rafael Chaves. 2012. *The Social Economy in the European Union.* European Economic and Social Committee.

Van Der Velden, Maurice, Pieter Ruys, and Louis Houwen. 2014. "A Map of Social Enterprises and their Eco-systems in Europe: Country Report for the Netherlands." European Commission.

Communication from the Commission to The European Parliament, The Council, The European Economic and Social Committee, and The Committee of the Regions. Social Business Initiative: Creating a favourable climate for social enterprises, key stakeholders in the social economy and innovation. COM(2011) 682. http://ec.europa.eu/internal_market/social_business/docs/COM2011_682_en.pdf (검색일: 2016. 5. 20.)

Council Directive 2003/72/EC of 22 July 2003 supplementing the Statute for a European Cooperative Society with regard to the involvement of employees. http://eur-lex.europa.eu/legal-content/EN/TXT/PDF/?uri=CELEX:32003L0072&from=EN (검색일: 2016. 5. 20.)

Council Regulation (EC) No 1435/2003 of 22 July 2003 on the Statute for a European Cooperative Society (SCE). http://eur-lex.europa.eu/LexUriServ/LexUriServ.do?uri=OJ:L:2003:207:0001:0024:en:PDF (검색일: 2016. 5. 20).

Eurobarometer 75.2. *Volunteering and Intergenerational Solidarity.* http://www.europarl.europa.eu/pdf/eurobarometre/2011/juillet/04_07/rapport_%20eb75_2_%20benevolat_en.pdf (검색일: 2016. 5. 20.)

European Parliament resolution of 19 February 2009 on Social Economy (2008/2250(INI)). http://www.europarl.europa.eu/sides/getDoc.do?pubRef=-//EP//TEXT+TA+P6-TA-2009-0062+0+DOC+XML+V0//EN (검색일: 2016. 5. 20.)

Opinion of The European Economic and Social Committee on the Communication from the Commission to the Council. Businesses in the 'Economie Sociale' Sector: Europe's Frontier-Free Market. OJ C 332, 1990. http://eur-lex.europa.eu/legal-content/EN/NOT/?uri=CELEX:51990AC1046 (검색일: 2016. 5. 20.)

Spanish Law 5/2011, of 29 March, on Social Economy. http://www.eesc.europa.eu/resources/docs/the-spanish-law-on-social-economy.pdf (검색일: 2016. 5. 20.)

World Bank. 2015. http://data.worldbank.org/indicator/NY.GDP.MKTP.KD.ZG (검색일: 2016. 5. 20.)